权威·前沿·原创

皮书系列为

“十二五”“十三五”“十四五”时期国家重点出版物出版专项规划项目

智库成果出版与传播平台

四川文化产业发展报告

（2024）

ANNUAL REPORT ON CULTURAL DEVELOPMENT OF SICHUAN

(2024)

主　编／向宝云　张立伟
副主编／彭　剑

社会科学文献出版社
SOCIAL SCIENCES ACADEMIC PRESS (CHINA)

图书在版编目(CIP)数据

四川文化产业发展报告. 2024 / 向宝云，张立伟主编；彭剑副主编. --北京：社会科学文献出版社，2024.6. --（四川蓝皮书）. --ISBN 978-7-5228-3776-5

Ⅰ. G127.71

中国国家版本馆 CIP 数据核字第 2024KT6553 号

四川蓝皮书
四川文化产业发展报告（2024）

主　　编 / 向宝云　张立伟
副 主 编 / 彭　剑

出 版 人 / 冀祥德
责任编辑 / 王　展
责任印制 / 王京美

出　　版 / 社会科学文献出版社 · 皮书分社（010）59367127
　　　　　地址：北京市北三环中路甲 29 号院华龙大厦　邮编：100029
　　　　　网址：www.ssap.com.cn
发　　行 / 社会科学文献出版社（010）59367028
印　　装 / 天津千鹤文化传播有限公司

规　　格 / 开 本：787mm × 1092mm　1/16
　　　　　印 张：21　字 数：311 千字
版　　次 / 2024 年 6 月第 1 版　2024 年 6 月第 1 次印刷
书　　号 / ISBN 978-7-5228-3776-5
定　　价 / 158.00 元

读者服务电话：4008918866

版权所有 翻印必究

四川蓝皮书编委会

主　任　刘立云　杨　颖

副主任　李中锋

编　委　（按姓氏笔画为序）

王　芳　王　倩　向宝云　刘　伟　刘金华
安中轩　李卫宏　李晟之　李晓燕　何祖伟
张立伟　张克俊　陈　妤　陈　映　罗木散
庞　淼　赵　川　彭　剑　蓝定香　虞　洪
廖祖君

主编、副主编简介

向宝云　四川省社会科学院原院长，研究员，文学博士。主要研究方向为文艺学、中国现当代文学、文化产业。在《新华文摘》《学术月刊》《光明日报》等报刊上发表学术论文80余篇，出版著作有《曹禺悲剧美学思想研究》等。多项成果获四川省哲学社会科学优秀成果奖二等奖、三等奖，四川省文学奖，四川省文艺评论一等奖、二等奖，四川省“五个一工程”理论文章奖等。

张立伟　四川省社会科学院四川省网络舆情研究中心主任，研究员。曾在西南师范学院、重庆师范学院任教。近年来重点研究新闻宣传、媒体竞争、文化产业。有独立专著5部、学术论文200余篇。两次获中国新闻奖论文二等奖，六次获四川新闻奖论文一等奖，五次获四川省哲学社会科学优秀成果奖。

彭　剑　四川省社会科学院新闻传播研究所所长，研究员。四川省学术技术带头人后备人选。主要研究方向为新闻学、新媒体和文化创意产业等。主持三项国家社科基金课题。在《人民日报》《社会科学研究》《中华文化论坛》《当代传播》等发表论文60余篇。获四川省哲学社会科学优秀成果奖二等奖两项。

摘要

《四川文化产业发展报告（2024）》整合学术研究机构与文化管理部门的力量，是年鉴与研究的结合，既有年鉴的事实和数据，又有研究的理论与智力支撑。本书立足四川、放眼世界，既总结四川文化产业的前沿发展，又对全球文化产业的重要问题有独到研究。

本报告共五部分：一是总报告，关注四川农文旅融合高质量发展。二是主题聚焦，主要分析四川数字农业发展、四川文创农业、四川乡村网红打卡地文旅产业、四川农村公益电影市场、四川农文旅研学、四川县级融媒体助推乡村农文旅品牌建设发展等情况。三是产业观察，主要研究四川大熊猫文化旅游发展、四川花产业文旅经济、四川川茶产业振兴、四川武术文化产业发展、四川古城古镇发展、川酒品牌打造等内容。四是区域报告，主要包括蜀道历史文化资源、三国文化助力城市发展、安宁河流域红色旅游助推乡村振兴、四川天府名县名村建设发展等主题。五是附录，为 2023 年四川文化产业大事记。以上五部分，总分结合、纵横交错，有助于读者了解四川文化产业发展的总体态势与前沿变化，认清存在的问题与困难，努力从经验的探索走向规律的把握。

关键词： 农文旅融合　高质量发展　文化产业

Abstract

Sichuan Cultural Industry Development Report (*2024*) integrates the strength of academic research institutions and cultural administration departments. It is a combination of yearbook and research, with facts and data of yearbook, as well as theoretical and intellectual support of research. Based on Sichuan and looking to the world, it not only summarizes the frontier development of Sichuan's cultural industry, but also has a unique research on the important issues of the global cultural industry.

This report consists of six parts: First, the general report: Report on High Quality Development of Sichuan Agriculture, Culture and Tourism Integration. The second is the thematic focus, mainly divided into Sichuan Digital Agriculture Development, Sichuan Cultural and Creative Agriculture, Cultural Tourism Industry of Rural Internet Celebrity Clock-in Sites in Sichuan, Rural Public Welfare Films in Sichuan, Sichuan County-Level Integrated Media Boosting the Development of Rural Agricultural and Cultural Tourism Brand Construction. Third, Industry observation. t mainly studies the Development of Sichuan Giant Panda Cultural Tourism, Sichuan Flower Industry, Culture and Tourism Economy, Revitalization of Sichuan Tea Industry, the Development of Sichuan Martial Arts Cultural Industry, the Development of Ancient Cities and Towns in Sichuan Province and so on. It also focuses on themes such as Historical and Cultural Resources of Shu Road, Red Tourism Boosting Rural Revitalization in the Anning River Basin, the Construction and Development of Famous Counties and Villages in Tianfu, Sichuan. The fifth is Appendix: Events of Sichuan Cultural Industry in 2024. The above six parts, combination of comprehensive and detailed sections allows readers to understand the overall situation and cutting-edge changes in the development of Sichuan's cultural industry. It also helps to identify existing problems and difficulties, striving to shift from exploring experiences to grasping regular patterns.

Keywords: Agricultural and Cultural Tourism Integration; High - Quality Development; Cultural Industry

目录

I 总报告

II 主题聚焦

III 产业观察

Ⅳ　区域报告

CONTENTS

I General Report

II Thematic Focus

Ⅲ Industry Observation

Ⅳ Regional Report

总 报 告

B.1 四川农文旅融合高质量发展报告

向宝云　陈玉霞　潘英乔　唐　婵*

摘　要：　本报告立足于四川省丰富的农业资源、文化底蕴及旅游业发展潜力，深入探究四川农文旅融合高质量发展的现状、蕴含的多重机遇以及面临的挑战。首先，报告从宏观视角分析了国内外农文旅融合发展的新趋势，详细解析了四川农文旅融合发展的机遇。其次，报告系统性地梳理了四川农文旅融合的主要发展模式，揭示了发展中存在的问题与短板。最后，报告针对问题，提出加强政府引领、明确多方需求、创新融合模式、注重品牌建设、强化技术支撑等策略建议。

关键词：　农文旅融合　高质量发展　四川

---

* 向宝云，四川省社会科学院原院长、研究员，研究方向为文艺学、中国现当代文学、文化产业；陈玉霞，四川省社会科学院新闻传播研究所研究员，研究方向为新媒体，文化产业；潘英乔，博士，四川省社会科学院新闻传播研究所助理研究员，研究方向为新闻传播、文化产业；唐婵，博士，四川省社会科学院新闻传播研究所助理研究员，研究方向为新闻传播、文化产业。

随着国家乡村振兴战略的深入推进，农文旅融合已成为推动区域经济社会高质量发展的重要途径之一。四川省作为我国农业大省，其悠久的农耕历史、独特的地理环境以及深厚的文化底蕴为实现农文旅产业的深度融合发展提供了得天独厚的条件。在国内外农文旅融合发展浪潮下，四川农文旅产业具有巨大的发展潜力和机遇，但也面临一些挑战，需要探索构建和完善符合四川实际、促进城乡协同、增进民生福祉的农文旅融合发展模式和策略。

一　四川农文旅融合发展趋势与机遇

（一）农文旅融合的概念、内涵及特点

1. 农文旅融合的概念和内涵

党的二十大报告指出，全面建设社会主义现代化国家，最艰巨最繁重的任务仍然在农村，要求坚持农业农村优先发展，坚持城乡融合发展，畅通城乡要素流动，扎实推动乡村产业、人才、文化、生态、组织振兴。农文旅融合是赋能乡村振兴的重要抓手，是实现农村产业兴旺、生态宜居、乡风文明、治理有效、生活富裕的总要求①。实现农文旅融合重要的是“人—地—业”协同发展格局的构建，以人才振兴为引领，加强文化创新、产业创新和农业技术创新②，推动农业、文化和旅游业协同发展。推动农文旅融合发展，对推进乡村全面振兴以及建设农业强省、文化强省、旅游强省具有重要意义。

农文旅融合，即“农业+文化+旅游”，是一种将农业、文化和旅游业相结合的新兴产业模式。农业、文化和旅游业相互渗透、相互交叉，通过对乡村产业资源、文化资源与旅游资源的梳理与整合，结合乡村具体实际，依托农村多产业交融与多主体共生，以乡村农业资源、生态基础和乡村生活为基

---

① 周立：《乡村振兴的中国之谜与中国道路》，《江苏社会科学》2022 年第 3 期。

② 杨玉欢、贺建雄、张新红：《中国农文旅耦合协调发展空间分异特征及影响肌理》，《干旱区地理》2023 年第 3 期。

础，旅游休闲为主要发展形态，当地特色风土文化为主要发展内核①，发掘乡村的发展潜力与深层价值，实现农业、文化、旅游业协同发展和乡村资源价值最大化，推动乡村振兴和可持续发展。

农文旅融合是乡村地区依托其独特的资源禀赋，结合当地的农业、文化和旅游资源，以特定的主题或地域民俗文化为核心，打造具有辨识度和品牌效应的农业旅游项目或业态。② 其内涵主要体现在产业深度融合、文化有效传承以及生态保护与可持续发展三个维度。

首先，在产业融合层面，农文旅融合作为一种新型业态，实质上是农业及相关传统产业跨越固有边界，与文化旅游业进行动态耦合的过程。这种融合通过产业间的有机组合和创新设计，巧妙地将农耕文化、生态休闲理念融入当地旅游产品的开发中，实现了乡村产业链条的延伸和多功能拓展，有力突破了一二三产业之间的壁垒。它不仅丰富了乡村产业形态，提升了乡村产业市场价值，还革新了传统农业和旅游业的生产方式和价值链结构，催生出新的产品和服务体系，成为推动乡村各类产业深度融合发展的重要动力源泉。

其次，从文化传承角度审视，各地特色民族文化或本土文化与农业、旅游业紧密结合，对于提升地方文化的影响力和竞争力具有显著效果。文化向产业化方向的发展，挖掘并激活了乡村的文化价值，对实现乡村文化振兴战略具有深远意义。正如习近平总书记所指出的，中华文明深深植根于多民族文化的肥沃土壤中，因其历史悠久且未曾中断，至今仍保持着旺盛的生命力。农文旅融合深刻理解和精准把握文化与经济相互依存、相辅相成的关系，通过农业观光、乡村旅游体验等活动载体，使游客能够亲身体验和深入理解当地的传统习俗和文化遗产。特别是对于民俗活动、民间技艺、地方方言等物质和非物质文化遗产的保护与合理利用，既有利于乡村文化的普及和

① 《深化农文旅融合创新发展》，https：//www.cssn.cn/skgz/bwyc/202305/t20230504_5625949.shtml。

② 《为农文旅融合发展增加更多人气》，http：//theory.people.com.cn/n1/2023/1019/c40531-40098654.html#。

创新发展，也有利于乡村独特文化的传播与世代传承。

最后，从生态保护与可持续发展层面看，农文旅融合是在“绿水青山就是金山银山”的理念指导下，持续巩固和发展乡村生态环境的绿色化、生态化进程①。推广生态农业实践和绿色旅游模式，推进乡村生态环境的可持续发展与产业生态化的有机结合，在保护乡村生态环境的同时提升了经济效益。值得一提的是，农文旅融合项目往往具备资源消耗少、环境污染小的特点，其所带来的生态优化效应改善了乡村风貌，营造了生态宜居的美好环境，真正实现了经济发展与生态保护双赢的目标。

2. 农文旅融合的特点

农文旅融合并非简单的产业叠加，而是一种深度挖掘和整合资源的创新策略，旨在构建一种既能激活地方经济、传承弘扬传统文化，又能保护生态环境、提升游客体验的全新发展模式，呈现如下几个特征。

一是具有跨界融合性。农文旅融合打破了传统的产业边界，将农业、文化和旅游有机地结合在一起，形成了相互渗透、相互促进的新业态。在这种模式下，农业不再是单纯的农业生产，文化不再是抽象的概念，旅游也不再是简单的观光娱乐，三者相互融合，共同构成一个完整的产业链。

二是具有创新驱动性。无论是农业与经济结构的优化组合，还是农业与生态建设的有效整合，抑或是农业与地方文化的深度融合，都需要依托创新力量，通过不断探索新的发展模式、引入先进的技术手段以及塑造独特的形态特色，以吸引游客并提升市场竞争力。

三是具有区域协调性。各地域内部的农业、文化和旅游业并非孤立发展的，而是作为一个整体系统协同发展的。农文旅融合通过强化区域间的合作机制，实现资源共享和优势互补，并通过一体化运营和产业链条延伸等方式，促进区域内各板块之间的联动，从而达到互利共赢的局面，有力推动区域经济的均衡协调发展。

---

① 《执“农旅融合”之笔，绘乡村振兴“新画卷”》，https：//www. workercn. cn/c/2023-04-29/7821514. shtml#。

四是具有可持续性。农文旅融合强调在保护环境和传承文化的基础上进行发展，追求经济效益、社会效益和环境效益的统一。这不仅有助于提高农业的综合竞争力、提升农民的生活水平，同时也保护和传承了农耕文化，实现了可持续发展。

（二）国内外农文旅融合发展新趋势

1. 国内农文旅融合发展新趋势

（1）农业观光旅游的盛行

随着国内经济的腾飞和居民收入的增长，人民群众的消费观念与方式也在逐步转变。特别是随着假期的增加和旅游资源的日益丰富，越来越多的人选择利用节假日走进乡村，体验农业观光旅游的魅力。这种新型旅游形式，巧妙地将农业、观光和文化三者结合，以农村的自然景观、农田、农作物和深厚的农业文化为基底，为游客提供了沉浸式的农村体验，如购买农产品、参与农业生产等，从而让人们更加深入地感受到农村的风土人情和农业生产的全过程。

农业观光旅游并不局限于农村的风景观赏，而是一种多元化的融合体验。这种体验涵盖了农村的环境与资源、深厚的文化底蕴、游客的参与互动以及教育意义等多个层面。如今，随着市场需求的不断变化，农业观光旅游正朝着产品创新、可持续发展和产业融合等方向迈进，力求为游客提供更加丰富、更高品质的乡村体验。

据统计，我国已有超过 30 个省份积极开展了农业观光旅游项目，通过认证的农业旅游园区数量更是达 2300 多个①。各地还结合自身的地域特色和文化底蕴，精心设计了各具特色的旅游线路，使农业观光旅游的规模效应日益凸显。这不仅推动了乡村经济的发展，更为游客提供了一个感受乡村风情、体验农业乐趣的好去处。

---

① 李芳：《浅析基于体验式经济的农业观光旅游现状及改进措施》，《山西农经》2019 年第 6 期。

（2）地域特色文化的融入

地域特色文化在农文旅融合中扮演着至关重要的角色，其影响深远且多元。在农文旅产业中融入地域特色文化，不仅推动了产业的深度融合，也促进了地域文化的传承和创新。

首先，特色农业体验是地域特色文化融入的重要载体。通过设计富有地方特色的农业观光项目，游客能够亲身参与农业生产活动，如水稻种植、茶叶采摘等，从而深入体验当地的农耕文化和乡土风情。这种体验方式让游客感受到农业生产的乐趣，也使他们更加深入地了解地域文化的独特之处。

其次，地域文化的展示同样不可或缺。通过建设地域文化展览馆、民俗博物馆等场所，我们能够向游客展示当地的传统文化、历史文物和民俗风情，使他们能够全面了解地域文化的内涵和魅力。同时，举办各种文化节庆活动，如庙会、农事节庆等，也能让游客在欢乐的氛围中感受到地域文化的独特魅力。

最后，文化创意产品的开发也是农文旅融合的新亮点。结合地域特色文化，可以设计出一系列具有创意和实用性的文化创意产品，比如成都崇州道明镇竹艺村的竹编手工艺品、纪念品等，既具有艺术价值，又能满足游客的购物需求，成为传播地域文化的重要媒介。

（3）可持续发展理念的践行

农文旅融合的核心在于激发乡村经济活力，推动产业转型升级，进而提升人们的幸福感和获得感，实现农村的高质量可持续发展。在这一过程中，国内农文旅融合的实践充分体现了对可持续发展理念的深刻理解和坚定践行。

在生态保护与可持续发展方面，许多地区通过发展乡村旅游和特色农业，形成了经济增长与生态保护之间的良性互动。例如，四川省都江堰市打造的“粮优菜绿猕果花香”田园综合体，提升了农业效益，增加了农民收入，还实现了农村的美丽蜕变。同样，浙江省温州市苍南县中魁村以四季柚为特色，走出了一条独具特色的农旅融合、乡村振兴之路，荣获多项国家级奖项，并成功创建浙江省 3A 级旅游景区村庄。

在文化传承与创新发展方面，一些地区深入挖掘乡村文化内涵，打造具有地方特色的文化品牌。贵州省西江千户苗寨通过保护和传承苗族传统文化和生活方式，如苗族银饰、服饰和歌舞等，成为展示苗族文化的重要平台。这里的苗族节日活动吸引了众多游客，促进了文化的传承与创新。

在产业融合与协同发展方面，部分地区通过加强不同产业之间的融合与协同，实现了资源共享和优势互补。云南省普洱市就是一个典型案例，该市依托普洱茶产业的优势，整合茶产业、旅游业和文化产业，打造了茶文化旅游品牌。通过举办茶文化节、建设茶园观光区等措施，普洱市吸引了大量游客，提升了茶叶的附加值，有力推动了当地乡村经济的发展。

（4）科技创新的引领

科技创新在农文旅融合中发挥着至关重要的引领作用，主要体现在以下几个方面。

一是“互联网+乡村旅游”极大地推动了农文旅产业的创新发展。借助互联网技术和信息化手段，传统农业与旅游业得以深度结合，创造出全新的乡村旅游体验和服务模式。这种模式不仅提供了在线预订、智能导览、农产品电商销售等便捷服务，还通过大数据分析等手段，提升了农业旅游的服务质量和游客体验。如浙江省湖州市安吉县早在 2016 年就启动了旅游大数据一期工程，通过大数据分析精准把握游客消费特征、来源地以及营销效果等信息，合理调配文旅资源。随着二期项目的 1500 万元投资落地，文化、体育、旅游领域整体智慧化水平得以提升，2021 年 5 月底启动的三期工程则进一步聚焦文化、旅游、体育领域的数字化改革、制度重构和流程优化①。

二是智慧旅游的发展为农文旅融合注入了新的活力。借助云计算、物联网等新技术，智慧旅游通过互联网和移动互联网设备，实现了对旅游资源、旅游经济、旅游活动等方面的智能感知和便捷利用。智慧旅游在农文旅融合中还体现在数字化平台建设、线上线下一体化党建活动、智慧化乡村综合管理等多个方面，推动了农文旅产业的数字化转型和升级。例如江苏省南京市

① 李荣坤：《“智慧文旅”与乡村振兴融合发展，可好?》，《中国文化报》2021 年 5 月 10 日。

浦口区，以构建“都市圈最美花园”为目标，深度挖掘并整合其丰富的乡村旅游资源，利用数字化手段推进农旅融合，于2020年上线了智慧旅游平台，成功与国家公共文化云平台、江苏智慧文旅平台“苏心游”对接，实现了休闲农业和乡村旅游的一体化管理和服务①。

三是虚拟现实（VR）和增强现实（AR）技术的应用为农文旅融合提供了新的可能性。通过这些技术，可以创建虚拟农场，让游客在计算机或移动设备上体验农业活动的乐趣；也可以将农业文化遗产进行数字化展示，让游客穿越时空，亲身感受农业文化的魅力。此外，VR和AR技术还可以用于农产品展示、虚拟农业旅游场景规划以及农业教育和培训等领域，为游客和农业从业者提供更加直观、生动的学习和体验方式。

2. 国外农文旅融合发展新趋势

（1）以乡村旅游为抓手，推动模式创新。乡村旅游在英国、法国、意大利、西班牙等欧洲国家已具有相当规模，在美国、加拿大、日本、韩国也得到了蓬勃发展，显示出极强的生命力和发展潜力②。

欧洲的乡村旅游模式。乡村旅游在19世纪30年代就为欧洲一些旅游开发者所重视，经过100多年的发展，由最初的萌芽阶段升级到观光、度假和体验阶段，活动内容和形式日趋完善③。欧洲的乡村旅游模式具有多样性和特色性，各个国家根据自己的国情和资源优势，发展出了各具特色的乡村旅游模式。其中，英国是欧洲乡村旅游发展较为成熟的国家之一，其乡村旅游模式以自然景观、历史文化和农业体验为主题。法国乡村旅游注重传统和文化，以乡村美食、葡萄酒庄园和古堡文化为主题。游客可以在乡村旅馆中品尝当地美食，参观葡萄酒庄园，了解葡萄酒的制作过程，还可以参观古堡，感受法国的历史和文化。意大利的乡村旅游模式多以自然景观和历史文化为主题，尤其是以农业体验和海滨旅游为主。西班牙的乡村旅游模式则以自然

① 李荣坤：《“智慧文旅”与乡村振兴融合发展，可好?》，《中国文化报》2021年5月10日。

② 何景明：《国外乡村旅游研究述评》，《旅游学刊》2003年第1期。

③ 张环宙、许欣、周永广：《外国乡村旅游发展经验及对中国的借鉴》，《人文地理》2007年第4期。

景观和民俗文化为主题，比如安达卢西亚地区的乡村旅游，游客可以在当地小镇中感受浓郁的西班牙风情和民俗文化，参观历史遗迹和自然景观。这些欧洲乡村旅游模式的共同特点是注重当地的文化、传统和自然资源，为游客提供独特、舒适的乡村旅游体验。同时，政府和社会各界也积极参与乡村旅游的发展，推动乡村旅游产业的升级。

美国的农业主题旅游模式。美洲大陆壮丽的风景、独特的动植物、舒适的气候令英国殖民者们心向往之，在美国立国前后，乡村旅游就在上流社会蔚然成风。就总体发展进程而言，美国乡村旅游是城市化和工业化高度发展的产物①。美国的农业主题旅游模式大致分为科技依托型和民俗节庆型两种。科技依托型的主体一般是具有较强技术和科研能力的农业龙头企业。这些企业通过引入先进的农业技术和管理经验，将农业生产与科技、教育、观光等产业相结合，打造独具特色的农业主题公园或农业科技示范区，吸引游客前来参观、学习和体验。民俗节庆型则是将农耕文化、民俗风情融入传统节日或主题庆典中，通过农业节庆活动推动旅游、会展、贸易及文化等行业发展。美国的南瓜节、草莓节和樱桃节等就是典型的民俗节庆型农业旅游活动。这些节庆活动通常会在特定的农产品丰收季节举行，通过展示农产品、举办农产品加工比赛、表演民间歌舞等方式，让游客感受到浓郁的乡村文化氛围，同时也促进了农产品的销售和地区经济的发展。美国的农业主题旅游注重与当地居民的合作和互动。许多农场和农业景区会与当地的旅游企业、零售企业、娱乐企业等形成战略联盟，共同开发旅游产品，提供多元化的旅游服务。同时，这些景区也会为当地居民提供就业机会和培训机会，促进当地经济的发展和文化的传承。美国的农业主题旅游模式还注重科技与文化的结合，以多元化的方式展示农业生产的魅力和价值。

日韩的农家乐旅游模式。日韩两国相继开展“新村运动”和“一村一

① 朱寅健：《乡村旅游：美国经验与中国借鉴》，《西华大学学报》（哲学社会科学版）2020年第2期。

品”等振兴乡村战略，培育出一批特色农产品优势区和乡村旅游示范区，并带来了大量客流，为当地注入活力，成功实现乡村转型与振兴。日本和韩国的农家乐旅游模式具有各自的特点和成功经验。在日本，农家乐旅游模式通常被称为“观光农园”或“绿岛农业”。这些模式注重农业的多功能性，将休闲观光、农业教育和农业体验融为一体。观光农园一般由几户农民联合经营，提供食宿、劳动和文体等一体化服务。这些农园通常位于大中城市近郊，方便城市居民前来体验乡村生活。此外，日本还注重挖掘农村文化，创造新的乡村文化，以吸引外来游客。同时，保持生态环境的完美也是日本观光农业的一大特点。在韩国，农家乐旅游模式则通常与乡村旅游和民俗文化相结合。韩国拥有众多与乡村旅游有关的民俗节，如“泡菜节”“鱼子酱节”等，这些活动具有浓厚的乡土特色，为游客提供了丰富的文化体验。此外，韩国还推出了“韩食旅行”“茶园旅行”等特色旅游产品，让游客能品尝到地道的韩式美食，体验采茶的乐趣。

（2）以文化为内核，推动品牌建设。在全球范围内，无论是欧洲、亚洲还是美洲的众多国家和地区，农文旅融合发展无一例外都将文化视为驱动品牌构建的核心动力，通过对地方文化进行深挖与弘扬，打造出极具辨识度与吸引力的文化品牌，以增进游客体验，提升区域知名度和美誉度。

在欧洲，乡村文化的品牌塑造成效显著，如意大利托斯卡纳地区，凭借其丰厚的艺术遗产、美食文化及悠久的葡萄酒传统，倾力打造并成功推出了“托斯卡纳生活方式”这一享誉全球的文化品牌，吸引了全世界无数游客的目光。英国的湖区（Lake District）则以其浪漫主义文学和自然风光为特色，打造了“诗人之乡”的文化形象，成为文学爱好者和自然探索者的圣地。

在亚洲，日本和韩国的乡村文化“在地体验”独具特色。日本以“里山里海”项目为代表，巧妙地将本土乡村文化融入农家乐旅游之中，倡导人与自然和谐共生的传统生活理念，通过组织游客参与农事活动、体验传统手工艺制作和品尝乡土美食，深度诠释日本乡村文化的魅力。此外，日本在文创农业的发展上处于全球领先的地位，他们将优质的农产品做成精美的伴手礼，加深游客的记忆。通过精选优质的原料、精致细腻的外包装、富含文化底蕴的产品内涵，打造品牌 IP，与顾客产生情感共鸣，极大地增强了产品的传播力和影响力。韩国则通过悉心保护和生动再现“韩屋村”等传统村落，使其成为展示韩国传统文化与生活方式的生动舞台。这些实践展示了亚洲在坚守本土特色、强化文化品牌塑造方面所做的积极探索。

在美洲尤其是美国，农业文化节庆活动如苹果节、玉米节等，不仅沿袭了庆祝丰收的传统习俗，更逐步发展成为彰显地方农业文化和吸引旅游流量的重要载体。这些节庆活动集农产品展览、民俗演艺、手工艺品售卖等多种形式于一体，通过丰富多彩的活动内容与形式，成功打造出了一系列独具地方特色、深入人心的标志性品牌。

（三）四川农文旅融合发展机遇

1. 产业基础良好

四川省第十四届人民代表大会第二次会议指出，2023 年四川省全省 GDP 突破 6 万亿元，增长 6%。其中，第一产业增加值为 6056. 6 亿元，增长 4. 0%；第二产业增加值为 21306. 7 亿元，增长 5. 0%；第三产业增加值为 32769. 5 亿元，增长 7. 1%①。

从农业产业看，四川是农业大省，凭借其悠久的农耕文化和丰富的自然资源，自古以来便是我国重要的农业生产基地，在粮食生产、特色农产品培育及现代农业技术应用等方面具有显著优势，拥有水稻、小麦、油菜、茶叶、竹子、水果等多种优质农产品基地，为农文旅融合发展提供了丰富的实物载体和活动内容。比如，成都每年油菜种植面积高达 180 余万亩，庞大的菜籽油消费需求带动了相关产业发展。成都市农林科学院通过深度研发油菜资源，创新培育出兼具观赏与经济效益的油菜新品系，成功在新津、大邑、崇州等地打造出壮美的油菜花田景观，使之成为乡村旅游的热门目的地。比如，新津农博园充分利用其丰富的文化旅游资源和坚实的产业基础，依托天

① 《2023 年四川地区生产总值突破 6 万亿元增长 6%》，https：//baijiahao. baidu. com/s? id = 1788784491572711789&wfr = spider&for = pc。

府农业博览园的独特资源和平台优势，专注于“文创+”和“农创+”的旅游产业发展方向。其重点扶持新途远、区文旅集团、农博投公司、希望农业科技等关键企业，致力于打造一个全方位、互动式、沉浸式的“农商文旅体科教+互联网”的融合发展体验场景，以此构建“文创+”和“农创+”的旅游产业发展集群。崇州凭借徐家渡川西林盘、黎坝村等地的田园风光，引进“凡朴”创客团队，秉承“崇尚自然，返璞归真”的理念，精心构建了“崇式乡村童话”般的凡朴生活生态圈，成为农文旅融合发展的优秀典范。

从文化旅游产业看，四川文化旅游产业是经济增长、转型发展的重要引擎。四川总体上已实现了由文旅资源大省向文旅经济大省的跨越，全省文化旅游业迎来黄金发展期①。据统计，2018 年，四川省首次进入旅游“万亿级”产业集群俱乐部。2023 年，四川省旅游业逐步复苏，各地接待游客人次和旅游收入全面超过疫情前水平，省内 14 个县上榜全国县域旅游综合实力百强县。中国旅游研究院专项监测数据显示，2023 年春节假期四川旅游接待人数全国第一②。2024 年春节，四川共接待游客 6047. 82 万人次，同比增长 9. 74%，按可比口径较 2019 年同期增长 6. 59%③。

2. 政策支持力度大

政策支持是农文旅融合发展过程中不可或缺的一环，近年来，四川省政府出台了一系列政策，鼓励和支持农文旅融合发展。四川省委十一届三次全会确定了建设文化强省、旅游强省的战略目标④。2023 年召开的全省文化和旅游发展大会明确了全省文旅融合发展总布局，要坚定文化自信、找准文旅融合发展的切入点和着力点，加快走出一条具有时代特色、四川特点的农文

① 《走出一条四川文旅融合发展新路》，《四川党的建设》2019 年第 10 期。

② 四川省文化和旅游厅：《2023 年春节假期文化和旅游市场情况》，四川省人民政府网站，2023 年 1 月 27 日。

③ 《四川春节假期接待游客人数居全国第二》，https：//epaper. scdaily. cn/shtml/scrb/20240219/307267. shtml。

④ 《四川省文化和旅游厅对省十三届人大二次会议第 552 号建议答复的函》，https：//wlt. sc. gov. cn/scwlt/rdjs/2019/5/22/3d5b839f93a446f18a68d8d158910e6b. shtml。

旅融合发展新路①。四川省各地各部门要坚持以农促旅、以旅兴农、文旅融合，扎实推动农文旅融合发展。要加快构建“以农为基、以文为魂、以旅为体”的乡村产业体系，探索创新“农业+”模式，因地制宜发展休闲农业、观光农业，挖掘农业文化内涵，提升产业整体效益。要培育囊括“吃住行游购娱”全要素的乡村业态，做好土特产文章，大力发展乡村休闲度假旅游形态。要不断深化天府旅游名镇名村建设，持续开展中国美丽休闲乡村建设，大力培育“川字号”乡村品牌，提升四川乡村品牌美誉度和影响力。要深入挖掘和弘扬四川乡村文化，实施好乡村民俗文化复兴与创新工程等。要学习借鉴“千万工程”经验，全面加强乡村基础设施建设，持续优化管理服务品质，壮大乡村企业、合作社等市场主体，加快提升农村基本公共服务能力②。

2023 年 12 月四川省人民政府办公厅印发《四川省农村一二三产业融合发展行动方案》，提出 7 个方面共 26 项重点任务，并围绕重点任务出台 7 个专项行动方案，因地制宜、突出特色，引导生产要素向农村一二三产业融合发展集聚③。为了推动政策的落实，四川省各级政府通过对乡村进行财政补贴、税收减免的方式，鼓励乡村积极配合农文旅融合发展的策略；加大对乡村基础设施建设的投入，提升乡村从事农文旅融合发展人员的专业素养与技能水准，夯实农文旅融合的发展基础。

3. 市场需求旺盛

四川旅游市场近年来持续火爆，全省文旅经济增长势头强劲。四川省吸引了大量国内外游客，接待游客数量屡创新高，2023 年“五一”“国庆”等假期，全省接待游客突破千万人次大关，全年旅游消费总额呈

① 《王晓晖在 2023 四川省文化和旅游发展大会上强调着力推动文旅融合高质量发展更好助力新时代新征程四川现代化建设》，https://www.sc.gov.cn/10462/c105962/2023/9/27/f5ac35d1b7e6431b9b8ec4075c70b75a.shtml。

② 《2023 四川省农文旅融合发展工作现场会在雅安市名山区召开》，https://wlt.sc.gov.cn/scwlt/wlyw/2023/11/18/92a6398e6dff4e0fae1e08a58c66f55b.shtml。

③ 《四川省人民政府办公厅关于印发〈四川省农村一二三产业融合发展行动方案〉的通知》，https://www.sc.gov.cn/10462/zfwjts/2023/12/27/d618885f551c45f3a8ec4698beb6c4b7.shtml。

现井喷式增长，有力拉动了地方经济发展。在全省众多 A 级旅游景区中，不论是世界自然遗产地九寨沟、黄龙，还是人文景观都江堰、峨眉山，以及各类乡村旅游目的地，均呈现接待游客数量和门票收入双增长态势，部分景区数据甚至实现了两位数以上的同比增长，远超 2019 年同期表现①。

随着居民消费结构升级和生活质量提升，旅游需求正从单一的观光游向深度体验游转变。游客更加注重个性化、高品质和文化内涵丰富的旅游体验，而四川凭借其深厚的历史文化底蕴、丰富多样的自然生态资源以及享誉全球的美食文化，成功打造出一系列满足不同层次市场需求的产品和服务。例如，成都作为休闲旅游胜地，深度挖掘农业旅游资源，大力推动乡村旅游向高端化、品质化方向迈进：已成功推行了一系列旅游产业集群项目，涵盖乡村旅游、山地旅游、康养旅游、低空观光旅游、文化创意旅游及自驾游等多个领域；精心打造了郫都区唐昌街道战旗村、蒲江县甘溪镇明月村、彭州市龙门山镇宝山村、都江堰市柳街镇七里社区等众多极具代表性的重点旅游乡村。与此同时，川西高原地区因其独特的自然风光与丰富的户外运动资源，深受年轻旅游爱好者的追捧与青睐。

4. 资源优势明显

四川旅游资源优势众多，主要体现在以下几个方面。

一是自然风光秀丽。四川地处长江上游，素来享有“天下山水之观在蜀”的美誉，拥有诸如九寨沟、黄龙这样的世界级自然遗产瑰宝，还是大熊猫这一国宝级物种的宝贵栖息地，为农文旅融合发展提供了得天独厚的自然资源。此外，川西高原的雄浑壮丽、川东北丘陵的起伏蜿蜒，以及盆地平原的开阔秀美，形成了层次丰富多变的地貌景观，孕育出如诗如画的田园风光和特色鲜明的乡村景致，比如稻田艺术画卷、金色油菜花海等农耕文化景观，极具观赏性和艺术价值，更是摄影爱好者采风创作、画家户外写生的理

① 《这个“五一”四川文旅市场持续火爆　接待人次和旅游收入创历史新高》，https://www.scjjrb.com/2023/05/04/99362648.html。

想之地。四川所拥有的国际旅游品牌，如九寨沟、黄龙、峨眉山，皆是凭借独特的自然风光，积极推行“以景促旅、以旅融文”的发展理念，不断深化文旅融合的结果。四川打造了一大批国际知名的旅游品牌，有力地塑造并传播了自然与文化交融的天府之国形象。

二是文化底蕴深厚。四川作为中华文明的重要发祥地之一，孕育了灿烂的巴蜀文化，具有众多的历史遗迹和文化景观，为农文旅融合发展提供了深厚的文化底蕴。类型多样的历史文化遗产，跨度时间长、内涵丰富，从三星堆遗址的神秘青铜文明到都江堰水利工程，从古蜀道的人文风情到川剧变脸等艺术瑰宝，都彰显出四川独特的文化底蕴和历史积淀。在农文旅融合发展的过程中，四川将历史文化元素巧妙地融入乡村建设与旅游产品设计中，打造历史文化主题的乡村旅游景点、开发特色文创商品、举办传统民俗文化节庆活动等。同时，四川依托丰富的农业资源，如茶马古道历史背景下的茶园观光与品茗体验、民族地区特色农产品与美食文化展示等，将农业生产和地域文化紧密结合，形成了富有内涵的农文旅产业链条。此外，随着“互联网+”及数字化技术的发展，四川正积极探索线上线下相结合的方式，将厚重的历史文化以现代科技手段呈现给大众，进一步拓宽农文旅融合发展的市场空间。

三是农文旅资源丰富。在农业资源方面，四川是全国重要的粮食生产基地、特色农产品产区及现代农业改革示范区。省会成都以丰饶的土地盛产优质水稻、蔬菜及多样化的水果而闻名。位于成都平原腹地的三圣乡，近年来积极响应国家乡村振兴战略，成功践行了农文旅三位一体的融合发展策略，形成生态观光、休闲度假、会务接待等生态旅游模式。蒲江县甘溪镇明月村，依托邛窑文化资源和茶、竹产业基础，创造了乡村里的都市新形态，吸引了大量城市年轻人成为新村民，相继获得全国文明村、中国乡村旅游创客示范基地、“2018 十大中国最美乡村”等称号。此外，为了打造更高水平的“天府粮仓”，四川省按照国—省—市—县梯次大力推进现代农业园区建设，累计创建国家现代农业产业园 17 个，其中获得认定 12 个，数量均居全国第二位。四川认定省级园区 155 个、市级园区 587

个、县级园区 898 个。[①] 众多现代产业园区在推动一二三产业深度融合的同时，也积极拓展了农业观光、科普教育、亲子体验等功能。在文化和旅游资源方面，四川承载着古蜀文明、三国文化、藏羌彝民族风情等多种文化旅游形态。2019 年，四川省历时两年半，对全省进行了全方位、系统化的文化和旅游资源“双普查”。查出六大类文化资源 305.74 万处、旅游资源 24.57 万处，其中新发现新认定 6.51 万处；评定五级旅游资源 1864 处、四级旅游资源 5250 处，为全国文旅资源发展贡献了四川力量。[②] 这些资源为开发各类文化旅游项目提供了丰富的素材和灵感，形成了世界遗产景区游、烟火都市游、特色乡村游等特色旅游产品线路 1000 余条[③]，满足了不同游客的需求。

二 四川农文旅融合发展的主要模式与问题

（一）四川农文旅融合发展的主要模式

《四川省“十四五”文化和旅游发展规划》明确指出，要保护传承巴蜀自然人文资源，培育农文旅融合发展新业态，建设世界级乡村高端休闲体验目的地，打造“世界休闲农业之都”；推动农村一二三产业融合发展，实施休闲农业和乡村旅游精品工程，建设休闲观光园区、森林人家、康养基地、竹林小镇、乡村民宿、田园综合体；以构建“以农为基、以文为魂、以旅为体”的乡村产业体系为目标，探索创新，因地制宜发展休闲农业、观光农业、乡村休闲度假、生态康养等“农业+”的新业态模式。四川省作为资源大省，拥有得天独厚的农业、文化和旅游业资源。各地在探索农文旅

① 《我省 2 个园区通过国家现代农业产业园认定》，http：//nynct.sc.gov.cn//nynct/c100626/2024/1/17/d55d9c3e98eb4742a73d318a4b4e577f.shtml。

② 《山西、湖北、陕西三省来川调研文化和旅游资源普查工作》，https：//wlt.sc.gov.cn/scwlt/wlyw/2023/3/30/f9a6adddaed845be95d63da5bf66fa68.shtml。

③ 《这个“五一”四川文旅市场持续火爆　接待人次和旅游收入创历史新高》，https：//www.scjjrb.com/2023/05/04/99362648.html。

融合发展模式的过程中，充分立足本地资源禀赋，结合地方特色，依托森林资源、民族文化资源、农业资源等探索出了一套与本地社会经济发展相协调的模式。

1. 现代农业综合体

农文旅融合以农业为依托，通过发展旅游和传承文化来促进乡村农业发展、传承农耕文化。以农产品和农业景观为依托，打造的田园综合体就是一个以现代农业为基础，集休闲旅游、农业展会、农事体验、科教研学、田园社区等于一体的综合农业基地。2017 年，中央文件首次提出“田园综合体”这个概念，提出要支持有条件的乡村建设以农民合作社为主要载体，让农民充分参与和受益，集循环农业、创意农业、农事体验于一体的田园综合体，通过农业综合开发、农村综合改革、转移支付等渠道开展试点示范①。四川都江堰市“天府源田园综合体”成为首批 15 个国家级试点项目之一。此后，四川省参照财政部的办法，相继开展了一批省级田园综合体试点。

从业态上看，田园综合体强调“农业+”的产业融合模式，以政府为主导，通过系统规划将一二三产业有机融合，以“农业+科技”“农业+旅游”“农业+文化”“农业+教育”等多业态发展模式，融合农产品深度加工、商贸物流、乡村旅游、农产品会展、农业科教研学等多个相关产业。

在财政部试点项目的支持下，四川都江堰市“天府源田园综合体”依托复合的农业生产系统、丰富的农林物种资源、水利资源、深厚的农耕文化，充分整合自然人文资源要素，围绕“四园三区一中心”功能整体布局，打造出分别获得国家绿色有机认证和国家地理标志的圣寿源绿色蔬菜和红阳猕猴桃两个品牌②；培育引进稻米家农庄、拾光山丘休闲度假区、陌见山精品民宿等一批农事体验、乡村度假、精品民宿、康体养生新业态，打造

① 《中共中央国务院关于深入推进农业供给侧结构性改革加快培育农业农村发展新动能的若干意见》，《人民日报》2017 年 2 月 6 日。

② 甘娜、徐飞、郑涛：《田园综合体内生发展的影响因素评价与优化路径研究——以都江堰市天府源国家级田园综合体为例》，《农村经济》2022 年第 4 期。

“灌油”“灌米”“猕猴桃酒”等10余种特色旅游伴手礼，释放“农业+旅游”融合效益，推进农旅产业生态、链条及创新的多元融合①。

此后，四川省参照财政部的办法，相继开展了一批省级田园综合体试点，并于2018年印发《关于开展城乡融合发展综合改革试点的指导意见》。攀枝花市仁和区红旗村田园综合体项目便是四川省城乡融合发展改革试点探索的典型成就，入选“2022四川十大城乡融合案例”。在2021年初，攀枝花市仁和区的红旗村通过集体经济入股的方式，整合家庭农场和农民合作社，共同投资打造了红旗村田园综合体。该综合体充分利用当地的地理优势和气候条件，引导村民发展特色水果种植，同时，还引入了社会资本和专业人才，开发了农家乐、民宿、采摘园等多种业态，形成了集农业观光、农事体验、休闲度假于一体的综合旅游项目。

2021年5月，财政部印发《关于进一步做好国家级田园综合体建设试点工作的通知》，要求“支持有关地区立足资源禀赋优势，建设生态优、环境美、产业兴、消费热、农民富、品牌响的乡村田园综合体”。在这一要求下，四川省继续积极推动田园综合体建设，不断探索适应当地实际情况的发展路径。

与田园综合体发展模式相近的现代农业综合体，还有农业主题公园。从业态发展思路来说，二者有“产业”“文化”“体验”“创新消费”“城乡互动”等相同的特征；从规模与功能来说，农业主题公园可以是规模较大的田园综合体的组成部分。②

早在2016年，农业部和国家发改委、财政部等14个部门联合印发的《关于大力发展休闲农业的指导意见》中就提出要鼓励各地探索建设农业主题公园、农业嘉年华、教育农园等，以提高产业融合的综合效益。农业主题公园主要是以传承和展示农耕文化为目的并以农业景观为载体，让公众对农村的自然和人文景观进行深度体验的综合产业园。

---

① 都江堰市农业农村局：《都江堰市依托天府源（国家级）田园综合体项目试点探索乡村振兴发展新路径》，《中国农业综合开发》2021年第7期。

② 刘宏曼：《创意农业：北京都市型现代农业新亮点》，《当代经济》2009年第14期。

2020 年 4 月，为推动休闲农业提升发展，满足城乡居民对高品质休闲旅游的需求，四川省农业农村厅认定成都市大邑稻香渔歌田园综合体等 47 家四川省第二批省级示范农业主题公园。大邑县的稻香渔歌项目源于都江堰灌区的川西农耕文明，在项目开发建设上，稻乡渔歌围绕稻米主题产品，形成生态、文化、农业、旅游、健康融合的发展模式，打造针对全年龄段的田园文化体验项目，最终形成集民俗体验、乡村美食、田园艺术教育、亲子娱乐、风情客栈、休闲农场等农商文旅体多种功能于一身的郊野型公园城市社区，先后获评四川省示范农业园、成都市现代农业产业园区、成都市 3A 级林盘景区、“十大最美川西林盘”。

2. 乡村旅游主导型

2022 年 2 月 2 日，中共中央、国务院发布《关于做好 2022 年全面推进乡村振兴重点工作的意见》，其中提出要实施乡村休闲旅游提升计划，支持农民直接经营或参与经营的乡村民宿、农家乐特色村（点）发展。

四川是中国农家乐的发源地，乡村旅游起步早、发展快，在全国具有一定的影响力和知名度。但随着需求的增加，乡村度假村模式逐渐兴起，形成了乡村民宿、高档酒庄、休闲农庄、商务会所、牧场庄园等不同主题的乡村度假业态，形成了将景区、农庄和度假村相结合，集农业观光、休闲娱乐和文化体验于一体的综合性景区。

为促进全省乡村旅游高质量发展，助力乡村振兴，四川省文化和旅游厅组织制定了《四川省乡村旅游提升发展行动方案（2022—2025 年）》，明确提出，要建设独具四川特色的全国知名乡村度假旅游目的地。方案提出将以实施乡村度假建设为总牵引，推动乡村旅游从单一观光向观光休闲度假并重发展，不断提升乡村旅游发展质量，建设独具四川特色的全国知名乡村度假旅游目的地。

随着共享经济的发展和乡村传统农业发展经济模式的改革，2017 年海南在全国率先提出发展“共享农庄”，随后 2018 年的中央一号文件和农业部的文件中提出了“发展乡村共享经济”和“共享农庄”的概念。共享农庄是由企业或农民合作社统一规划和建设整个村庄，开发村庄周边的“四荒地”、空闲地等，建设民宿和相应设施。这些民宿可以出租，同时也可以全部或部分转让经营权或股权。同时，村庄的农用地还可以进行统一规模化的生产经营。消费者可以租赁这些农用地的经营权或认养农作物，这样一来，消费者、农民、政府和企业等多方主体都能参与到这一经济模式中，形成共建共享共治的发展形态。

与传统农家乐相比，共享农庄通常规模较大、设施较为完善，包括农业观光区、休闲度假区、农产品销售区等，有时还包含农事体验区、农业科教中心等。由于由企业或集体经营管理，共享农庄更多地追求经济效益和品牌效应，可能会进行市场营销和推广。传统农家乐通常由农户自主经营，更多地保持原生态的农村生活方式，对商业化的需求相对较低。

2018 年，成都市新津区张河村果园子社区成立集体经济组织，通过土地流转入股的方式与新津文旅集团合作，成立张河果园子文旅公司负责共享农庄建设。张河村在共享农庄的带动下，面貌焕然一新。随着共享农庄的运营，当地许多村民成为员工，部分村民将闲置房间装修升级，吸引游客入住。一些房屋被改造成餐馆、超市、文创工作室等商业配套，村民既是员工又是股东。张河村共享农庄每年为村集体带来 70 多万元收益，带动部分村民改造闲置农房从事民宿运营，每户年增收超过 4 万元①。共享农庄模式还通过数字化拓展了农旅场景，助力乡村功能多元化发展。

在乡村旅游业态中，打造乡村民宿是盘活闲置农房和宅基地的主要运营模式。乡村民宿的发展一直是三农工作的关注重点，2022 年 7 月，文化和旅游部等十部门联合印发了《关于促进乡村民宿高质量发展的指导意见》。意见指出要将农耕文化、传统工艺、民俗礼仪、风土人情等融入乡村民宿产品建设。要以乡村民宿开发为纽带，开展多元业态经营，拓展共享农业、手工制造、特色文化体验、农副产品加工、电商物流等综合业态，打造乡村旅游综合体。2023 年的中央一号文件指出：要实施乡村休闲旅游精品工程，

---

① 《这个村，采用共享的模式带动村民增收，把农民变股民，把农房变客房!》，https：//www.sohu.com/a/749293110_121124401。

推动乡村民宿提质升级。2024 年中央一号文件也明确指出要推进乡村民宿规范发展、品质提升。乡村民宿的发展也被写入《四川省乡村旅游提升发展行动方案（2022—2025 年）》。方案指出要培育天府乡村精品旅游民宿，着力盘活闲置农房、宅基地等资源，大力发展乡村民宿。

2020 年，西昌市大石板村以民宿主导村域产业，促进文旅融合发展。经过几年的发展，越来越多的年轻人返乡创业，如今全村有不同风格、不同层次的民宿、客栈超过 200 家，400 多户当地村民参与经营。2023 年，西昌市大石板乡村振兴项目入选“2022 四川十大城乡融合案例”。以乡村民宿为主要发展模式入选“2022 四川十大城乡融合案例”的还有汉源九襄镇的花海果乡民宿联盟。2018 年 3 月，雅安市汉源县引入企业家杨健创建了后山朴院·梨花溪民宿，成为汉源县首家民宿。2019 年，汉源民宿联盟模式迅速建立，以村民为主体，整合资源，规范服务，创建品牌，带动当地经济发展。

3. 特色民俗度假型

巴蜀文化作为中华文化的重要组成部分，底蕴深厚、源远流长。《四川省乡村旅游提升发展行动方案（2022—2025 年）》明确要求，挖掘乡村非物质文化遗产和传统手工艺等资源，提升创意设计水平，开发竹编、年画、蜀锦、刺绣、剪纸、土陶、漆器、木雕、石雕等乡村文创产品。文化产品的加持能够使农村旅游发展不受季节的制约，适应消费者持续消费需求，也为传统文化的传承和发展注入现代活力。

位于四川省成都市蒲江县甘溪镇的明月村自唐宋以来就以民用陶瓷（邛窑）著称。近年来，明月村依托竹海、茶山、明月窑，致力于文创赋能休闲农业，积极推进农文旅融合发展。村内成立了乡村休闲旅游合作社，推出农事体验、自然教育、制陶、草木染等项目，打造了蜀山窑、呆住堂艺术酒店等文创项目，吸引百余名村民返乡创业就业，如今村民年人均收入已超 3 万元。同时，明月村还吸引全国各地新村民入驻，实现了浪漫田园和文艺村落融合发展，新老村民互助共享，促进了村庄繁荣发展。

位于成都市崇州的竹艺村，有着国家级非遗项目“道明竹编”，其近年来迅速发展的关键在于以竹为媒介，为竹子产业提升赋能，融合乡村旅游和文创产品，实现乡村产业振兴。村里设有书院、餐厅、美术馆等，打造“竹编韵、天府味、国际范”，形成独特的艺术氛围，成为乡村振兴的典范。

四川省除了非物质文化遗产资源之外，还拥有丰富的民族文化资源，民族村寨的农文旅融合发展是全面推进乡村振兴的重要抓手之一。民族村寨旅游是指利用民族文化资源和村寨特色，以旅游为载体，开展旅游活动并实现经济增长。民族村寨旅游在乡村振兴中具有重要的推动作用，可以促进农民增收、改善农村基础设施、保护和传承民族文化①。

石椅羌寨位于绵阳北川，因一把天然的双人石椅而得名，传统羌寨碉楼、祭祀台等保存完好，展示了浓厚的羌族文化。作为“5·12”汶川特大地震灾后重建村，石椅羌寨充分利用生态文化资源，发展了丰富多彩的乡村旅游项目，成为“全国文明村镇”和“天府旅游名村”，通过举办羌族文化体验活动和农旅融合节庆，传承羌俗，吸引游客，推动当地乡村振兴。同时，以田园风光、乡土文化和民俗风情为特色，石椅羌寨成为绵阳文旅发展的亮点，不断改善基础设施，开设特色民宿，展现新的乡村魅力。

4. 生态康养型

近年来，随着人口老龄化、亚健康等问题越发严峻，我国人民健康意识与需求不断提高。国务院于2016年印发《“健康中国2030”规划纲要》，并指出要发展健康服务新业态，积极促进健康与养老、旅游、健身休闲等产业融合，催生健康新产业、新业态、新模式。《国务院关于促进乡村产业振兴的指导意见》明确指出要推进农业与文化、旅游、教育、康养等产业融合。生态康养作为康养旅游的重要组成部分，既契合“健康中国”战略，又将康养产业与乡村振兴有机结合。

---

① 黄莹莹、程玉龙：《乡村振兴下来宾市民族村寨旅游与产业融合发展路径研究》，《山西农经》2024年第3期。

2023 年四川省 60 岁及以上人口达 1816.4 万人，老年人口规模居全国第三，占人口总量的 21.7%，老龄化率为全国第七，已进入深度老龄化社会①。四川发展康养产业已具备社会基础。早在 2017 年，四川省委农工委就印发《四川省大力发展生态康养产业实施方案（2018—2022）》，并提出要加快建成全国生态康养目的地和生态康养产业强省，为四川省的康养产业发展提供了制度保障。作为西南大省，四川在森林、生物资源上都有着得天独厚的优势，具备了发展森林康养产业的综合条件②。根据区域特点，目前全省大致形成了环成都城郊度假、川南田园康养、川东北森林康养、川西北文化体验、攀西阳光康养五大康养旅游经济带。

2022 年四川省森林覆盖率为 40.26%③。位于川东北的巴中市，森林覆盖率达 63.18%，荣膺“国家森林城市”“中国气候养生之都”“国家生态文明建设示范区”等称号。近年来，巴中市加快融入成渝地区双城经济圈建设，打造成渝地区休闲度假后花园，创建全国知名旅游目的地和森林康养目的地，森林康养产业得到快速发展。全市森林康养产业收入连续三年保持 20%左右的增幅④。“中国气候养生之都”“四川十大最佳森林康养目的地”落户巴中，米仓山入选全国首批国家森林康养基地，天马山国家森林公园被评定为“中国森林养生基地”，空山国家森林公园被评为“中国森林体验基地”。眉山洪雅主要依靠负氧离子、绿色环境、优良空气等自然条件，形成了以玉屏山景区、七里坪度假区、云中花岭为主的森林康养基地。攀枝花和西昌主要依托充沛的阳光、冬暖夏凉的气候和丰富的物产资源，目前形成了以户外运动、田园度假为主的阳光康养旅游产品。

---

① 《推进养老服务丨四川已进入深度老龄化社会》，https：//baijiahao. baidu. com/s? id = 1784069298502797289&wfr = spider&for = pc。

② 王政、杨霞：《森林康养空间分布特征及其影响因素研究——以四川森林康养基地为例》，《林业资源管理》2020 年第 2 期。

③ 《四川省国土绿化公报》，http：//lcj. sc. gov. cn/scslyt/gfxwj/2023/9/12/6be235fc6dc44b0581b5b2e6175c95b1/files/2023 四川省国土绿化公报 . pdf。

④ 中共巴中市委：《巴中市森林康养产业发展研究》，《决策咨询》2021 年第 5 期。

除了以自然资源为依托以外，四川的宗教文化、中医药文化也与康养产业结合形成了文化康养旅游产品。2017 年，都江堰被列入首批 15 家国家中医药健康旅游示范区创建名单，四川省唯一。2019 年入选国家级旅游度假区的成都天府青城康养休闲旅游度假区，形成了以青峰书院、玉堂窑、芒城遗址、普照寺、长生宫为代表的儒释道等文化类资源相结合的文化生态康养产品。峨眉山依托当地丰富的佛教文化、茶道文化和温泉资源，打造了佛教康养与温泉康养中心。

5. 科普教育旅游模式

“农旅+科普”是集研学旅行、农事体验、科普教育于一体的农文旅教融合发展新模式，其面向广大群众和青少年，在发展旅游的同时传播农业科学知识、新型农业技术，对于培养青少年成为热爱农业、献身农业的新型高素质农业人才具有长远意义。2021 年，中共中央、国务院印发的《关于全面推进乡村振兴加快农业农村现代化的意见》提出开展耕读教育。2023 年五四青年节，习近平总书记寄语中国农业大学科技小院的同学们“把课堂学习和乡村实践紧密结合起来，厚植爱农情怀，练就兴农本领，在乡村振兴的大舞台上建功立业，为加快推进农业农村现代化、全面建设社会主义现代化国家贡献青春力量”。

2022 年四川省公布的袁隆平杂交水稻科技馆等 75 个省级研学旅行实践基地创建单位中有一大批农业基地，为推动“农业+旅游+教育”的业态发展提供了坚实的基础。其中，坐落于南充市营山县省级粮油现代农业园区的营山双实研学基地，是一个整合农业实践和研学旅行的教育中心。基地将园区作为课堂，以农业种植为教材，为中小学生提供劳动实践和农业科普的平台。基地通过研学实践活动，促进了民宿、农家乐和商业网点的发展，推动了旅游和商业的繁荣，进一步吸引了本地大学生返乡就业，显著提升了农业附加值，年产值达 1.2 亿元。

除了农业教育基地外，农博园、田园综合体等大规模的项目中也有科普研学项目。作为国家城乡融合发展试验区拓展区和四川农博会的永久举办地，天府农博园落户成都市新津区兴义镇，并于 2019 年 1 月完成总体规划，

2022 年 9 月建设完成投入运营。包括月光宝荷在内，新津已经形成了农博魔方、宝墩遗址、凡朴研学、九莲梦奇地、TINA 庄园等一批研学目的地。通过深挖地区优质资源，新津以研学旅行串联历史文化资源、乡村林盘、公园湿地绿道以及各产业功能区，初步形成全业全域的研学旅行发展格局，产生了“农业+研学+乡村旅游”新业态。其中，宝墩遗址研学旅行营地成功创建首批全国农耕文化实践营地。

（二）存在的问题

1. 政策保障体系不够完善

四川省 2021 年 12 月印发了《四川省“十四五”文化和旅游发展规划》，坚持以文塑旅、以旅彰文，培育新业态，丰富新供给，壮大新动能。深化文化和旅游与其他领域高度融合，不断提高发展质量和综合效益。通过加强顶层设计和政策保障体系，四川各地文化和旅游产业的融合发展程度不断提升，效果显著。

然而在融合实践中，农文旅融合与一般意义上的文旅融合有所不同，无论是在融合手法、运作模式上还是在内容呈现上，均呈现独特性。例如，《四川省乡村旅游提升发展行动方案（2022—2025 年）》明确指出，要大力发展乡村旅游新型业态，推动旅游产业与农业、林业、中医药等相关产业紧密结合。农文旅融合的实质在于围绕农业核心，借助“农业+”模式，实现文化产业、旅游产业与农业的全面、深度交融，为此需进行系统化布局和精细规划。2023 年 12 月，四川省人民政府办公厅发布的《四川省农村一二三产业融合发展行动方案》进一步强调了实施农文旅融合发展振兴行动的重要性。不过，当前政策体系中针对农文旅融合发展的专项政策和规划仍显不足。

与此同时，保障农民利益的相关协调机制尚不完善。农文旅融合发展的初衷是带动农民收入增长，但从现状来看，由于本地农户自身发展能力有限，许多农村产业的实际运营更多依赖市场资本的介入。成都周边的大型农庄、精品民宿和客栈等绝大多数由外地人经营，除了房屋租金外，大部分的收益被外地人拿走，对农民就业增收带动力不足[1]。因此，政府应当强化职能角色，建立健全相关利益协调保障机制，在鼓励外来企业和资本积极参与乡村旅游市场发展的同时，加强对其经营活动的监管约束，防止过度扩张对本地农民利益构成挤压，确保农文旅融合发展真正惠及广大农民群体。

2. 产业融合程度不高

农文旅融合是指以农业为依托，将农业、文化、旅游三者相结合，通过产业之间的互补和延伸，催生出新业态，以实现协同发展。然而，目前的农文旅融合项目中，农业与旅游的融合度较低。文旅融合已经发展得较为成熟，乡村振兴过程中往往更注重文旅融合项目的开发，忽视了农业生产。一是农业与文化产业融合度不高，农文旅项目以农业观光为主，缺乏一定的文化内容，对本地历史文化资源的挖掘不够深入。二是农业与旅游业的融合度不高，产业链条较短，难以吸引游客在观光后持续消费。农旅融合只是将农业与旅游业进行简单嫁接，忽视了其融合的根本在于第二产业的融入。对于农业而言，农业工业化不仅有利于提高农业的发展水平，加速农业现代化转型，而且能增加农业与旅游产业融合的价值[2]。只有一二三产业相互作用，才能形成融合闭环，带动产业发展。

3. 协同发展动力不足

一是农业、文化和旅游业发展不同步。四川的农文旅融合发展呈现“文旅先行、农业滞后”的特征[3]。四川省委十一届三次全会提出加快建设文化强省、旅游强省和世界重要旅游目的地。《四川省国民经济和社会发展第十四个五年规划和二〇三五年远景目标纲要》辟专篇对文化和旅游发展做出规划部署，推动文化旅游产业高质量发展。四川省委、省政府高度重视文化和旅游发展，把文化旅游作为事关长远的大事要事来抓。在顶层设计的

① 陈慈、陈俊红、龚晶等：《当前农业新业态发展的阶段特征与对策建议》，《农业现代化研究》2018 年第 1 期。

② 李眉洁、王兴骥：《乡村振兴背景下农旅融合发展模式及其路径优化——对农村产业融合发展的反思》，《贵州社会科学》2022 年第 3 期。

③ 杨玉欢、贺建雄、张新红等：《中国农文旅耦合协调发展空间分异特征及影响肌理》，《干旱区地理》2023 年第 3 期。

有力推动下，四川省的农文旅融合发展中“文旅”协调度最高，乡村旅游在一定程度上有效地结合了乡土文化遗产。而“农文”协调相对偏弱，“农旅”协调最弱。四川是农业大省，是全国粮食作物和经济作物的重要产地。虽然一村一品、农产品地理标志等名录的推出促进了对传统农业的挖掘和发展，但在市场化经济体制、规模化运作模式下，传统以精耕细作为典型特征的农产品与资本运作的乡村旅游相比更不易转型①。

二是缺少强有力的协同主体。目前，以省级和市级政府部门为主体打造的农业综合体和示范园区具有规划系统化、管理统一化、建设规模化的特征。其他的发展模式除了企业进驻乡村以外，多为当地政府牵头或者本地农户个体经营。地方政府是推动乡村旅游发展的主导力量，但驱动农文旅协同发展涉及各类产业经济、生态资源开发与保护、传统文化挖掘与保护等，相关职能部门也不同程度地存在职责界限不清、管理主体不清晰的现象。而经营者受发展规模、项目体量等因素的影响，以农家乐、民宿或者小微旅游企业居多，总体上组织化程度不高，如此一来，不仅难以形成更具规模的配套产业，也难以深度挖掘乡村农耕文化，影响了农文旅深度协同。

4. 品牌建设力度不够

品牌建设成为休闲农业和乡村旅游经营者必须思考的问题。当前农文旅融合项目中的品牌建设存在以下问题。

首先是品牌建设意识不足。在推进农文旅产业融合发展中，品牌化是确保产品项目可持续发展的必要条件。但目前乡村农文旅项目以个体经营为主，而散户经营多以经济效益为主要目标，缺乏对可持续发展的认知，导致经营理念落后，品牌建设力度不足。

其次是产品的品牌定位不明确。品牌定位清晰是避免同质化、打造差异化的重要渠道。目前，当地在休闲农业与乡村旅游协同发展过程中，存在项目盲目开发和内涵挖掘不足等问题；在旅游项目及产品开发过程中，未能精

① 杨玉欢、贺建雄、张新红等：《中国农文旅耦合协调发展空间分异特征及影响肌理》，《干旱区地理》2023 年第 3 期。

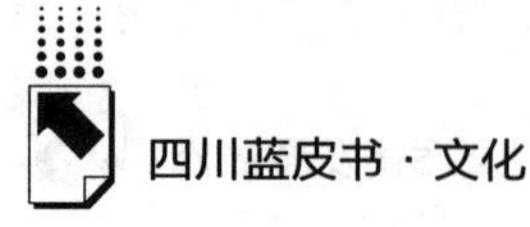

准把握地方特色；在农事体验、民俗活动开发以及农耕文化和民俗文化的融合应用方面，普遍缺乏地域特色，缺少创意和文化内涵。

最后是品牌的营销手段单一。近年来，乡村旅游竞争激烈，“酒香不怕巷子深”已然成为历史。旅游项目缺乏良好的推广与宣传平台以及市场化的营销思维，影响了乡村旅游项目的特色品牌建设，制约了乡村旅游项目的传播范围。

5. 创新能力有限

一是乡村旅游项目开发同质化问题严重。旅游项目缺乏地域特色和文化传承，存在盲目跟风现象。村落之间的地理风貌和文化背景相似，造成了旅游同质化竞争严重。例如一到春季，各县、乡、村争相举办“赏花节”，但活动基本局限在“拍照打卡+农家乐”模式，元素单一、同质化高。新开发的赏花乡村旅游不是吸引了更多的外地游客，而是截流了原本属于本区域其他景区的游客。只有以农产品为媒，丰富游客的消费业态和消费场景，比如团建、骑行、露营、旅拍、康养、文创、研学等，延长农业观光的价值链才能突出本地特色，打造差异化项目。

二是持续性吸引力弱，消费者回头率低。由于农作物的生长受制于季节，以单一农产品为依托打造的乡村旅游项目难以在四季持续吸引游客。例如春季的赏花节，受限于花期短暂，一些地方出现“忙时人山人海，闲时门可罗雀”的情形。延长产业链，让游客能持续消费，让“到此一游”变成休闲游、度假游，尚需下大功夫。只有以农业为依托，深入挖掘地方文化特色，创新乡村旅游发展方式，才能持续吸引游客，增加农业发展的附加值。

三　迈向高质量：四川农文旅融合发展的策略建议

（一）加强政府引领，完善政策保障体系

政府引领与政策保障是农文旅融合发展的基础性推动力，需要随着融合

发展进程与业态变化而进行调整，以在顶层设计层面科学合理地布局融合业态、运营机制和品牌特色。四川未来的农文旅融合发展，需以进一步加强政府引领、完善政策保障体系为基础，强化统筹规划并推动业态扩容、模式创新与品牌推广。

一是完善顶层设计，统筹构建四川农文旅融合发展体系。作为农文旅融合发展的指导者、统筹者及各方利益的协调者，政府部门在制定规划、推进实践、管理成果等方面具有重要作用。四川农文旅融合发展不仅涉及农村社区发展、环境保护、乡村振兴等多项内容，还涉及民族文化资源开发、民族地区社会治理等重要议题，更需要在农业、林业、城建、文旅等相关部门统筹协调下深度打通产业壁垒、建立多方协同机制。首先，四川农文旅融合的未来发展，需要不同管理部门进一步加强联动，以形成更集中、更有序、更有力的统筹协调和引领作用。为解决或避免“多头管理又多头都不管”① 的现实难题，整合管理职能，加强不同部门间的联动，是推进资源联动、产业协同发展进而更高效率、更高质量构建农文旅融合发展体系的基础和保障。其次，政府部门需根据四川资源丰富、省域内各地方特色明显的实际情况，因地制宜地打造资源集约、结构合理、差异发展、协同高效的农文旅融合发展体系。就当前四川农文旅融合发展成果而言，成都市东部新区谢家祠村、成都市郫都区战旗村、遂宁市安居区“海龙凯歌”项目及攀枝花市米易县的“农文康养”融合发展等，均体现出鲜明的特色和优势。立足既有特色和优势，四川还有许多农业、文化、旅游资源待挖掘，更多具有特色和品牌效应的融合成果待打造，更多各地方农文旅融合发展的差异化特色与整合性效应待发挥，需要政府部门在顶层设计层面系统布局。最后，随着四川农文旅融合发展进入新阶段，还需基于各地方资源优势和融合进程，有针对性地编制或更新农文旅融合发展专项规划，增强政府的引导、协调作用，强化农文旅深度融合发展的规范性和科学性。2022 年 12 月，国家发改委发布的

① 彭华、向玉成、司嵬、陈云川：《乡村振兴战略背景下四川农旅融合发展模式及对策研究》，《四川旅游学院学报》2019 年第 6 期。

《“十四五”扩大内需战略实施方案》提出大力发展“全域旅游”，对农文旅融合发展规划提出更高要求。具备发展全域旅游条件的地方，更应科学编制农文旅一体化发展规划，系统且深入地推进农文旅融合发展。

二是强化政策支持，有力推进四川农文旅融合发展实践。政策支持作为产业融合发展的重要支撑与保障，是直接推动四川农文旅融合发展的重要力量。在国家政策背景下，针对四川农文旅融合发展重点和现实需求，制定并创新专门的指导性政策，是有力推动相应发展实践与成效升级的关键。一方面，完善专项基金设置与资金补助申请机制，同时鼓励和吸引更多企业参与农文旅融合发展。综合专项资金支持与吸引企业投入等方式，保障重要项目开发需要的启动经费，同时着重提升产业运营活力，以更加充分地发挥政策支持的基础保障及引领作用。另一方面，创新人才培养与人才引进政策，破解“引才、育才、用才、留才”的难题。尤其是在以留守老人为主、难以留住青年人才、旅游服务人才缺乏的乡村，更需要有力的政策支持，吸引青年人才和大学生返乡、入乡，推动相应人才队伍建构与农文旅融合发展。同时，有关四川农文旅融合发展的政策的出台与更新，以及针对具体点位、业务类型、要素（如资金和人才）等发布的专项政策，还能引发更多行业、领域及群众对融合实践的关注，吸引更多行动主体参与，形成更强大的农文旅融合发展合力。不断强化与迭代的政策支持，亦需随着实践动态而有针对性地发挥引导与协调作用，以推动四川农文旅高效率、高质量融合发展。

三是健全管理制度，有序保障四川农文旅融合发展效益。当前全国农文旅融合发展中普遍存在的问题，诸如社会效益、经济效益、文化效益、社会效益等不平衡或不符期待，以及优质文化的价值挖掘不深入、旅游点位的生态保护不到位、创新项目的管理体系不完善，均要求政府部门建立健全管理制度并深化行业治理。四川作为中国西部的人口大省、经济大省、资源大省、农业大省，具备打造数量更多、质量更高、影响更大的农文旅融合发展示范点的基础条件，也需要更系统、更精准的政策调控，来深化行业治理及保障农文旅融合发展秩序和效益。未来可根据四川农文旅融合发展特点和规律，直面乡村振兴的新形势和新任务，建立健全农文旅融合发展的标准和制度体系，提升项目审批、实施、验收及相关活动开发、场景打造等融合发展业务全流程的规范性，以在兼顾生态保护、文化传承、产业发展等综合效益的基础上推进融合发展。包括在制度层面进一步强调农文旅融合发展中的生态保护和生态治理，打造农文旅融合发展的生态项目，加快建设宜居宜业和美乡村；深化文化价值挖掘与传统文化传承，推动解决农文旅融合发展中文化传播浅表化或抽象化等问题，进而强化产业融合创新的内涵、意义与吸引力。此外，针对各市（州）、县（市、区）农文旅融合发展中动态衍生的新问题和新难题，还需依托专项扶持政策与治理制度，进一步明确治理方案和管理体系，以充分保障四川农业、文化、旅游业的有序融合和高效发展。

（二）明确多方需求，增强协同型内驱力

以政府引领和政策保障为基础，明确农业、文化、旅游业等产业发展的动态需求，以及政府、企业、农户和消费者等各类主体的深层需求，是增强农文旅融合发展内驱力的关键。在“自上而下”的政府引领和政策保障基础上，四川还需强化以不同主体和不同产业需求为导向的农文旅融合实践，进而更广范围、更深层次地汇聚力量并形成“自下而上”探索创新的发展动能。

一是明确农业、文化、旅游业等不同产业发展的动态需求。农文旅产业融合，是以乡村发展、产业兴旺、生活富裕等为目标，利用市场经济手段，通过市场机制对构成乡村物理空间和乡村各种功能载体的产业资源（如农产品）、文化资源（如民族文化）、旅游资源（如生态景观和特色建筑）等进行重组运营，以实现经济价值、文化价值和生态价值的最大化的过程①。农业、文化、旅游业发展的具体条件和动态需求，以及基于政策保障、基础条件等回应不同产业发展需求的方式和程度，直接决定四川农文旅融合发展能否实现发挥资源价值、推进产业升级、获取更多效益的目标。在多产业融

① 雷明、王钰晴：《交融与共生：乡村农文旅产业融合的运营机制与模式——基于三个典型村庄的田野调查》，《中国农业大学学报》（社会科学版）2022 年第 6 期。

合过程中，四川农文旅融合发展规划和实践承载着增进产业间联系、促进产业结构升级、有效配置资源、内化部分交易成本并形成产业经济乘数效应的期待[①]，需要在动态把握和深入理解农业、文化、旅游业等产业发展需求的基础上展开，并通过相应内驱力推动多产业深度融合与协同发展。如何更好地以农业为依托推动文化和旅游发展、如何持续以文旅融合发展反哺农业发展、如何形成多产业优势互补的优质综合体、如何顺应经济社会发展趋势及技术变迁而探索新的融合模式等问题，均需在充分理解和明确四川农业、文化、旅游业等产业发展动态需求的前提下进行探索回应。

二是明确政府、企业、农户和消费者等不同主体的深层需求。在农业、文化、旅游业等多产业融合发展的过程中，政府部门、农业企业、文旅企业、农户、消费者等构成重要的行动主体。四川农文旅融合发展的过程，亦是政府、企业、农户、消费者等不同行动主体多方参与的过程，需在明确不同主体深层需求的基础上，依托多主体协同的内驱力而展开。作为重要的统筹者和协调者，政府部门需要基于不同企业的效益期待、各地农户的增收致富需求及消费者的多元化需求，根据四川本地实际而提升农文旅融合发展效益并化解潜在的矛盾与风险。更好地协调各方利益、凝聚各方力量、化解矛盾与风险，关键在于掌握并协调好各方深层需求，并最大限度提升各方需求的一致性。例如，农户可在农文旅融合发展中传承农耕文化、保护乡村生态、参与服务工作并实现增收致富的目标，但 2019 年有研究提出农文旅融合发展中利益联结机制不完善的问题，即有些项目参照景区进行开发，但在收益分配中将农户挤出，农户参与农业生产维持了美丽景观却没有从旅游开发中获得相应的补偿，导致农户抵触情绪严重，开发商、农户和游客矛盾突出[②]。而不同行动主体间的更多矛盾，如融合项目同质化与消费者需求多元化的冲突、提升旅游产业效益的实践对生态环境造成不利影响、重视旅游经

① 张哲、覃建雄、罗丽：《岷江上游地区农文旅融合效应测度及对策研究》，《中国农业资源与规划》2023 年第 9 期。

② 彭华、向玉成、司嵬、陈云川：《乡村振兴战略背景下四川农旅融合发展模式及对策研究》，《四川旅游学院学报》2019 年第 6 期。

济而未深度挖掘文化价值、让文化元素成为旅游景区的展示物而未充分发挥文化价值等，跟企业与农户间的利益协调问题一样，已在陆续完善的管理体系下得到有效调节，却也仍需要回归不同主体的深层需求，将其持续纳入深入考量范畴并升级解决方案。

三是吸引更多主体力量协同推进农文旅融合发展。四川农文旅融合的未来发展，既离不开农业、文化、旅游业等多产业协同，也离不开政府、企业、农户和消费者等多主体协同，犹如一个良性循环的生态系统，需要系统中的主体及要素共同维持共生机制。为进一步提升不同主体的内驱力、更好地推进四川农文旅融合发展，除通过统筹和协调等方式在不同产业、不同主体间搭建互动机制与利益联结机制等以外，还可向外拓展产业和行动主体范围即吸引更多力量参与到融合规划与实践中。从某种角度看，搭建起农文旅相关产业之间及政府、企业、群众等不同主体之间的协同机制，是保障农文旅融合更好、更快前行的关键，而从全要素角度出发，将更多相关产业、相关主体等力量纳入四川农文旅融合发展体系，有利于巩固已形成的良性循环机制、有助于拓展业务体系及增强融合成效。正如米易县推动农文旅融合发展的实践，不仅融合了农业、文化和旅游业，还融合了康养产业的特色，利用和美宜居的环境打造出康养度假的理想地，吸引了大量消费者。吸引更多企业和资本加入四川农文旅融合发展，鼓励更多消费者通过参与农文旅产品设计、活动策划和推广等方式同政府、企业、农户等共建农文旅项目，逐步成为进一步增强多方协同内驱力的重要方向。

（三）创新融合模式，推动产业深度融合

融合模式的持续迭代与突破创新，是网络社会、数字社会、智能社会等新型社会形态下建立农文旅融合发展内循环体系的核心过程。四川拥有丰富的农业资源、文化资源、生态资源，具备推动不同产业融合模式创新的资源优势。为进一步破除产业壁垒，推动四川农文旅深度融合发展，需更深入地转变跨产业融合理念，深化“资源共享—协同运营—价值共创”的全链条融合；同时根据省域内不同地方的基础条件和资源特色，因地制宜地建构多

元化融合模式，以充分发挥资源价值并扩大融合业态影响。

首先，在观念意识上，需整体性转向协同发展。在各地相继推进农文旅融合发展的现实下，四川需进一步深化多产业、多主体整体性转向协同发展的观念意识，打造出更多高质量“综合体”和“生态体”，进而形成具有全国性竞争力的农文旅融合发展体系。整体性协同发展意识，至少包括三个方面：一是打破产业壁垒，深化农业、文化、旅游业等产业系统性协同的意识；二是联结多方需求，深化政府、企业、农户和消费者等主体系统性协同的意识；三是强化整体布局，在特定场域内搭建多产业、多主体深度协同机制的意识。相较于农业、文化、旅游业等产业并行发展的过去，整体性转向协同发展的意识，是进一步推进四川农文旅融合模式创新、深化产业融合、扩展发展成效的基础和前提。而观念意识的转变，既离不开政府引领下的统筹规划和系统布局，也离不开具体实践形成的阶段性成效及随之产生的认同和激励效应，是一项由外部推动力与内在驱动力共同推进的系统工程。

其次，在行动方向上，需据情境创新融合模式。根据相关研究，从驱动力角度看，农文旅融合发展中已出现至少三种运营模式：一是自上而下的政府主导型共生运营模式，即由于资源依赖和权力差异，多产业、多主体间的协同在政府主导下展开，而市场和社会发挥的作用相对有限；二是自下而上的村企结合型共生运营模式，坚持发挥市场主体的带动作用，强调市场导向和生产要素的自由流动，实现企业生产利润与农户利益的联结；三是多方联动的平衡型共生运营模式，即政府、企业和农户共同发挥驱动作用，构建起多主体动态均衡互动的协同发展模式①。由于四川各地方资源禀赋不同、特色优势有异且处于不断发展变化中，四川农文旅融合发展的高质量、高效率推进，不仅需要相关行动主体因地制宜和“因时制宜”地选择或建构最合适的运营模式，而且需要相关行动主体根据具体情境的变化而不断创新融合模式。无论是政府主导型、村企结合型和多方联动的平衡型融合模式，还是

① 雷明、王钰晴：《交融与共生：乡村农文旅产业融合的运营机制与模式——基于三个典型村庄的田野调查》，《中国农业大学学报》（社会科学版）2022年第6期。

其他可能的融合模式，都需要伴随政策、经济、文化、技术及四川农文旅融合发展进程等情境因素变化而进行创新，如此才能更好地契合发展目标与情境要求。

最后，在实践过程中，需深层次推进全链条融合。基于具体的融合模式，四川农文旅产业的深度融合，需在以农业产业为依托、以文化为内核、以旅游产业为重要形态的深层次的全链条融合中进行。深层次的全链条融合至少需从三大维度或环节着手——资源共享、协同运营、价值共创。资源共享，需通过整合优质资源、推动不同产业优势互补等来实现，是在一定的融合模式架构下推动产业深度融合的基础，也是农文旅融合产物“入脑”和“入心”的关键。四川农文旅融合需在进一步梳理各地、各乡村的农业资源（如传统农业和农产品加工业）、文化资源（如地方风俗和文化内涵）、旅游资源（如自然风景和人文古迹）等主要资源及其他相关资源的基础上，推进常态化的跨产业、跨领域、跨地域的优势资源共享，将分散的资源聚集在可供多元化生产与运用的资源池中，推动相关资源价值的最大化发挥。协同运营，即多产业、多主体围绕特定目标展开联动，是实现共生与共赢期待的核心实践过程。在四川农文旅融合发展体系中，农业、文化、旅游业等不同产业均可被视为子系统，政府、企业、农户、消费者等不同主体均可被视为重要节点，推进相应节点与子系统间更深层次的协同运营，是推动相应节点与子系统间有效互动、互嵌、互构的重要过程，在很大程度上影响到相应融合模式能否有序和有效运转。价值共创，是农文旅融合发展成效的体现，也是相应行动主体间互动模式的表现。尤其是伴随政策赋能与技术变迁，价值共创的内涵和实现途径都得到拓展，如何推进产业价值共创成为相关产业可持续发展的关键问题[①]。以用户体验和参与式互动为核心的价值共创，自然成为未来四川农文旅融合发展中不可忽视的重要议题。能否按期待推进价值共创，即能否有力推动多产业、多主体协同运营，以有效满足不同产业发展

① 周锦：《数字经济推动文化产业价值共创：逻辑、动因与路径》，《南京社会科学》2022年第9期。

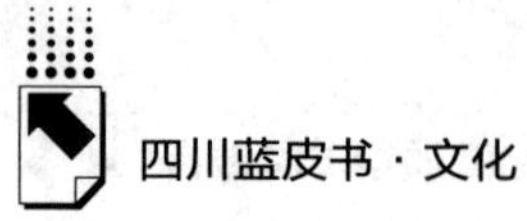

的动态需求及不同主体的深层需求，是四川农文旅融合发展需要持续探究的课题。

（四）注重品牌建设，创新市场推广策略

具有差异化竞争优势的品牌建设与推广，是向外扩散农文旅融合成果及其影响、向内吸引更多协同与消费力量的过程，承载着打通内循环与外循环的期待。依托因地制宜的模式创新，四川农文旅融合发展需建构起更加具有差异化竞争优势的品牌特色，以更深入地解决消费需求多元化与融合产品同质化之间的矛盾，进而提升发展成果的吸引力和竞争力。将具有特色的品牌优势转化为传播资源，以互联网思维下的传播实践服务于产业融合，让品牌建设与品牌推广“互哺”，是立足互联网时代推动四川农文旅融合发展时需考量的重要维度。

一是基于产业融合业态创新，做强具有差异化竞争优势的农文旅品牌。随着消费者需求的多元化发展与各地农文旅融合竞争力的提升，四川农文旅融合发展需以产业融合业态创新为基础，持续做强具有差异化竞争优势的农文旅品牌。省域内不同地方农文旅融合发展的“核心名片”打造与凸显，是强化各地方差异化优势与协同发展整体效应的关键，也是融合业态持续创新的方向。文化创意、智慧科技等资源较为丰富的地区，应进一步突出文化创意、智慧体验并完善娱乐、休闲等元素，通过开发新型旅游产品及服务业态，全面提升农文旅融合发展层级①；历史古迹、红色文化较为典型的地区，应进一步将文化意蕴、红色故事融入社会生活，提升人文旅游、红色旅游等辨识度；自然奇观、壮美风景等较为突出的地区，应在做好生态保护的基础上进一步讲好奇观故事。同时，可将农业资源、农耕文化等深度融入特色品牌，打造具有创新性的发展模式和商业模式，形成有特色的农文旅融合发展产业集群。此外，随着四川农文旅融合发展的深度推进，包括“农文旅康”在内的“农文旅+”探索，已成为打破或规避同质化现象、建构差异

① 肖鸿燚：《全域旅游下激发乡村农文旅协同活力的实现路径》，《农业经济》2023 年第 9 期。

化融合模式与品牌优势的可行路径，有利于四川农文旅融合产物在日渐变化的竞争环境中破圈与出圈。

同时，省域内各地方还需围绕农文旅“核心名片”完善配套服务，多管齐下建构品牌体系。农文旅融合发展的品牌打造同诸多其他类型的品牌建设一样，需依托多方面业务、多层次理念而进行，是一个体系而非单一性的存在。若将“核心名片”视作不同地方农文旅融合发展的品牌理念和基础定位，与之相契合的配套服务则是构建品牌体系的重要支撑以及品牌特色的外在表现。围绕“核心名片”而就相应配套服务进行系统规划、妥善管理、创新经营，是针对性解决农文旅融合尤其是乡村旅游中配套设施、配套服务等滞后问题的重要举措，也是形成特色化产业集群的基础支撑。推进四川农文旅融合的未来发展，持续强化整体设计和品牌体系意识，将有关配套服务的规划、建设、完善工作进一步前置，将配套设施和配套服务等方面的核心问题解决在建设阶段，既有利于资源的集约化与最大化利用，也有利于推动农耕文化、乡村记忆、民族风俗、风景名胜和生态优势等有机融合。

二是基于整合营销传播创新，提升四川农文旅融合发展的品牌影响力。在成体系建构品牌特色的基础上，四川农文旅融合发展的品牌影响力，还需通过整合营销传播的创新探索来提升。在整合营销传播的创新探索中，相应市场推广策略需要强调整体性和系统性，即在系统布局传播主体、渠道、产品和场景等基础上优化品牌推广方式，以形成更大的传播合力。首先，具有特色的农文旅融合发展产物，是市场推广的基础，也是整合营销传播的核心。生产与传播间的互动和“互哺”作用，对农文旅融合产业升级尤为重要。其次，随着互联网技术及网络社会的发展，消费者由接受者转化为传播者的可能性日渐提升，综合农文旅融合发展项目与市场推广等，吸引更多消费者参与到融合发展和市场推广中来，是增强四川农文旅融合发展影响力和传播力的可突破方向。最后，针对市场推广能力相对薄弱的乡村，可通过多级媒体联动、跨区域联动等方式，增强四川农文旅融合发展的整体性品牌影响力。

在系统性思维指引下，还需具体推动传播主体、渠道、产品和场景等突破创新，实现品牌效应的最大化。在传播主体层面，可号召全民协同强化地方农文旅融合发展优势，以最大化提升传播声量。即通过强化政府部门和主流媒体的引领作用、以优良服务吸引消费者扩散影响、号召当地村民加入农文旅融合项目推广等，推动形成系统化的传播体系，构建“全民促发展”的氛围和行动网络。在传播渠道层面，可大力发展云端旅游和服务，形成线上与线下深度融合、有机配合的传播网络。例如在具有地方特色的农业园区、文化基地、旅游景区，更多地嵌入获取线上讲解的通道或设备；在云端设置沉浸式体验农文旅融合发展成果的产品和空间，让更多消费者了解相关信息并远程体验其魅力。在传播产品层面，可大规模、常态化应用直播、短视频及更多交互产品，增强品牌吸引力。在数字赋能农文旅融合发展的当下，传统的“高大上”的宣传片、常规的景点介绍等吸引力有限，而更具互动性、游戏性、愉悦价值的视频产品和互动产品，已成为推动四川农文旅融合发展的重要载体。在传播场景层面，线上、线下农文旅融合场景的打造，是推广农文旅品牌的基础。品牌推广的主体、渠道、产品等也构成了重要的传播场景，同样需要在政府引领、主流媒体引导下有策略地进行创新性建构。例如搭建农文旅融合产业园区的消费者社群，通过社群运营、精细化运营等不同的方式维系连接关系和互动网络，进而强化消费者与政府、企业、农户等协同共建的力量和作用。

（五）强化技术支撑，持续培育新质生产力

面对技术变迁及技术产生的诸多变化，将外在于环境中的技术转化为内生动能，利用新技术培育新质生产力，是农文旅融合发展持续升级并持续赋能经济社会发展的基础和方向。四川农文旅融合发展需持续强化技术支撑，将智能技术深度嵌入日常生活，孵化更多元、更具创意、更有吸引力的“智慧农文旅”新业态和新产品；同时在技术赋能下持续推进四川农文旅融合发展的系统性迭代升级，以更好地培育新质生产力，提升农文旅融合发展的社会效益、经济效益、文化效益、生态效益，进而更有力地赋能经济社会高质量发展。

一是用好新兴技术产物，打造“智慧农文旅”体系。充分利用大数据、区块链、人工智能等新兴技术探索业态创新，已经成为各地推动农文旅融合发展的重要举措，而进一步强化数字赋能，打造更高质量的“智慧农文旅”体系，仍是四川持续推动高质量发展的重要工作。技术将持续作为重要支撑在四川农文旅融合发展中发挥作用，而如何基于新兴技术优化“智慧农文旅”体系，即如何利用技术打造出更优质、更有序、更有效的“智慧农文旅”综合体，是关系到不同行动主体的重要议题。四川在推进农文旅融合发展的进程中，可根据资源优势、农文旅融合项目定位和发展目标等从三个方面发挥好技术的价值。首先，可充分发挥新兴技术的使用价值，推动相关产品和服务创新，如打造智能门禁、园区内智能导航系统、智能厕所系统、智能讲解系统等。其次，可针对性地发挥新兴技术承载的仪式价值，增强“智慧农文旅”的创新性和吸引力，如在重要区域展示人工智能产物供消费者体验和互动等。最后，可广泛发挥新兴技术内含的关系价值，增强“智慧农文旅”的连接力和影响力，如将技术嵌入“智慧农文旅”体系的建设与推广中，强化协同建设者与消费者之间、消费者与消费者之间的深度互动，形成影响更为广泛、连接更为紧密、互动更为深入的农文旅融合网络。

二是深度嵌入技术思维，培育新质生产力与新型意义体系。技术是支撑四川农文旅融合发展的要素之一，而就全要素升级而言，嵌入技术思维并持续培育新质生产力，构成了促进农业、文化、旅游业等产业融合并实现跨越式发展的能量源泉。在四川农文旅融合发展中，可从多方面强化技术支撑并培育新质生产力。在人才方面，培育能够深度运用新兴技术的新型劳动者，以在人与技术互动的过程中开拓农文旅融合发展的业务边界和创新空间；同时构建有助于农文旅融合发展且服务性强的新型行业组织，开展专门的课题研究与产品研发工作，促进产业间、主体间的沟通和联动，并以科学的理论成果指引农文旅融合实践。在资源方面，依托技术对丰富的农业资源、文化资源、旅游资源等进行分类梳理、系统分析，整合形成数据库，并充分发挥相关数据的多元化价值；同时搭建起管理数据的专业机构或枢纽型组织，以更完善的制度推动优质资源整合、资源高效共享及行业规范发展。在实践方式方面，全方位发挥好技术的支撑作用，以在利用技术探索创新业态、创新价值的过程中，推动四川农文旅融合的高质量发展。

三是伴随技术迭代趋势，更好地以农文旅融合发展赋能经济社会发展。农文旅融合发展有助于巩固脱贫攻坚成果，有助于传承和发展农业文化，有助于推动三产融合并激发乡村经济活力，有助于加速新型城镇化进程及推动城乡一体化发展等[①]。为更好地实践多方面意义，四川农文旅融合发展中的产业、主体及不同产业间的融合、不同主体间的协同等，均需伴随技术发展的节奏而迭代，进而通过持续培育新质生产力来推进农文旅融合发展的全方位升级。尤其是移动互联网技术对信息传播生态造成颠覆式冲击、人工智能技术再度将相关产业发展推向新局面、新技术产物及其承载的思维理念在四川农文旅融合发展中的深度嵌入，既是推动相关产业融合形成更大价值、更多意义的基础，也是相关产业及行动主体需直面的挑战。在此情境与趋势下，一方面需推动四川农文旅融合发展适应智能技术变迁及其带来的社会系统变化，以更具特色、更有创新性且不断迭代的产业集群，适应动态变化的社会网络关系及社会发展需求；另一方面需推动产业升级，提升四川农文旅融合发展在社会、经济、文化、生态等方面的综合效益，以形成产业要素与融合价值互促互进、农文旅融合发展的内循环与社会系统外循环互融互通的运作体系。

① 姜岩：《推动新时代农文旅深度融合发展的对策研究》，《农业经济》2023年第10期。

主题聚焦

B.2 四川数字农业发展报告

骞莉　索岚杰　何华兰*

摘　要： 数字农业推动信息技术与农业各环节实现有效融合，对改造传统农业、转变农业生产方式具有重要意义，是我国由农业大国迈向农业强国的必经之路。本文调研四川数字农业，从新农人"网络劳动"不断发展、社交媒体催动农村文化创新传播、智能设备开辟农村生活新空间、数字园区引领现代农业高质量发展、"10+3"数字农业产业体系初步构建、创新乡村数字化转型路径和发展模式等方面，分析四川数字农业的发展成效，并从农业、农村和农民三个维度对四川数字农业发展进行探讨与展望。

关键词： 四川数字农业　新农人　乡村文化　农村新空间

农业农村数字化是推动农业农村现代化、助力乡村全面振兴的新手段和

* 骞莉，四川省社会科学院新闻传播研究所研究员，研究方向为新媒体传播、文化产业；索岚杰，四川省社会科学院新闻传播学专业研究生；何华兰，四川省社会科学院新闻传播学专业研究生。

新动能。“十四五”时期，四川要加快推进农业农村数字化发展，从多个维度加深农业与数字化的连接与融合，这既是巩固拓展四川脱贫攻坚成果、补齐四川农业农村现代化发展短板的创新举措，也是深入贯彻新发展理念、加快构建新发展格局、实现四川乡村全面振兴的需求。

一　四川数字农业发展的成效

（一）新农人“网络劳动”不断发展

新农人的“网络劳动”是指农民通过互联网平台进行的各种劳动活动，包括电子商务、在线直播、社交媒体互动等新型劳动形式，目前，新农人已经形成了“下地干活，直播带货，共同发展”的劳动新趋势。

1. 社交媒体带来农村劳动新机遇

随着社交媒体和专业农业平台的普及，新农人通过社交网络分享知识，交流经验，获取市场信息，进行在线销售。强弱关系交织下的社交网络为新农人的网络劳动提供了新的发展机遇，前者提供信任和共享资源，后者则带来新的信息和机会。四川抖音千万博主蜀中桃子姐以及川味盐太婆都是利用社交网络积极发展的新农人典范。桃子姐和盐太婆从分享个人农家生活日常开始逐渐走红，随着热度的不断提升，桃子姐开始直播带货，推出属于自己的产品。盐太婆也在电商平台的帮助下推出“川味盐太婆”系列农家菜产品，其中蒜蓉双椒剁椒酱上市仅 3 个月，就卖出了近 40 万瓶。社交媒体快速发展，为桃子姐、盐太婆等新农人的网络劳动提供动力，也带来了无限的发展潜力。

2. 制度完善推动网络劳动规范化

近年来，四川出台了支持数字农业发展的一系列政策和制度。2023 年，四川出台《四川省社会资本投资农业农村指引（2022 年）》，明确提出“鼓励参与‘互联网+’农产品出村进城工程建设，鼓励发展农村电商，发展农超、农社、农企、农校等产销对接的新型流通业态。鼓励参与建设农产品电商产业园、农副产品直播电商和人才实训基地”[①]。四川省通江县近年来开设“创客驿站”，发展“新农人+全链条”的模式，引进了150多位行业专家、电商达人，从电商运营、实体联动、物流支撑、品牌培育等方面，对本地电商企业、电商从业人员、返乡创业青年等进行专题培训，形成了人才引领产业、产业聚集人才的良性循环。蒲江县为新农人的“网络劳动”制定了知识产权保护、网络安全法律等方面的一系列扶持政策以及农产品标准和认证体系，帮助提升农产品的质量和信誉，促进了网络销售量的增长。2023年1~10月，全县网商主体达6780家，农产品网络零售额实现26.7亿元，帮助村民实现家门口就业逾3万人[②]。

3. 技术落地带动网络劳动可持续发展

新农人的网络劳动高度依赖于现代信息通信技术，在数字技术带动下，手机已经成为重要的“农具”，而技术服务的可用性和可靠性是“网络劳动”发展的关键因素。四川省南部县八尔湖镇是四川省首批乡村振兴示范镇之一。当地致力于农业生产数字化，实现了无人农场智能灌溉、畜禽水产远程监控。从生产到销售，当地居民通过5G直播，将八尔湖的特色农产品进行网络销售，拓宽本地农产品销售渠道。四川省崇州市天府粮仓产业园，聚焦功能粮油的新赛道。在科技公司带头研发与人工智能监测种植的融合发展之下，天府粮仓产业园推出了稳糖米、低蛋白大米、富硒大米、酿酒专用稻等全新功能产品。成都市新都区军屯片区十万亩现代粮油产业园区作为成都市五星级农业园区，通过集成北斗卫星、“5G+”、农机无人驾驶、农业物联网等技术赋能现代农业，从“会种田”成为“慧种田”。

（二）社交媒体催动农村文化创新传播

社交媒体作为当代信息传播的重要工具，对农村文化的创新传播和拓展

---

① 四川省农业农村厅：《四川省社会资本投资农业农村指引（2023年）》，http：//nynct.sc.gov.cn/nynct/qtwj/2023/12/18/aa74f42c7b5 e4fc7ad481f9da161aca4.shtml。

② 成都商务：《因地制宜推进蒲江电商特色发展全面助力乡村振兴》，https：//mp.weixin.qq.com/s/8PyGDy3tXQrQx-vIQD6Erw。

起到了关键作用。抖音、快手、小红书、哔哩哔哩、微博等社交媒体平台凭借着庞大的用户规模以及强大的渗透率为农村文化的发展带来了新的可能，同时也为其创新注入了新鲜力量。

1. 丰富农村文化的内涵

互动性是社交媒体与生俱来的属性，在网络通信技术发展之下，通过社交媒体，全球实现了互通互联。共时共享的新时空观被嵌入乡村发展之中，社交媒体为农村文化提供了创新融合的契机。四川绵竹年画村，因绵竹年画这一国家级非遗而得名。传统绵竹年画以“年文化”为主要内容载体。社交媒体平台上的交流互动为农村文化与现代创意设计提供了融合的契机。通过媒体平台，越来越多的人了解了绵竹年画文化。同时，社交媒体也吸引了众多艺术家和设计师，将绵竹特有的年画文化融入现代艺术作品中，从而创造出新的文化产品和服务，丰富了绵竹年画的文化内涵。成都市蒲江县明月村依托自身深厚的陶艺文化，大力发展手工文创产业。在社交媒体的推广下，明月村陶艺文化走出当地，吸引了一大批来自全国各地的陶艺家、收藏家、设计师在村里建立各具特色的工作室。明月村成为第一批全国乡村旅游重点村、十大中国最美乡村、中国美丽休闲乡村，并成功入选了联合国国际可持续发展试点社区。

2. 增强农村文化可视化

在社交媒体的带动下，人们可以通过视频画面与声音进行表达，传播权也不再为精英所独有。自 2021 年 6 月起，抖音乡村计划打造了“乡村守护人”“乡村英才计划”“山货上头条”“山里 DOU 是好风光”等公益项目。在项目的助力之下，越来越多的新农人被看见，而他们背后的乡村文化，也被人熟知。李子柒凭借梦幻式的田园生活，成为海外最热门的中国民间博主，她让世界看到了另一种“采菊东篱下”的生活，也让家乡四川平武县被更多人知晓。甘孜州网红迷藏卓玛，靠着挖松茸、挖虫草的劳作视频走红收获数百万粉丝，推动了稻城本地特色农产品走出大山。四川荣县抖音达人梦梦爱吃辣通过展示乡村田园生活与采茶日常，推动了荣县花茶被更多人知晓，打响了荣县作为中国花茶之乡的名号。

（三）智能设备开辟农村生活新空间

伴随着科技的快速发展，智能设备已经逐渐渗透农村生活的各个层面，改变着农村居民的生活方式。

1. 推动公共空间实现新变革

农村公共空间是村民日常生活、社交、文化和经济活动的重要载体，公共服务属性是其显著特征。在农村公共空间中，四川大力引入智能设备为村民提供了更加便捷的信息获取和交流方式，如智能公告板的运用能够实时更新村庄的新闻、活动、政策等信息。与此同时，“雪亮工程”等智能监控设备的运用，为农村安全提供有力保障，公共空间的治理水平不断提升。四川遂宁瞿河镇中皇村、广兴镇双江村作为遂宁智慧广电乡村的示范乡镇，搭建群众线上办事窗口，实现政务服务“家能办”、老百姓“不跑腿”。四川省邛崃市全域推广腾讯“为村”平台，将基层服务与群众多元需求精准对接，在平台上开通汽车票务、医疗挂号等 10 项智能便民服务和 169 项“不见面审批”政务服务。截至 2020 年，群众通过“为村”平台预约各类服务 7.14 万次，“为村”管理员指导村民使用“为村”平台开展各类政策咨询 9.76 万次。

2. 增强家庭空间的新体验

智能设备的应用与普及，为农村居民带来了更为舒适和便捷的居家生活。智能音箱、智能电视等设备为农村生活提供了丰富的娱乐内容，使村民在闲暇时能够享受到高质量的娱乐体验。此外，智能健康设备如智能手环、智能血压计等，可以帮助村民监测健康状况，及时发现身体问题并采取措施。这些智能设备的应用，不仅提升了农村居民的生活品质，也丰富了他们对于数字生活的体验感。中国电信四川分公司积极运用魔镜、物联网、大数据等前沿技术，为威远县镇西镇的养老服务中心开发了智慧创新平台，旨在通过高科技手段提升老年人的生活品质。目前，该平台已成功应用于 23 家养老院，提供了包括老人实时定位和健康监护在内的一系列智能化管理服务，为老年人带来智慧化便捷和舒适的生活。

3. 带来生产空间的新机遇

数字农业生产过程包含准备生产和实际生产两个阶段①。通过智能设备的运用，农业生产不再拘泥于固定空间。四川雷波县脐橙种植园区，在准备生产阶段，启动智能化气象监测，运用水肥一体化系统、土壤墒情监测站、智能温室控制系统，保证农作物拥有良好的生长条件。当农作开始，智能农机具如智能拖拉机、智能收割机等的运用，可以大大提高农业生产效率，减轻农民的劳动强度。此外，通过对接个人直播带货以及平台电商，销售渠道从单一到多元，又进一步拓宽了农业生产空间。四川崇州市五星村大力发展以粮油为主导的优势产业，推进智能设备与农业生产深度融合，采用了有机稻田肥料、机械化插秧育秧、无人机执行精确作业等技术，确保了农业生产的绿色、高品质和高效率。

（四）数字园区引领现代农业高质量发展

数字农业园区对于推动农业转型升级、引领现代农业高质量发展具有重要意义。截至 2023 年末，四川省成功创建国家级现代农业产业园 17 个，认定省星级园区 155 个，建成县级以上园区 1500 余个，创建国家级产业集群 7 个，第一产业增加值稳居全国前两位②。

1. 提升农业生产效率

数字园区通过集成物联网、大数据和人工智能等先进技术，实现了对农业生产的精准监测和智能控制。这不仅可以实时获取作物生长环境的关键信息，如土壤湿度、温度、光照等，还能够根据这些数据进行自动化决策和调整，如灌溉、施肥等，使农业生产更加智能化和自动化，大大提高了生产效率。四川天府农博园整合了物联网、云计算和大数据等尖端技术，对农田环境和作物进行实时监控，并采用智能灌溉、遥感技术和自动

① 陈国军、王国恩：《“盒马村”的“流空间”透视：数字农业经济驱动下的农业农村现代化发展重构》，《农业经济问题》2023 年第 1 期，第 88~107 页。

② 四川省农业农村厅：《四川：加快推动农业全面升级、农村全面进步、农民全面发展》，http：//nynct. sc. gov. cn/nynct/c100625/2023/12/14/e6ea992823bf4c80aa13e85c3ff46e71. shtml。

化农机等手段和装备进行高效的农事操作，大大提高了农业生产的精细化管理水平。眉山青神县柑橘生猪种养循环现代农业园区，借助大数据平台上的模型算法，预测柑橘准确的生长周期，形成精准的果树灌溉、施肥和管理计划，使用虫情测报仪、物联网杀虫灯等智能设备，为园区作物生长提供保障。

2. 促进产业升级与可持续发展

乡村振兴，关键是产业要振兴。数字园区的建设，首要前提就是选择合适的产业赛道。四川天府农博园的渔耕田农场采用“鱼菜共生”生产模式，在数字技术全环节的赋权之下，让水产养殖与水培种植实现科学的协同共生，从而实现养鱼不换水而无水质忧患、种菜不施肥而正常生长的生态共生效应。宜宾市南溪区省级现代农业产业园区，选择了生态酿酒高粱以及绿色蔬菜作为主导产业，通过引入智能农业装备和管理系统，实现了农业生产的标准化和规模化。同时，园区还注重生态环境保护，减少了农业生产对环境的污染，推动了农业产业的绿色可持续发展。

3. 增强经济效益与市场竞争力

四川省德阳市旌阳区粮油现代农业园区将农业生产、行业管理、人才培训等与产业链对接，打造旌阳农业全周期产业区块链，推动园区内优质农产品和经营主体上链。2023 年，园区内上链运营农业新型经营主体 228 家，产品达 500 余种，孵化 30 个主播 32 家网店，链上销售额达 800 万元①。成都市蒲江县西来镇铁牛村围绕自身“丑橘”种植基础，以丑橘为原料，研制出果酒、果味巧克力、果酱等系列产品，并开辟以“丑美阿柑”为主题的轻饮吧、音乐坊、亲子营等，成为数字时代下全新的乡村文化范本。

（五）“10+3”数字农业产业体系初步构建

近年来，四川利用现代信息技术，对川粮油、川猪、川茶、川菜、川

① 《点赞！旌阳这一案例入选全省典型》，https：//mp. weixin. qq. com/s/MWtPhdhuA-IsH85_064R_ A。

酒、川药等特色优势产业进行数字化改造和升级，形成数字农业与乡村振兴相互促进的良好局面，“10+3”数字农业产业体系初步构建。

1. 政策支持带来资源汇聚

在“10+3”数字农业产业体系的运行中，政策引导与机制支持发挥着关键的作用。2023年四川省委、省政府印发《39个欠发达县域托底性帮扶十条措施》，明确提出推动欠发达县域加快追赶、跨越发展，支持特色农业项目实施是帮扶措施之一。四川凉山州大力发展以玉米、马铃薯、苦荞为代表的特色农业，引进优质品种，开展与高校、科研院所的深度合作。西昌市玉米种植现代农业园区成为我国南方第一个国家级杂交玉米种子生产基地。凉山苦荞也打响招牌，成功申报了苦荞麦国家地理标志。四川阿坝州阿坝县青稞现代农业园区依托帮扶政策，建立与四川农业大学、四川省农科院等科研机构的产学研合作，打造出高原专属的青稞品牌。

2. 产业协同带来持续动力

技术创新是“10+3”数字农业产业体系持续发展的核心动力。四川通过引入物联网、大数据、人工智能等现代信息技术，不断突破传统农业生产模式和技术的瓶颈，提高了农业生产效率和产品质量。白酒是四川的传统优势产业，四川省启动建造了首个国家工业互联网标识解析白酒行业节点。通过开放的工业级网络平台，高效配置产业资源，以自动化、智能化的生产方式降本增效提质，不断增强“川酒”品牌的知名度和美誉度。雅安市具有冷水鱼的资源优势，先后建成了天全润兆鲟鱼养殖基地、鱼子酱加工厂等，开发了智慧养殖系统，保证鲟鱼的高质量生长。目前，雅安已经成为全球第二大的鱼子酱供应地。

3. 多元融合提供新鲜血液

“10+3”数字农业产业体系需要多方共同参与和协作，包括农业企业、科研机构、金融机构、农民合作社等各个主体。数字技术的发展也为农业三产融合提供了新的机遇。邛崃市以48万亩成片竹林为本底，以10万亩川西竹海为核心，坚持“科技+”的发展思路，强化科技支撑，鼓励科研单位和龙头企业创新产品，搭建科技成果转化服务平台，开展科技推广示范活动，普及数字化农用技术，持续推出高品质的“川竹”产品。成都新津区波尔村与58农业集团联合推出“数智田园”项目，用水肥一体化等先进的种植技术生产高品质蓝莓，同时，通过“多主体+新农业”的模式打造波尔村蓝莓的“川果”品牌。

（六）创新乡村数字化转型路径和发展模式

1. 发展融合式数字化生态农业模式

农村制度创新、农业技术进步、市场化改革和农业投入是我国改革开放以来农业增长的主要原因[①]。近年来，四川省发展出融合式的数字化生态农业模式。一方面，通过强化农业设备支撑，实现技术要素贯穿性融合，将数字化技术真正运用到农村信息基础设施建设中，大力发展农业新业态。另一方面，强调培育数字化意识，通过提升农民数字化素养、孵化网络新农人群体等方式，打造农业农村数字化的中坚力量。

2. 推进特色农业品牌集合发展模式

2023年，以产业集群、现代农业园区和产业强镇为载体，四川持续加快推进产业链、价值链、供应链同构，“川字号”土特产的竞争力和品牌影响力不断提升。四川省以区块链技术为载体，将农业生产、人才培训、品牌推广等与农业产业链末端对接，实现全周期化管理。在三链整合的基础上，四川推出“天府粮仓”农业品牌精品培育计划，以“天府粮仓”省级公用品牌为引领，以首批入选2022年四川省农业品牌目录的100个品牌为支撑，加大培育扶持力度，力争将它们打造成为“天府粮仓”精品品牌。

3. 构建平台化数字农业服务体系

综合性三农数据平台，可以实现数据的集成、共享和交换，实现农业数字化资源汇聚。成都市大邑县充分利用“国家数字农业”试点成果，协同

---

① 黄季焜：《乡村振兴：农村转型、结构转型和政府职能》，《经济研究参考》2020年第10期，第117~125页。

电子科大、川农大、省农科院等院校机构，建成“吉时雨”智慧农业数字服务平台，构建起“数字化服务平台+智慧农业产业园服务中心+规模化农场”的农业服务体系，通过先进的信息技术，搭建起全方位的农业物联网服务体系。平台化数字农业服务体系，促进了乡村治理的智慧化、农业生产的精细化，同时确保了农产品的追溯全程化。

二 四川发展数字农业的重大意义

（一）乘“数”而上，数字化变革助力乡村振兴

数字农业可助力乡村产业振兴。在农业数字化转型过程中，“互联网+”农业促进了更多新型农业经营主体的产生和农业规模化经营①。通过农业的数字化转型，农产品的生产、加工、仓储、物流和销售等都能够大幅提升效率，为农业的产业升级与融合创造条件，实现集聚效应。通过“数字+农业”的生产模式，打造农业联合经营体，建立各种智能化高效生态农业园区，能够加速乡村地区的产业振兴。

数字农业将助力文化振兴。党的十九大以来，繁荣兴盛农村文化，构建文明乡风成为乡村振兴的保障工程。数字化应用可以将田园风光、乡村古韵、农业生产、民俗活动等场景有效转化成数字场景，用丰富形式展现生机盎然的乡村文化，实现时间与空间跨越、虚拟与现实融合②。发展数字农业，有利于用“创新与普及” “赋能”的方式培养新一代的乡村文化传承人。

数字农业有利于生态振兴。美国哈佛大学相关研究认为，数字农业整合使用现代科技手段，可在不断提升农业生产效率的基础上减少对物质资源的

---

① 庄赟、王俊伟：《乡村振兴视域下数字农业作用机制分析——基于中国大陆省级面板数据的实证研究》，《北京科技大学学报》（社会科学版）2023 年第 4 期，第 501~512 页。

② 《数字化让乡村文化焕发盎然生机（思想纵横）》，http：//opinion. people. com. cn/ n1/2022 / 0802/c1003-32491429. html。

依赖，直接或间接地提高现代农业的环境效益和经济效益①。欧美发达国家的农业经验表明，数字农业为农业低碳转型提供了新的可能性，改变了传统农业的生产方式，直接降低了农药化肥等对生态的损害，有助于乡村生态的振兴。

数字农业有利于组织振兴。数字农业催生了媒介化合作网络的形成。通过社交媒体，间隔较远的村民之间、干部与村民之间、本地人与离乡人之间形成了公共生活的“共同在”②。同时，村民在微信群中聊天互动，建立感情，打破了物理空间的限制，促进了乡村公共秩序的建立与维护。数字兴农，发展数字农业，有利于打造共建共治共享的数字化乡村治理新格局。

数字农业有利于乡村人才振兴。农民作为三农问题的重要组成部分，其发展水平直接关系到乡村振兴推进的“质”和“速”③。随着数字技术的飞速发展，农民经营生产的选择变得更加丰富，新农村不再“以种地论英雄”，“数字农业+电商”的生产经营模式催生了大量新农人。数字农业从增强身份认同的“思想力”、扩展多边合作的“培育链”、搭建贯穿始终的“技术架”、建设资源融合的“人才池”、构建系统完善的“循环体”五条路径优化新农人培养模式，为未来乡村人才振兴的实现积聚能量④。

（二）技术兴农，推进传统农业提档升级

借助于数字技术的力量，传统农业可以在多个层面进行转型与升级。在

---

① 张柏杨、刘佳颖、朱睿博：《数字农业发展：国际经验、减排效应与金融支持——基于成都的案例分析》，《西南金融》2022 年第 1 期，第 28~39 页。

② 张微、彭兰：《政策主导、建构日常与回归本土：乡村互联网技术实践的三重路径》，《传媒观察》2023 年第 11 期，第 13~21 页。

③ 李晓夏、赵秀凤：《数字赋能与乡村人才振兴——“数商兴农”背景下新农人培育循环体建设研究》，《成人教育》2023 年第 9 期，第 36~42 页。

④ 李晓夏、赵秀凤：《数字赋能与乡村人才振兴——“数商兴农”背景下新农人培育循环体建设研究》，《成人教育》2023 年第 9 期，第 36~42 页。

宏观层面，由政府或是农业技术企业搭建数字技术平台，如四川农村信息网利用网络将四川农作物交易信息、法规、政策等都涵盖进来，使农业生产者能够降低查找信息资源的成本，直接在农业信息方面，助推了传统农业的升级。

在中观层面，互联网企业或是技术公司加盟乡村地区的农业生产与销售，转变传统农业在销售侧的不利局面。在乡村引入电商快递服务，如四川雅安蒙顶山加快打造线上线下相结合的农产品交易中心，让当地的土特产销往世界各地。

在微观层面，传统农业生产主体转变为新农人，依靠信息技术可以大规模地经营农业生产，比如通过遥感技术和地理信息系统技术处理和汇集各类农业信息等；运用计算机集成技术，实现对市场信息、生产信息、资金信息、劳动力信息等农业生产不同方面信息的监测与管理。

（三）数字赋能，推进农业全过程智能化

党的二十大报告提出并深入阐述了中国式现代化，为农业农村现代化提供了理论遵循和行动指南。工业化、城镇化、信息化是“快变量”，农业农村现代化是“慢变量”，中国的农业农村现代化进程明显滞后于新型工业化、城镇化和信息化。而数字技术是农业迈向数字化转型的根本支撑，是实现农业高质量发展的重要技术手段。借助数字技术的赋能，能有效提升农业农村的现代化水平，将“慢变量”转化为“快变量”。

数字农业是由数字技术产业化和农业产业数字化两个方面组成的。数字技术产业化强调将数字信息技术覆盖至全产业链，农业产业数字化则强调农业全过程的数字化与智能化。数字产业化和产业数字化不但改变了传统的农业生产方式，也改变了传统的农业服务方式，实现了依赖数字技术的现代农业商品生产和服务方式，形成了数字农业经济体系①。数字农业经济体系的

① 刘海启：《加快数字农业建设为农业农村现代化增添新动能》，《中国农业资源与区划》2017年第12期，第1~6页。

建立在农业产业的供给与需求中发挥着至关重要的作用，直接提升了农业的现代化水平。

随着新一代信息技术迅速发展，农业信息化正从传统的数字化、网络化向智能化、智慧化的方向发展①，传统农业逐步走向了精准农业和智慧农业阶段。数字技术赋能产业结构，推动农业产业的横向聚集和纵向分工，最终形成主体行动整合、组织战略联动、产业集约布局的三重融合，实现产品质量高、生态效益好和综合效率高，促进了农业的数字化、高质量发展②。

数字农业经济增强了农业生产要素的流动性，要素的流动引发全新的农业要素配置和组织分工，在产业、治理、设施等方面实现对农业农村现代化的驱动性③。可借助数字技术的力量发展数字经济、赋能农业产业，从而驱动农业农村的现代化，提升现代化水平。

三　四川数字农业发展展望

2023 年 7 月，习近平总书记来川视察指出，要巩固脱贫攻坚成果，把乡村振兴摆在治蜀兴川的突出位置，更好扛起粮食、生猪、油料等重要农产品稳产保供责任，打造新时代更高水平的“天府粮仓”④。《四川省“十四五”农业农村信息化发展推进方案》明确指出到 2025 年四川农业信息化和数字乡村建设要取得突破性进展，实现四川农业数字化、信息化发展从一例例实践“盆景”变成连成片的数字农业农村“风景”。

① 唐华俊：《智慧农业赋能农业现代化高质量发展》，《农机科技推广》2020 年第 6 期，第 4~5、9 页。

② 王薇、王欣彤、戴姣：《农业高质量发展：迈向数字化转型——基于阳西县数字农业的考察研究》，《西南金融》2023 年第 5 期，第 59~69 页。

③ 陈国军、王国恩：《“盒马村”的“流空间”透视：数字农业经济驱动下的农业农村现代化发展重构》，《农业经济问题》2023 年第 1 期，第 88~107 页。

④ 《习近平在四川考察时强调　推动新时代治蜀兴川再上新台阶　奋力谱写中国式现代化四川新篇章》，https：//news. cnr. cn/native/gd/sz/20230729/t20230729_ 52635 2995. shtml。

（一）农业维度：加快数字技术推广应用

1. 着力构建农业数字技术创新平台

着力构建四川农业数字技术创新平台，组建四川农业技术创新团队，积极研发应对农业全过程多环节且具备一机多能、简便质优价廉耐用特性的智能化设施设备，并运用现代数字技术对种植业、养殖业、畜牧业等生产环节进行改善升级。

在种植业方面，利用基因检测技术、智能气象站技术等，根据四川土质状况和气候变化培育出优质的种子。通过科学施用有机肥、改良酸化土壤、统筹发展高效节水灌溉、耕地轮作休耕、农田输配电、提供科技服务等方式监测和改善耕地质量，从而建设高质量高标准农田。探索在农机装备和农机作业中应用物联网、大数据、智能控制、卫星导航定位等信息化手段。打造“互联网+农机”社会化智慧服务平台，开发手机客户端，完成线上服务交易，实现农机、机手、合作社、农户高效对接。

在养殖业和畜牧业方面，研究数字化育种、良种研发推广、AI 养殖、饲料配比、动物防疫、粪污处理设备等方面的数字技术，如畜禽养殖饲喂智能感知装备、巡检机器人、数据收集分析智能装备、人工智能屠宰检疫设备、无害化处理技术等。通过对海量数据的分析和实时监控，形成科学决策、高效运行、智能监管的养殖模式，从而提升产量和质量。

2. 创新培育农业数字经济新业态

依托“互联网+农业”模式推进乡村业态转型，发展农村数字经济新业态，增加农民收入。一是因地制宜推动数字技术与传统产业深度融合，发展“智慧+”等数字新业态。如创意农业、智慧休闲农业、智慧乡村旅游业、智慧农业园区等，丰富乡村产业形态，扩展农民增收途径。二是构建电商发展体系。政府和企业要共建农村电商，培养农村主播、农村网红，推动农产品直播带货、农产品网络店铺建设；建立完善农产品信息平台、数字物流平台、数字销售平台等数字化平台，为电商服务提供保障。三是做好农产品质量源头把关。利用遥感监测技术实时监控土壤质量，在种植过程中精准控肥、控药、控添加剂等，保障农产品生产安全健康。通过“互联网+大数据”等技术为农产品打造电子合格证和溯源码，积极打造绿色、安全、健康的农产品网络品牌。

3. 助力现代化农业园区提档升级

四川明确提出，到2025年，全省建成国家级和省级、市级现代农业园区1000个以上，实现有条件的涉农县省级以上园区全覆盖，示范带动建设县级园区1000个①。首先，加快将数字化技术融入农业园区的生产之中，建设数字农场、数字牧场。如使用互联网、物联网、遥感和无线射频等技术实现精准施肥、用药、灌溉。结合大数据的用户喜好研发特色新农产品，利用数字技术突破生产养殖关键问题，生产绿色安全高质量农产品，形成品牌效益，增加农产品的附加值，如开江大闸蟹、雅安鱼子酱。升级现代农业烘干冷链物流技术，为农产品加工、运输、经营提供保证。其次，根据四川省农业特色以及大数据对地理、经济等综合分析，合理规划农业园区生产内容、位置、规模等，形成“一张图”“一盘棋”的现代农业园区布局，以联农带农，深度融合一二三产业，从而建成优势特色农业产业集群带。最后，依托产学研合作，加强数字科技创新成果在农业生产领域转化推广，提升农业园区高端数字农机装备向下普及，缩小区域农业园区发展的差距，实现全省农业全产业链数字化升级，整体推进全省农业数字化进程。

（二）农村维度：推进乡村治理信息化

农村治理有效是实现乡村振兴的重要基石，也是推进国家治理体系和治理能力现代化的重要一环，而先进的数字基础设施是实现农业现代化的基石和保障②。一方面，农村使用大数据等数字技术有利于乡村信息化、数字化管理，推动乡村治理从经验式治理转向精准化治理。另一方面，通过数字赋

① 阚莹莹：《四川出台〈“天府粮仓·千园建设”行动方案〉到2025年建成国家和省、市级现代农业园区超千个》，《四川日报》2023年10月7日。

② 康美：《数字经济赋能乡村振兴：困境与进路》，《农村实用技术》2023年第12期，第51~53页。

能助力农村集体资产管理，帮助农民实现收入多元化，提升农民富足感和幸福感。

1. 建成三农大数据信息系统，推进农村管理数字化

加快四川三农大数据平台建设，建成具有前瞻性和可扩展性的大数据系统，构建“用一套指标体系整合统揽三农数据、用一个平台集成组装数据、用一张地图读懂数据、用一个口径输出数据、用一套制度管好数据、用一个中心调度数据”① 的应用平台。各级政府录入农业农村各领域的数据并实时更新数据，实现乡村数字孪生。应用云计算、数据分析等对数据进行归类、甄别、抓取、计算，形成农业农村大数据智慧分析预测模型，以授权准入、部分公开的方式供各级管理者、企业进行数据调用、运算及智能化分析，并为各级政府、各类企业重要决策提供大数据依据。利用卫星遥感、无人机、GIS、传感器、物联网、大数据等手段，逐渐形成天空地网一体化、省市县乡村五级脉络完整清晰、管理有序、安全可控和分级共享的管理格局，发挥信息化在推进乡村治理体系和治理能力现代化中的支撑作用，提高农业农村各类资产资源的管理效能，实现农村管理数字化。

2. 建立农村集体产权数字平台，提高农村集体资产管理效能

加速建立能覆盖市、县、乡、村四级，并集登记、交易、管理、公开、监督于一体的综合性农村集体产权数字平台。利用地理信息技术全面开展农村集体资产清理，厘清土地、房屋、水源、林业等资产的产权归属。使用区块链技术为每一宗集体资产建立永久、不可更改的数字化档案，并公开各类信息数据，形成“阳光图”，让政府和村民都能明晰每一笔资产的来源去向以及经营状况。借助大数据技术，分析农村集体资产的类别、使用情况、预计收益、风险等，为农村集体资产使用做出最佳的配置。推动农村集体资产交易向线上转移，通过公开资产闲置状况、线上竞拍、简化交易手续、引入银行网上支付机制等手段，吸引全国各类投资，有效提升农村集体资产的交

① 《四川省农业农村厅对省政协十二届三次会议第 0911 号提案答复的函》，https：//nynct. sc. gov. cn/nynct/c100657/2020/11/13/fa6686d923a24cf28019c2ae644a061a. shtml。

易效率，盘活农村集体存量资产，壮大农村集体经济实力。消除农村集体资产监管盲区，实现农村集体资产账目清晰、透明以及对村级各类资产的高效集成管理。

3. 推进信息基础设施建设，提升农村管理数字支撑能力

第一，推动农村光纤宽带和4G网络深度覆盖，与城市同步规划建设农村5G网络、移动物联网，推进IPV6在农村信息基础设施建设中的部署和应用，提升农村基础设施数字化水平。第二，推进“智慧大屏”网络乡村全覆盖以及移动网络APP使用。实施“一镇（村）一屏”智慧广电助农工程，在村头或者乡村服务中心，建设数字大屏，滚动播放村里和国家重要事件、政策以及一些农业相关教学视频等。第三，打造“政务+商务+服务”综合化智能化平台，让农民实时了解村里各类事件的最新进展，学习数字农业技术等。第四，深入实施基层应急广播体系建设工程，向村民及时提供灾害预警应急广播和政务信息发布、政策宣讲服务，提升突发灾害应急响应效率和政策方针宣传效果。第五，加强关键信息基础设施网络防护，完善网络和信息安全保障管理制度，建立信息安全通报机制，坚决防止网络信息泄露等重大安全事件发生，依法打击破坏电信基础设施、生产销售使用“伪基站”设备和电信网络诈骗等违法犯罪行为，实现数据资源安全、高效和可信应用。

（三）农民维度：推动惠民服务智能化便捷化

1. 推进农村公共基础设施数字化升级

依托数字技术和信息基础设施，加快乡村基础设施数字化转型，为农民生活、生产、出行提供便利，实现城乡基本公共基础设施均等化。

一是推动农村地区传统公路、水利、电力等基础设施向数字化、智能化转型，如智慧交通、智慧水利、智能电网等，解决农村地区交通不变、供水供气供热困难等问题，为农民提供更加便利舒适的生活条件。二是创新公共文化服务基础设施。建设一站式服务大厅、多功能活动室、数字图书馆、数字文物资源库、数字博物馆等，满足农民日常的文化需求。三是升级农村物流服务体系。基于四川十大优势产业布局，深化乡村邮政和快递网点普及，加强农产品加工、包装、冷链、仓储等设施智能化、数字化建设，分类推进“快递进村”工程，形成覆盖县—乡—村三级的智慧物流体系。

2. 推进农村公共服务数字化惠民改造

“互联网+”涵盖了教育、医疗、交通等多个场景的农村公共服务，应扎实推进数字惠民服务，大力改善农民生活条件，让农民可以便捷地享受到各类数字化服务。

第一，加强农业农村政务平台一体化建设，打造“互联网+政务服务”示范乡镇，推动政务服务事项全程电子化办理，并不断向偏远农村推广延伸，提升电子政务外网村组接入率。低保、医保、缴税等跨部门事项形成“一次办”的流程，让农民少跑路，甚至“足不出户”坐在家里就能办完。第二，大力发展“互联网+医疗健康”，提高乡镇和村级医疗机构信息化水平，引导医疗机构向农村医疗卫生机构提供远程医疗、远程教学、远程培训等服务，完善西医中医健康信息平台。第三，持续支持“互联网+教育”。以5G、光纤、卫星接入学校的手段实现乡村学校网络化，促进乡村学校共享优质城市教育资源，以线上线下相结合的方式进行乡村学生的网络安全教育、心理教育、性教育等，缩小城乡教育差距。第四，深度融合“互联网+支付”服务，推广数字化消费场景。加快网络通信、金融银行、人财保险、社保医保、医疗挂号、交通订票、水电缴费、电商快递等10余类生活支付向数字化转型，为农民提供更加安全、便捷、高效的数字化消费体验。

3. 推进农村居住环境数字化宜居化建设

农村是农民赖以生存之地，建设宜居的生活环境也方便生活生产，提升农民的归属感和幸福感。四川省提出“美丽四川·宜居乡村”建设重大工程。首先，房屋数字化改造。根据现代化房屋建设标准对老旧房屋进行翻修，结合“智能家电下乡”“电脑入户”等政策完善农村家庭房屋配套设施；探索建立数字化平台，统一管理和发布与农村居住环境更新相关的资源和信息，建设“数字住房”，提高农民生活质量。其次，深入推进农村厕所、垃圾、污水“三大革命”。有序推进农村厕所改造、粪污分散处理；加强生活垃圾定点投放、无害化处理以及回收利用；开展农村黑臭水体治理、生活污水处理循环利用，实现农村面貌由表及里、全面提升。最后，建立农村人居环境智能在线监测体系。秸秆、农膜、畜禽粪污等农业废弃物长期定点观测；耕地土壤污染、耕地种植品类、林木数量跟踪监测；农村水源地、规模化养殖场、农村生活垃圾处理点、农业废弃物处理点远程监测。

B.3
四川文创农业调研报告

何胜莉*

摘　要： 文创农业是继观光农业、休闲农业、生态农业后新兴起的一种农业产业模式。本报告分析了四川文创农业产业发展的政策保障、产品基础、文化遗产、人才培育、消费市场、平台建设，提出四川文创农业经历了从农家乐、城市田园、农业景区、田园综合体到乡村美空间等五个发展阶段。本报告指出四川文创农业发展存在的五个问题，并提出了规范产业发展、巩固现代农业本底、挖掘在地文化、提高产品附加值、加快产业融合、延伸“农业+”价值链、加强品牌建设、引导高质量消费等八条建议。

关键词： 现代农业　文化创意　乡村振兴　农文旅融合

文创农业起源于20世纪90年代，是继观光农业、休闲农业、生态农业后新兴起的一种农业产业模式。简单地说，文创农业就是“文化创意+农业”，将文化、科技与农业要素相融合，从而开发、拓展传统农业功能，提升传统农业价值。该模式打破了以往对农业的机械分割，提倡以农产品为原点，以创意为核心，有效链接三次产业，形成产业联动，整合提升产业价值。

文创农业作为现代农业的一个重要部分，越来越受国家重视。2016年中央一号文件提出“稳步发展农田艺术景观、阳台农艺等创意农业”①，

---

* 何胜莉，四川省社会科学院文学所二级艺术研究，研究方向为巴蜀文学、文化产业。

① 《国务院关于印发全国农业现代化规划（2016～2020年）的通知》，https：//www.gov.cn/zhengce/content/2016-10/20/content_ 5122217.htm。

“大力发展休闲度假、旅游观光、养生养老、创意农业、农耕体验、乡村手工艺”①。2017 年中央一号文件提出“支持有条件的乡村建设以农民合作社为主要载体、让农民充分参与和受益，集循环农业、创意农业、农事体验于一体的田园综合体”②。2017 年 6 月，中央开始实施田园综合体建设试点工作，要求“将休闲农业发展与现代农业、美丽乡村、生态文明、文化创意产业建设融为一体”③。2018 年中央提出“积极发展创意农业，创作一批充满艺术创造力、想象力和感染力的创意精品”④。2021 年中央提出支持、建设集智慧农业、创意农业、农事体验、科学教育于一体，贯通产供加销，融合农文教旅，生态优、环境美、产业兴、消费热、农民富、品牌响的乡村田园综合体⑤。2022 年中央提出从创意设计、演出产业、音乐产业、美术产业、手工艺、数字文化、其他文化产业和文旅融合等八个重点领域入手赋能乡村振兴⑥。2023 年中央明确指出要“积极发展低碳农业、创意农业、智慧农业、农事体验、农旅融合，促进乡村产业深度融合发展”⑦。我国自 2010 年起创建的休闲农业与乡村旅游示范点，自 2016 年起举办的全国农村创业创新项目创意大赛，自 2017 年起创建的农村产业融合发展示范园，对文创农业的发展起到了极大的促进作用。

---

① 《农业部关于大力发展休闲农业的指导意见》，http：//www. moa. gov. cn/govpublic/XZQYJ/201609/t20160902_ 5262939. htm。

② 《中共中央　国务院关于深入推进农业供给侧结构性改革　加快培育农业农村发展新动能的若干意见》，https：//www. gov. cn/zhengce/2017-02/05/content_ 5165626. htm。

③ 《农业部关于进一步促进休闲农业持续健康发展的通知》，http：//www. moa. gov. cn/nybgb/2014/shier/201712/t20171219_ 6111619. htm。

④ 《农业农村部关于开展休闲农业和乡村旅游升级行动的通知》，http：//www. moa. gov. cn/nybgb/2018/201805/201806/t20180620_ 6152706. htm。

⑤ 《财政部关于进一步做好国家级田园综合体建设试点工作的通知》，http：//bj. mof. gov. cn/ztdd/czysjg/zcfg/202106/t20210629_ 3727271. htm。

⑥ 《文化和旅游部　教育部　自然资源部　农业农村部　乡村振兴局　国家开发银行关于推动文化产业赋能乡村振兴的意见》，https：//www. gov. cn/gongbao/content/2022/content_ 5705845. htm。

⑦ 《财政部关于做好 2023 年农村综合性改革试点试验有关工作的通知》，http：//hlj. mof. gov. cn/zt/xinxigk/zcfg/202305/t20230505_ 3882340. htm。

一　四川文创农业产业发展概况

四川自农家乐开始，发展了休闲农业、特色农业、景观农业、科技农业、都市农业、旅游农业、生态农业、文创农业、智慧农业等多种新型产业形态，“创意、时尚、休闲、生态”成为四川现代农业的特色。文创农业是农产品、现代科技、农业文化的融合，是提升农业发展品质、扩大农业经济空间的重要载体，因此成为解决乡村文化振兴、农业供给侧结构性改革、农民增收等问题的新思路。

（一）发展环境

1.政策保障

四川省自2012年《关于加快发展休闲农业与乡村旅游的意见》《四川省“十二五”农业和农村经济发展规划》提出发展文化创意农业以来，出台的《推进文化创意和设计服务与相关产业融合发展专项行动计划（2014—2020年）》《关于实施乡村振兴战略开创新时代“三农”全面发展新局面的意见》《四川省全民科学素质行动计划纲要实施方案（2016—2020年）》《四川省人民政府关于印发促进经济稳定增长和提质增效推进供给侧结构性改革政策措施的通知》《四川省“十三五”质量发展规划》《关于加强农产品品牌建设的意见》《四川省“十三五”战略性新兴产业发展规划》《关于支持返乡下乡人员创业创新促进农村一二三产业融合发展的实施意见》《关于加快推进现代农业产业融合示范园区建设的意见》《关于实施乡村振兴战略开创新时代“三农”全面发展新局面的意见》《四川省“十四五”就业促进规划》《四川省“十四五”扩大内需规划》《四川省“十四五”推进农业农村现代化规划》《成都都市圈发展规划》《关于进一步加强“川字号”农产品品牌培育创建工作的通知》《四川省农业品牌目录制度》《四川省社会资本投资农业农村指引（2022年）》从产品开发、品牌建设、金融投资、消费促进、就业创业、土地产权、产业融合等多个方面支持文创农业发展。2023年《四川省农村一二三产业融合发展行动方案》提出实施农文旅融合发展振兴行动，《四川省〈中华人民共和国土地管理法〉实施办法》探索依法利用闲置宅基地发展休闲农业等新产业、新业态。

2. 产品基础

四川生态环境好、资源禀赋好，农产品特色鲜明。截至2023年底，四川“三品一标”农产品超过5700个，有农产品地理标志产品201个、国家地理标志产品252个、国家级名特优新农产品194个。四川大力实施品牌强农战略，构建了“特色优势区域公用品牌+重点企业品牌+重要产品品牌”的农业品牌体系。2022年四川制定了《四川省农业品牌目录制度》，截至2023年共有254个品牌入选四川省农业品牌目录，其中区域公用品牌50个、企业品牌76个、农产品品牌128个。四川“天府粮仓”省级公用品牌注册集体商标，培育精品品牌100个，影响力不断提高。目前四川有4个品牌入选农业农村部农业精品品牌培育名单；有17个品牌入选2023年中国品牌价值评价区域品牌组（地理标志产品）100强；有11个地理标志入选中欧互认地理标志，受欧盟保护；有17个中国特色农产品优势区。这些都为品牌农业经济发展模式提供了良好基础。

3. 文化遗产

四川拥有丰富的农业文化遗产。截至2023年，农业农村部分七批认定了188项中国重要农业文化遗产，其中四川有11项，包括郫都林盘农耕文化系统、江油辛夷花传统栽培体系、苍溪雪梨栽培系统、美姑苦荞栽培系统、名山蒙顶山茶文化系统、盐亭嫘祖蚕桑生产系统、宜宾竹文化系统、石渠扎溪卡游牧系统、北川苔子茶复合栽培系统、高坪蚕桑文化系统、筠连山地茶文化系统。2020年5月，四川启动全省农村生产生活遗产保护传承工作并建立了《四川省农村生产生活遗产名录》，截至2024年1月已收录农村生产生活遗产540个。从2017年启动农村手工艺大师评选至2023年，共评选出农村手工艺大师295人。同时，四川独特的风俗、风情、风物、风味作为地域文化可以融入农产品，提升品牌文化品位。

4. 人才培育

四川从 2016 年开始安排专项资金培育新型农业经营主体。出台《四川省鼓励引导人才向基层流动十条措施》《进一步促进高校毕业生等青年就业创业十三条政策措施》《促进返乡下乡创业二十二条措施》，鼓励人才返乡下乡开展创新创业。实施返乡下乡人员创业创新培训、新型职业农民培育工程、农业职业经理人培育、乡村产业振兴带头人培育“头雁”项目、农村青年电商培育工程、现代青年农场主培养计划、农村实用人才带头人培训计划、新型农业经营主体带头人轮训计划等，近几年培养农村电商人才 13000 余人次、农村专业合作社人才 22136 人次、“头雁”2000 余名。支持高校、科研院所与新型农业经营主体建立校企合作基地、产教融合生产实训基地。鼓励院校开设互联网农业、品牌农业、创意农业、智慧农业、休闲农业、循环农业等涉农专业，目前有四川农业大学、成都农业科技职业学院、德阳农业科技职业学院等 3 所农林类高等院校，以及西昌学院、宜宾学院、西南科技大学、四川大学、西华大学、成都大学、四川省宣汉职业中专学校、四川省屏山县职业技术学校、巴中市巴州区化成职业中学校等开设有涉农专业，每年共培养 1 万名以上农业农村专业人才。四川高度重视乡村文化和旅游能人培养支持工作，2020 年至 2022 年培养了 1500 名乡村文化和旅游能人，评选了 300 名有突出贡献的优秀乡村文化和旅游能人；自 2019 年以来评选了 99 名国家级乡村文化和旅游能人；2023 年认定了 15 个省级乡村振兴高技能人才培育基地。

5. 消费市场

文创农业和休闲农业、乡村旅游密切相关。四川的休闲农业和乡村旅游市场规模长期处于全国前列，已经成为全省文旅经济基本面的重要支撑。2021 年四川省乡村旅游总收入 3637.43 亿元，接待游客 4.66 亿人次。2023 年四川省旅游接待人次达到 1.5 亿人次，旅游总收入为 1 万亿元，旅游业强劲复苏。截至 2023 年，四川已培育形成乡村旅游景点 1363 个、中国美丽休闲乡村 81 个、全国乡村旅游重点村镇 55 个、省级乡村旅游重点村镇 420

个、乡村民宿等各类经营户 5.3 万余家。乡村旅游业的快速发展将带来更大规模的农产品高消费群体，高端创意农产品、创意农业活动和创意农业服务也更能满足新时代消费者多样化、高级化和个性化的消费需求，开发新的消费市场。

6. 平台建设

（1）中国创意农业发展论坛创立于 2008 年，是全国首个创意农业投资、理论研讨与经验交流平台，至 2023 年共举办 16 届，前 15 届在四川举办，2023 年第十六届论坛在海南举办。中国创意农业理论创始人章继刚每年在论坛上发布年度研究报告。

（2）天府农业博览园是全球首个农博创意中心，是服务川渝、辐射全国的“数字农博+乡村振兴”综合平台。博览园具有核心区天府农博岛和农博·兴义镇、文博·宝墩镇、渔博·安西镇三个城乡融合发展片区以及金融、人才、科技、政策等要素资源，实施川粮油、川猪、川鱼、川果、川茶、川菜重大产业化项目，建设都市现代农业、会展经济、新消费（绿色食品）产业生态圈。

（3）创意农业网是公益性公众号，普及创意农业相关知识，推广展示创意农业发展成果。

（4）四川农业博览会又称成都国际都市现代农业博览会，创立于 2013 年，是四川乃至西部地区农业对外开放、农业投资促进与农产品贸易合作的重要平台。2023 年第九届博览会设置了创意农业主题展、创意农产品主题展，进行创意农产品直播。

（5）农业创意设计大赛。四川设立天府农博·蓉台农业文化创意设计赛、区域公用品牌创意设计邀请赛、四川省家庭农场品牌创新创意大赛、四川省大学生农业创意设计大赛、大学生乡村振兴创意设计大赛、天府源农业文化创意设计大赛、农业品牌形象设计大赛、礼遇东坡眉山文创产品设计大赛等各种农业创意设计赛事，征集作品赋能产业发展。

表1　四川文创农业相关行业组织名单

名称	成立时间	说明
中国西部创意农业发展研究中心	2009年12月	设于成都农业科技职业学院,全国首个创意农业研究中心
四川省中国西部创意农业高端产业创新联盟	2010年8月	设于四川省农业科学院
四川省创意农产品产销联盟	2011年1月	
成都市创意农业协会	2011年7月	中国首个创意农业协会
四川农业特色品牌开发与传播研究中心	2013年	设于四川农业大学艺术与传媒学院,四川省教育厅人文社科重点研究基地
四川省休闲农业协会	2014年1月	
锦观创意成都市农业科学技术研究院	2015年12月	
四川文化创意产业研究院	2016年7月	
中国乡村振兴战略研究院联盟	2017年11月	设于成都农业科技职业学院
四川省家庭农场发展创业联盟	2020年6月	
四川创意农业乡村旅游振兴联盟	2020年12月	

（二）发展阶段

四川文创农业发展可分为五个阶段。

1. 农家乐阶段

1986年中国第一家农家乐诞生于成都郫都区友爱镇农科村。1987年成都龙泉驿书房村举办首届桃花节。农事活动、田园风光、乡土民俗文化、乡村民居、聚落文化与现代旅游休闲的结合创造了一种全新的基于乡村生态的消费场景和业态——农家乐。

2. 城市田园阶段

2004年三圣乡以花卉产业为载体，利用紧邻大城市的地缘优势，与绘画、摄影、雕塑、音乐创作等创意艺术有效结合，推动文化创意与观光休闲旅游产业融合发展，打造了花乡农居、幸福梅林、江家菜地、东篱菊园、荷塘月色“五朵金花”。作为成都市统筹城乡综合配套改革的试验基地，三圣花乡的成功代表着四川乃至全国文创农业发展进入新阶段。中国创意农业发展论坛等多个专业论坛和中国创意农业春晚相继举办，中国西部创意农业发展研究中心、四川省中国西部创意农业高端产业创新联盟、成都市创意农业协会相继成立，四川文创农业发展开始凸显规划性、科技性、学术性。

3. 农业景区阶段

从 2010 年起，为了统筹城乡发展和建设世界现代田园城市，成都在全国率先建立乡村规划师制度，对乡村生态、景观和产业进行规划。2012 年四川休闲农业与乡村旅游开始转型升级，2013 年率先在全国启动实施现代农业产业基地景区化发展战略，让“产区变景区、田园变公园、产品变礼品”，同时按“以产业基地为基础、创意农业为手段、农耕文化为灵魂”要求，以国家现代农业示范区、省级“万亩亿元”示范区为重要载体，建设农业主题公园、农耕文化展示园区、农业科普教育园区等景区景点，并于 2015 年制定了全国首个省级地方标准《农业主题公园建设规范》，2016 年和 2020 年认定了两批共 130 家省级示范农业主题公园。至 2017 年，四川省建成休闲农业景区 4531 个、农业主题公园 440 个、美丽休闲乡村 1400 个，发展农家乐 3 万余家、休闲农庄 2000 余家，实现综合经营性收入 1320 亿元，带动 1290 万人就业。

4. 田园综合体阶段

2017 年四川省以现代农业产业园、科技园、创业园为载体，加快推进一二三产业融合发展，开始创建产业融合示范区和农民增收新产业新业态示范县，打造了一批示范县（区）、特色小镇、四好幸福美丽新村和田园综合体。田园综合体是农业、文旅、社区三者的结合。四川从 2017 年开始分别在成都市都江堰市和新津县、绵阳市涪城区、广安市武胜县、达州市开江县开展国家级和省级田园综合体试点。此后 6 年间建设了超 100 个田园综合体。

5. 乡村美空间阶段

2021 年 2 月成都开始社区美空间建设。社区美空间是展示地域文化和产业特色、提升艺术体验的美学运用场景。乡村美空间显示了文创农业在乡村建设中的开阔前景：从温饱型消费走向审美型消费，从低端市场走向高端市场的美学经济，代表着农业发展方式的根本转变。在此之前四川已有乡村美空间的范例，如幸福社区、蒲江明月村、西来铁牛村麦昆塔社区等乡村创客社区都是新农人、新匠人、新村民的在地化、系统化乡村建设实践。四川省委十二届四次全会提出要抓好以宜居宜业和美乡村建设为牵引的乡村全面振兴。2022 年 9 月开园的天府农业博览园以及 2023 年 4 月开启的新都天府粮仓精品区起步区建设是推动农商文旅体科教融合发展、展现美丽宜居公园城市风貌的乡村表达，突出了“农民农业农村”三农融合、“创新创业创投”三创耦合、“文博文创文旅”三文叠加、“生产生活生态”三生互动的发展理念，拓展和升级了文创农业的外延和内涵。

（三）发展模式

四川省在发展现代农业过程中探索形成了四种文创农业发展模式。

1. 农产品/品牌创意模式

该模式赋予农业产品文化新意或品牌文化内涵，提升农产品附加值。如安岳创作柠檬歌曲、舞蹈、电影，打造“中国柠檬之都号”列车，举办世界柠檬产业发展大会、中国柠檬节、柠檬花生态旅游节，开发“川字号”特色劳务品牌“柠哥檬妹”等，塑造安岳柠檬“健康、时尚、活力”的品牌文化形象，提高了产业附加值。岳池研发“粉娃娃”“岳池游礼”等特色文创产品，创编《细米粉大孝道》《米香粉香》等文艺作品 10 余件，拓宽了产业发展之路。天府菜油与国家级非物质文化遗产刘氏竹编合作推出天府菜油川竹特色多功能分油器，联名四川文旅推出熊猫 IP 产品，赋予粮油公共品牌独具地方文化特色的生命力和创造力。泸州老窖与艺术、音乐、文创、影视等领域 IP 联动推出香水“顽味”、桃花醉、汉服文创果酒、《姜子牙》联名视频、百调·HEARTPANDA 熊猫小酒、百调 & 同道大叔 12 星座酒，让年轻消费者重新认识白酒文化。五粮液推进“考古五粮液”项目，打造“和美文化节”“中国西湖情五粮液玫瑰婚典”，与大 IP 联合推出高端产品九龙坛、八方来和、缘定晶生、千里江山、紫气东来。剑南春携手南极科考队、三星堆博物馆、曼城俱乐部、中国国家博物馆分别推出跨界产品剑南春·南极之心、剑南春·青铜纪、剑南春·曼城冠军纪念酒、剑南春·天文纪，以个性化的文化表达助力品牌价值的提升。郫县豆瓣的鹃城豆瓣主题飞机、动车和宽窄联名系列，东坡泡菜的土陶熊猫罐系列，彭州白瓷的“洗脑壳”系列等大量非遗农产品都通过文化植入变成了纪念品和艺术品。

2. 农事活动创意模式

该模式举办农事节庆和农业审美体验活动，提高消费者体验价值。四川从 2015 年起连续举办“四川美丽田园欢乐游”系列活动，在原有传统农事节庆基础上创新开展了各种主题品牌节会，如大邑葡萄节、武胜乡村旅游节、开江荷花节、苍溪红心猕猴桃采摘节、汶川甜樱桃采摘节、自贡花博会、罗江贵妃枣节、广汉油菜花节、威远无花果采摘节、利州山珍节、汉源甜樱桃推介会、都江堰田园诗歌节、自贡沿滩·九洪西瓜节、三台农耕文化节、宁波雷波脐橙文化节等，结合地方特色民俗与农食，对地方农业生产消费有极大促进作用。从 2018 年开始的中国农民丰收节为四川展示地域特色农业文化、推介特色农产品、发布优质农产品品牌、介绍乡村旅游线路提供了平台。稻田灯光秀、稻田咖啡、稻田音乐会、田园种画、田园长桌宴、乡野市集、亲子油菜花创意旅游等各项活动提供了城乡融合审美体验。

3. 农业景观创意模式

该模式利用农作物和乡村设施，通过规划设计形成美丽景观，提升乡村空间的审美价值。农业景观创意包括各农业园区的季节景观、造型景观以及结合植物、农作物或植根于乡村的大地艺术。前者如新津花舞人间、遂宁船山十里荷画、天府农博园大田景观、郫都川西林盘等，结合了农业的生产性、可持续性和审美性；后者如崇州小绿球大地艺术营地、彭州“镜山水月”“草山海”等，融入了自然的生态性、艺术性和哲学性。四川举办的成都大地艺术文化旅游节（始于 2016 年）、成都郫都战旗大地艺术节（始于 2019 年）、中江“四川盆底”大地艺术节（始于 2018 年）、2018 年第一届“守望原乡”广安田野双年展、2021 年自贡第二届田野双年展、天府大地艺术季（始于 2020 年），都以艺术为核心，融入农耕文化、乡土文化和生态文明，为乡村环境带来新鲜视野。

4. 一二三产融合模式

该模式充分利用既有农业产业基础，选择第二、第三产业中的适宜实体，构建农业与第二、第三产业交叉融合的现代农业体系，实现农业增产、农民增收、农村增美、产业倍增和旅游倍增。如眉山农业嘉年华的“农业+科技+文化+旅游”，郫都战旗村的“农产品加工+红色文化+旅游”、新都三河村的“足球+旅游+创意农业”、蒲江明月村的“川西林盘文化+陶茶竹农创+艺术文创+乡村旅游”、隆昌古宇村的“青石文化、土陶文化、夏布文化+水产养殖+乡村旅游”、彭州创意农业特色小镇群的“音乐+古蜀文化+花卉+温泉+果蔬+田园休闲”、遂宁海龙凯歌农文旅园区的“沼气文化+公社文化+低碳循环农业+生态旅游”、大英县宋井桃源的“盐文化+桃产业+旅游”、宜宾竹海镇的“竹产业+竹文化+旅游”、平昌县的“乡村艺术旅游+田园社区+父亲文化”、清流镇的“花卉苗木+休闲康养+观光旅游+文创”等都实现了产业深度融合，构建了新型产业生态圈。

表 2　四川中国农业公园名单

获批时间	地区	名称
2016 年	成都	彭州市宝山村
2016 年	成都	温江区“鱼凫原乡”
2017 年	眉山	眉山岷江现代农业示范园区
2019 年	江油	新安农业公园
2021 年	成都	郫都区唐昌镇

（四）项目类型

四川文创农业项目可分为专业型和综合型两大类。专业型以文化创意农产品、工艺品、装饰品的种植、加工、创作、生产与销售为主，盈利模式相对单一。综合型则与休闲旅游等其他产业相结合，提供延伸生态链服务。前者主要有文创农产品农场、文创农艺工坊和文创农品专营店，后者主要有主题农庄/农业主题公园、亲子农园、文创酒庄、休闲农牧场、田园综合体。

1. 文创农产品农场

文创农产品农场以高附加值农产品种植为主要功能，为消费者提供更丰富、更高端的农产品，同时提供文化体验服务。如翔生有机生态农场、青城道茶观光园、绿佳康猕猴桃基地、花蕊里川芎园、梦筑原乡绿能生态农场、自贡沿滩区中天玫瑰园、攀枝花仁和区 26 度果园芒果农场、巴中巴州区锦卉花乐园、内江甜源蔗乡等。

2. 文创农艺工坊

文创农艺工坊以文创农产品包装，文创农业工艺品、饰品设计、创作、生产为主要职能。如郫都蜀绣作坊、邛崃瓷胎竹编工坊、南充高坪竹编工坊、眉山东坡泡菜工坊、遂宁蓬溪麦秆画工坊、绵竹二彩画坊、明月村蜀山窑、道明竹艺村竹艺工坊、四川刘氏竹编工艺有限公司、映秀茶祥子制茶坊、荥经砂器工坊、绵阳智华皮蛋工坊、崇州市传统工艺促进会、都江堰木子尹工坊等。

3. 文创农品专营店

文创农品专营店推介展销文创农产品、农副产品、加工品、装饰品等。如全兴酒+、长城优品生活馆、汶川映秀地球茶仓、理真·蒙顶山甘露茶空间、都江堰七里诗乡文旅服务中心、黄家大院农夫集市、精彩战旗精品馆、德阳石榴画方文创集市、平昌县文化创意购物中心、新津台湾风情街、自贡南悦里阿里集市、巴食巴适专卖店、绣之茶、五两一咖酒馆、网店蜀道明竹编、“自贡礼物”电商平台、抖音号“乡村优品”等。

4. 主题农庄/农业主题公园

主题农庄/农业主题公园是农业生态观光园的升级版，以现代农业和生态农业为基底，策划具有生态性、文化性、示范性与体验性的主题产品，集农业生产、农耕文化体验、娱乐休闲于一体。如成都蓝莓博览园、彭州市濛阳蔬菜主题公园、长滩河柑橘主题公园、江油稻香渔村、苍溪县梨文化博览园、犍为世界茉莉花博览园、大雁岭茶文化主题公园、绵阳红花源农业主题公园、内江长江田园等。

5. 亲子农园

亲子农园以生态农业景观、作物、动物、农事活动等为主要元素，是为亲子家庭提供娱乐体验、教育研学的农业乐园。如天府童村、田园乐翻天草艺中华农耕亲子乐园、邛崃石町谷自然营地、麓客岛小道动物农场、柳溪小镇农场、我的田园、阿狸田野农场、蕃薯藤 TINA 宝贝农场乐园等。

6. 文创酒庄

文创酒庄以酿酒原材料种植、加工生产为主，辅以酒文化体验、展览、销售、休闲度假功能。如大梁酒庄依托邛崃酿酒文化和原有的老村落形态打造了融邛酒文化体验、酿酒高粱种植、原酒加工酿造、田园花海休闲于一体的农文旅产品。杜甫酒庄绑定杜甫 IP 和诗酒文化，支撑起“白酒+文旅+文创”的产融发展新模式。

7. 休闲农牧场

休闲农牧场以牧场养殖为主要目的，辅以休闲、娱乐、体验、文创等服务功能。如若尔盖西部牧场由“牧场花海”和“云上花街”两大板块组成，云上花街是以藏羌民族文化、红色长征文化以及在地非物质文化遗产传承为主题的特色文化旅游创意集市。德阳原野牧场、绵阳雪宝鸿丰生态牧场、雅安龙苍沟云境牧场、成都新希望生态牧场则集牧草种植、奶牛养殖、乳品加工、互动休闲观光、农耕美食体验、生态科普宣传等功能于一体。

8. 田园综合体

田园综合体集田园、文旅、社区于一体，推动旅游与农业、文化、体育、康养等产业融合，构建起一个多业并举、有效增值的产业综合体。如都江堰天府源田园综合体、眉山岷江现代农业示范园区、朗基稻乡渔歌、成都多利农庄、蒲江明月村、崇州天府粮仓、攀枝花红旗村、遂宁圣平岛、德阳和海、南充桃李春风等。

（五）案例项目

1. 都江堰天府源田园综合体

都江堰天府源田园综合体是四川省首个国家农业综合开发田园综合体试点项目，涉及都江堰胥家镇、天马镇 13 个社区，面积 36.6 平方公里，布局为“四园三区一中心”（红心猕猴桃出口示范园、优质粮油（渔）综合种养示范园、绿色蔬菜示范园、多彩玫瑰双创示范园、灌区农耕文化体验区、农产品加工物流区、川西林盘康养区和综合服务中心）8 个功能组团。项目建成和提升 5.5 万亩高标准农田、68 公里生态渠系，新（改）建田间道路 100 余公里；吸引 26 个农商文旅融合项目落地，培育一批农事体验、乡村度假、精品民宿新业态，开发 13 种精深加工农产品；构建“区域公用品牌+企业品牌+产品品牌”三级农业品牌体系，培育 11 个优质农业品牌，创建 85 个“三品一标”、7 个全国名特优新农产品和 6 个生态原产地保护产品；挖掘 30 余处文化资源，开展中国农民丰收节、中国田园诗歌节等主题活动。

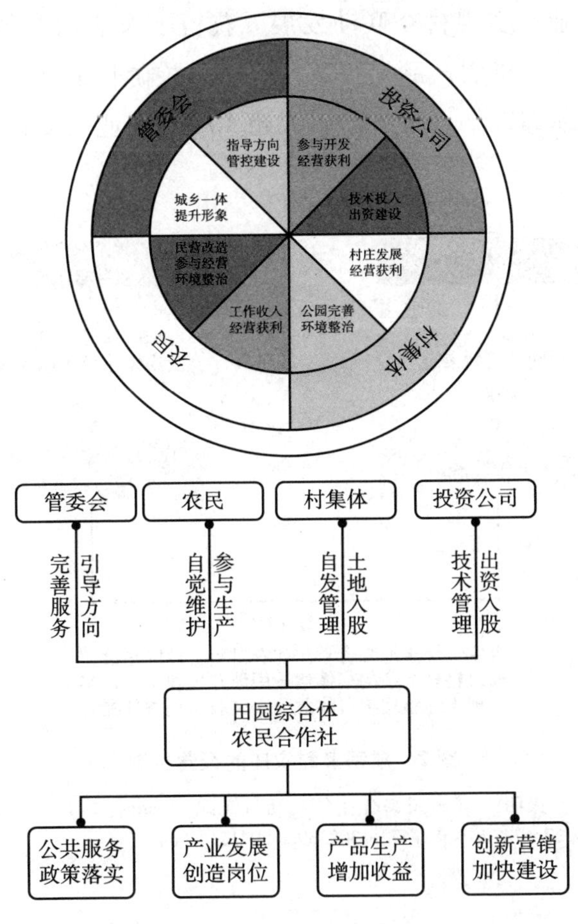

图 1　都江堰天府源田园综合体运行体系

资料来源：吕火明：《田园综合体的内涵与实践》，https：//www.sc.gov.cn/10462/c100033/2018/8/27/e737dcc4583e472ba303339f2c697171.shtml。

2. 成都多利农庄

成都多利农庄是成都首个国际乡村旅游度假区，位于成都郫都区红光镇、三道堰镇，由上海多利农业发展有限公司全资子公司多利（成都）农业发展有限公司投资建设。项目占地10623亩，是中国第一批探索社会资本与村集体自主完成整村治理、整村流转、整村开发的项目，第一个走完集体经营性建设用地入市、开发、招商、运营、产权办理全流程的项目。项目引入有机农业、包装仓储、冷链物流以及乡村酒店、儿童乐园等文旅产业，实现村企联动发展，获得了农业创业创新双创园区、有机产业园区、有机农产品销售联盟、乡村旅游目的地、研学基地、有机蔬菜产研基地等数十项荣誉，引入超100家农业、文化、旅游等企业入驻。

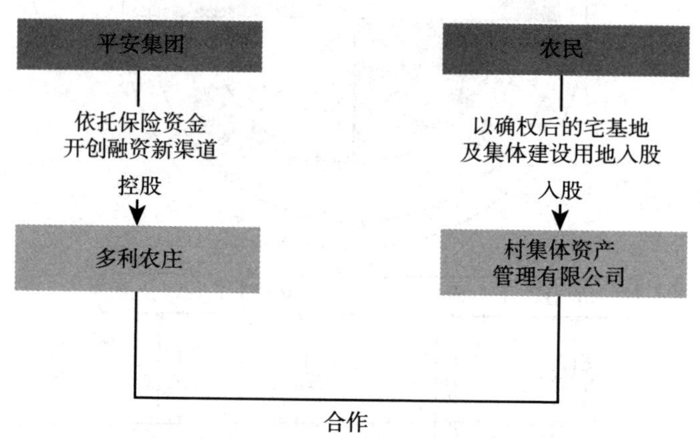

图2　成都多利农庄的经营机制

资料来源：吕火明：《田园综合体的内涵与实践》，https：//www.sc.gov.cn/10462/c100033/2018/8/27/e737dcc4583e472ba303339f2c697171.shtml。

3. 幸福公社

幸福公社于2009年创建，集合田园农耕、民艺手工、创意设计、休闲度假、养生养老、旅游教育、运动医护等功能，形成乡村文旅创业孵化的全新路径。项目规划了四期：一期是 mini 别墅社区，包括田园形态乡村院落、酒店及文化会所院落；二期包括小别墅、菜地、高端养老公寓、手工艺商业街、餐饮、儿童森林幼儿园、手工艺作坊；三期是中国第一个农业创客社区，包括农业品牌主题公园和农业创客中心，同时引进 100 多位手工匠人和非遗传人从事非遗传承、手工文创、音乐、微电影、乡村改造、现代农业、儿童教育等，孵化农业品牌创意；四期是农业迪士斯乐园。幸福公社发展共生产业，构建共生园区，形成一个自循环的生态产业式社区。

二　四川文创农业发展存在的问题

文创农业是推动现代农业发展和乡村振兴的有效途径，起到了活化利用农村文化资源、释放城市文化消费、创新农业经济增长方式、承接城市产业梯度转移、促进对外文化交流的作用。但是，目前四川文创农业发展仍然面临着以下几个主要问题。

（一）概念认识笼统，农业特色不突出

对文创农业的概念、内涵认识不够清晰，常常把文创农业完全等同于休闲观光农业，把农场、农庄、农业主题公园、田园综合体、特色乡镇、美丽休闲乡村等混为一谈，实际操作中更重视三产的文创融入，一产、二产的文创开发流于形式，对农产品本身的文化内涵挖掘缺乏力度，对文创农业的宣传推广也往往是搭文旅的便车。在品牌打造上，还没完全破除农业品牌=商标/地方特色/三品一标/概念营销/性价比等思想藩篱，“文创农业=农产品+文化体验消费”的观念尚未成熟，导致产品附加值不高。同时，成功者的示范效应导致跟风严重，同赛道开发同质化明显，对独特的自然和人文资源挖掘不够，停留在吃、玩、住等较低层次的休闲娱乐阶段，内容和服务缺少特色和新鲜感，不具备原创性和竞争力，无法产生重复消费。

（二）文化挖掘不深，变现能力待提高

四川文化资源丰富，挖掘潜力巨大，但在与农业结合方面瓶颈比较明显。仅从农业文化遗产来看，由于四川省尚未有整体规划和制度安排，资金投入和项目支持都不足，其挖掘、保护和利用有很大提升空间。除了郫都林盘农耕文化系统、江油辛夷花传统栽培体系、苍溪雪梨栽培系统、名山蒙顶山茶文化系统等11项中国重要农业文化遗产与当地农特产品生产销售、生态旅游业紧密结合以外，部分地区的农业文化遗产没有统筹规划、保护、激励措施。有些地方对文化故事挖掘不够，传播范围小、影响力小；有些地方挖掘出的农业文化遗产资源只进入了农业博物馆、村史馆、农具展厅，成为乡村旅游的小点缀，没有得到充分利用。

（三）人力资源紧缺，无法形成人才链

文创农业的发展需要结合农业、文化、艺术、科技、教育、体育、生态环保、园艺、影视、娱乐、时尚、保健美食、休闲、旅游等各领域要素，需要不同专业方向的人才参与，同时也需要基础作业、产品研发、生产制造、运营管理、创新转化等诸多环节不同层次、不同类型的人才集聚。近年来四川省虽然采取了大量措施培育现代农业、乡村文化旅游人才，但乡村发展相对滞后以及城乡融合相对缓慢的现实仍然使创意农业人才尤其是既懂农业、科技，又懂营销、管理，还兼具文化创意的复合型人才较为紧缺，无法将文创农业做大做强，且现有农业、科技、文创、经营人才无法有效对接，尚未形成人才链，不能有效赋能产业链和创新链。

（四）创牌能力不均，商品化程度较低

四川省文创农业从总体上看品牌知名度和市场认可度不高，缺少国际影响力大的品牌。除东坡泡菜、蜀锦、蜀绣、青神竹编、道明竹编、绵竹年画、五粮液、泸州老窖、峨眉山茶、剑南春酒、什邡雪茄等品牌的文创产品较有名外，大量初级农产品缺乏对文创农产品商品属性的正确认识，尚无文

创开发或开发程度逊于外省，生产规模小、产业链条短、商品化程度较低。尤其是个体农企，在农产品包装设计、品牌建设运营、市场信息获取方面普遍面临短板，既缺乏差异化的品牌价值和个性形象，又没有系统科学的文创发展战略和运营管理体系，现有资源也难以支撑文创开发。各种农业创意设计大赛整合外部资源为小微农企的品牌价值提升起到了一些作用，但仍有覆盖面窄、设计层次浅、后续服务乏力等问题。同时，文创农业的行业标准、市场发育、品牌发展保护等政策也相对滞后，制约了文创农产品的品质管理和品牌溢价。

表 3　2023 年中国区域农业品牌影响力指数 TOP100 四川入选名单

形象品牌			产业品牌		
排名	级别	品牌名称	排名	类别	品牌名称
8	省级	天府粮仓	19	小宗特产	郫县豆瓣
12	地市级	自然贡品	24	食用菌	通江银耳
28	地市级	味在眉山	46	蔬菜	四川泡菜
33	县市区级	阳光米易	53	果品	安岳柠檬
38	地市级	宜宾汇	60	果品	会理石榴
84	地市级	巴食巴适			

（五）政策不够明确，资金渠道较狭窄

文创农业属于早期投入大、投资回报周期较长的产业，融资需求强烈。近年来国家加大了各级涉农财政资金投入力度，创新了农业金融服务体系（包括预算内资金、专项债券资金、政策性开放性金融工具、低息长期银行资金等），但主要向现代农业产业园、田园综合体、农业主题公园、家庭农场、生态休闲农业等倾斜，对单独的文创农业没有明确政策支持，产业投入不足。乡村振兴基金则更关注农业科技、种业、数字农业等赛道。从四川省多只乡村振兴基金，如省级乡村振兴引导基金及其子基金四川振兴穗禾乡村股权投资基金、宜宾五粮液乡村振兴发展基金、成都川兴乡村振兴基金、成

都乡村振兴基金及其子基金天府种业基金、都江堰弘业基金、金堂锦淮基金、大邑弘岭基金投资的项目来看，文创农业吸引的社会资本很少，融资渠道较为狭窄。

三　乡村振兴战略背景下文创农业发展建议

在乡村振兴的宏观环境下，文创农业要积极迎合政府及国家乡村振兴发展需求，充分发挥传承农耕文化、拓展农业功能、提升农业价值、丰富产业业态、打造创意乡村、营造和美生活的作用，促进农业从传统的农产品生产加工销售向培育新型乡村生活方式转型。

（一）规范产业发展，巩固现代农业本底

正确处理现代农业和文化创意产业的关系，保护发展当地农业基础，防止大拆大建或假借名义的其他开发。构建完善农业产业链，进行产业化的种植和经营，实现从前端科技研发到后端销售体系的全面打通，通过农业生产将产业、生态、文化进行深度融合。尽快完善文创农业地方标准。

（二）挖掘在地文化，提高产品附加值

深度挖掘所在地的历史文化、风俗习惯，提炼其独特文化内涵和艺术特征，突破低层次的观赏、品尝、休闲、购买模式，研发结合乡村民俗文化、人文精神、现代要素、时尚元素和美学艺术的文创农品，用文化创意和历史感来扩大农产品的市场，再利用营销环节最大限度提升产品附加值。充分运用数字技术手段开发沉浸式、交互式、智慧化的农业文化体验项目，发展农业农耕教育研学活动，讲好自己的故事，提供个性化服务，凝聚文化认同感和归属感，增强用户黏性，创造溢价空间。

（三）加快产业融合，延伸“农业+”价值链

以农产品精深加工、电子商务、乡村旅游康养、乡村数字经济为重点打

造文创农业全产业链，拓展农业生态涵养、文化传承、休闲体验等多种功能，推动农商文旅体科教深度融合，推动种养业前后端延伸、上下游拓展，提供多功能多价值的服务，延伸产业价值链。结合当前乡村农业发展痛点，以轻资产、低成本介入，做优一产，做强二产，做活三产，通过三产放大一产的价值。把握产业链中价值较高的创意环节，通过创意设计为产品赋能。创新开发模式，形成包括核心产业、支持产业、配套产业和衍生产业的产业群，构建多层次的产业链和价值体系。

（四）加强品牌建设，引导高质量消费

依托农产品公用品牌推动特色产业集中，加强农产品标识、产地、质量、包装、品牌创意设计，突出品牌文化背景，培育一批国家级、省级文创农产品品牌，推进文创农产品商标和品牌的国际注册和知识产权保护。利用各种展销会、推介会、农博会、农产品交易会、品牌研讨会、品牌论坛以及“蓉欧”农产品专列等开展优势特色文创农业品牌推介，放大品牌效应，引导市场高质量消费，提高国内国外影响力。

（五）鼓励多元参与，打造产业示范带

鼓励文创先进企业、设计院校和各类市场主体积极参与，通过产学研合作与成果转化，以创意下乡、乡村美育课堂、劳动研学教育、创意人才培养、艺术驻村、美学共享等各种途径加快创新要素集聚，营造良好农业创新生态。加快完善授权机制，以外部资源赋能农企，建立文创农品开发体系。聚合竹艺村、天府国际慢城、战旗村、先锋村、农科村、安龙村、明月村、岷江村、五星村、大坪村、宝山村、天府农业博览园，形成天府绿道文创农业示范带，并以此为基础在全省打造具有经济价值、生态价值、美学价值的文创农业产业带。

（六）科创文创并举，促进农业增效

科技和文化是现代农业发展的两大引擎。联合成都国家现代农业产业科

技创新中心、四川省农科院、四川农业大学、成都市农林科学院、成都大学、成都农业科技职业学院等科研单位组建农业科创文创中心，设立双创基金，采取“成果转让+创新导师+孵化基地+服务平台”模式，及时衔接科技创新与文化创意，同步开展农业双创成果孵化示范和行业标准研究，为农业创客、合作社提供技术辅导和支撑。

（七）加快人才孵化，助力乡村振兴

提供良好的政策环境、就业环境、生产环境和生活环境，为乡村导入优秀的城市人才或引导农村人口回流，并依靠制度保障在乡村社区内实现安居、创业、增收。健全文创农业发展人才支撑体系，与企业、学校、科研机构合作开展相关培训，加快人才孵化，填补产业人才缺口，为乡村振兴提供助力。

（八）深化金融改革，增加财税支持

增加对文创农业知识产权和技能培训的财政补贴。鼓励建立文创农业融资平台和专项基金。推动文创农业的法律服务、技术服务、融资担保、资产评估、产权交易等服务中介发展。探索建立文创农业资产价值评估体系。建立健全文创农业发展帮扶和风险处置机制。

B.4

四川乡村网红打卡地文旅产业调研报告

陈 实　汤纪英　庄伟伟*

摘　要： 随着乡村振兴全面推进，乡村网红打卡地应运而生。四川乡村网红打卡地形成了文旅产业多元化规模化发展、品牌众多、业态兴旺的发展态势。乡村网红打卡地作为乡村文旅数字化的一环，既推进了农村电商的蓬勃发展，也助力了乡村公共文化数字平台的建设。但四川乡村网红打卡地仍存在优秀品牌缺失、产业联动不足等问题，下一步应完善旅游规划、延长"文旅+"产业链以及提升对接成熟旅游市场能力，推动农文旅产业融合发展嵌入乡村建设与基层治理，进一步发挥乡村特色资源的市场价值，以推动四川省乡村旅游高质量发展。

关键词： 乡村网红打卡地　乡村振兴　农文旅融合　乡村治理

一　四川乡村网红打卡地文旅产业发展背景

（一）四川乡村网红打卡产业发展的先决条件

1. 顶层设计：乡村振兴战略的政策支持

2017 年党的十九大报告提出实施乡村振兴战略，强调坚持农业农村优先发展以来，乡村振兴取得了显著成效。2023 年中共中央、国务院出台

* 陈实，四川省社会科学院新闻传播研究所副研究员，研究方向为媒介文化；汤纪英，四川省社会科学院新闻传播研究所硕士研究生；庄伟伟，成都日报社文化传播中心二级副总监，编辑。

《关于做好2023年全面推进乡村振兴重点工作的意见》，指出要继续促进文化产业对乡村振兴计划的赋能，深入实施“数商兴农”和“互联网+”战略，推动农产品出村进城，鼓励使用电商打造高质量农村产业电商基地[①]。沿着上层政策指导，在四川省层面，2021年中共四川省委、四川省人民政府发布了《关于全面实施乡村振兴战略开启农业农村现代化建设新征程的意见》，明确指出丰富乡村经济业态，推进现代农业园区景区化建设，建设一批乡村旅游特色景区和重点村[②]。2022年四川省委办公厅、省政府办公厅印发《四川省乡村建设行动实施方案》，方案指出大力推进乡村振兴产业路旅游路建设，推动交通与农业、旅游、美丽乡村融合发展[③]。2023年四川省委、四川省人民政府发布了《关于做好2023年乡村振兴重点工作加快推进农业强省建设的意见》，指出了应积极发展乡村新产业新业态，持续开展乡村旅游重点村镇和天府旅游名镇名村建设，培育一批“天府度假乡村”，建设一批中国美丽休闲乡村、全国和省级休闲农业重点县[④]。2022年3月，四川省委、四川省人民政府提出落实四川农村互联网建设，实现“光纤+4G”网络覆盖和“智慧广电”网络的乡村全覆盖[⑤]。这标志着四川乡村互联网普及率上升，更多村民可以通过互联网拓展增收渠道，为乡村振兴架构了互联网基础设施。

在各级乡村振兴战略的支撑下，截至2020年底，四川全省88个贫困县和1501个贫困村全部摘帽，625万贫困人口全部脱贫，绵阳市等5个市被

---

① 《中共中央　国务院关于做好2023年全面推进乡村振兴重点工作的意见》，https：//www.gov.cn/zhengce/2023-02/13/content_5741370.htm。

② 《中共四川省委　四川省人民政府关于全面实施乡村振兴战略开启农业农村现代化建设新征程的意见》，https：//www.sc.gov.cn/10462/10464/10797/2021/3/24/e6c67319234d4edf864fa5ba8322d709.shtml。

③ 《四川省乡村建设行动实施方案》，https：//www.sc.gov.cn/10462/10464/10797/2023/1/14/6de053a3bb6b4a9e886d26af5e5b4f78.shtml。

④ 《关于做好2023年乡村振兴重点工作　加快推进农业强省建设的意见》，https：//www.sc.gov.cn/10462/10464/10797/2023/3/16/f03b97fb73974746a3e26434932bda0a.shtml，2023年3月16日。

⑤ 《关于做好2022年“三农”重点工作　全面推进乡村振兴的意见》，https：//sc.cnr.cn/sc/2014sc/20220315/t20220315_525766270.shtml。

评为“乡村振兴先进市”，荣县等10个县被评为“乡村振兴先进县”。四川已实现省、市、县的全面脱贫，为乡村网红打卡地文旅产业发展奠定了雄厚的经济基础。

2. 基础设施：完善四川乡村运输服务体系

在乡村振兴战略支持下，四川省交通厅提出实施乡村运输“金通工程”，为乡村网红打卡地发展完善了基础设施。一是交邮旅加速融合，拓展农产品、文旅产品物资流通渠道，奠定了“数商兴农”的物流基础。目前四川基本构建了客运网、邮快网、物流网、旅游网“四网一体”的乡村运输体系，农村电商物流体系迅速发展。物流网络发展便利了城乡、乡乡之间的物资流动，为乡村网红打卡地的农产品、文旅产品走出乡村大开方便之门。

二是完善四川乡村旅游公共交通运输体系。“金通工程”的建设，使游客乡村旅游得以顺畅进行，完善了乡村旅游的公共交通运输体系。如今全省2910个乡镇、29473个建制村实现了100%通客车①，农村群众享受到与城市居民一样的便利出行服务，也方便城市居民乘车“周边游”，解决了乡村旅游交通问题。

（二）四川乡村网红打卡地文旅产业形成主客观条件

1. 依托乡村旅游资源，建设特色村落

四川乡村网红打卡地的发展继承了四川乡村旅游发展的宝贵经验，依托周边城镇、景区带动，建设特色村落，弘扬特色历史与文化。如广元市昭化区城关村邻近历史底蕴深厚的昭化古城，文化和旅游资源富集，拥有8种文旅资源类型、87个代表性核心资源②，形成了以古建筑群特色文旅为核心，以三国蜀汉文化、民俗文化为背景的旅游产品体系，做到了历史遗存与自然

---

① 《“金通工程”通、畅、优：乡村运输高质量发展的“四川路径”》，https：//mp. weixin. qq. com/s? _ _ biz = MzA4ODg2MTgyMQ = = &mid = 2650758635&idx = 1&sn = 9c1675d952bbf771cc03c559abc61814&chksm = 8931a84a8548bb0762f257f66631b10a599fe06937dbd56cbe54c70c31ec1fab23b7ace1afe0&scene = 0&xtrack = 1#rd。

② 《广元昭化城关村入选第二批天府旅游名村》，http：//zw. china. com. cn/2022 - 10/26/content_ 78486850. html。

生态环境相依相融、和谐共生。基于此，城关村成为乡村网红打卡地并持续发展。

2.“平台打卡”，旅游地迅速出圈

现有网络平台风靡“打卡文化”。社交媒体用户的旅游体验在平台上展示，为旅游目的地带来流量。互联网环境下的旅游景点展示形成了媒介奇观，刺激着用户们在“网红打卡”的叙事下和滤镜的美化下，进行着一场又一场的“媒介朝圣”，而这也是乡村网红打卡旅游能够迅速出圈的重要因素。种种“媒介朝圣”为四川乡村带来了流量经济，盘活了乡村农文旅产业，对于乡村振兴至关重要。

3.创新旅游营销方式，拓展游客群体

四川乡村网红打卡地，一是注重组织和策划诸如乡村旅游节、民俗文化节等特色节会，积极承办各类体育、艺术赛事活动，形成了良好的宣传氛围，提高了乡村网红打卡地的知名度和影响力。如都江堰市每年4月举行的“放水节”、承办的“成都双遗马拉松”，吸引众多游客慕名前来，为乡村网红打卡地旅游带来了“顺路”游客。二是重视互联网营销策略推广。四川乡村网红打卡地大多采用现代化网络营销策略，借用马蜂窝、携程、途牛等高流量旅游APP平台吸引消费者，利用线上销售、旅游直播间、短视频、短剧等互联网营销推广方式，专设乡村旅游特色频道，开发乡村旅游信息咨询、路线定制、实景可视化展示等功能，精准化推送至潜在粉丝和游客，持续扩大乡村网红打卡地旅游消费市场，激发消费活力。

二　四川乡村网红打卡地产业发展现状

（一）四川乡村网红打卡地多元化、规模化发展

1.融合多样乡村文化，发展特色文旅

随着基础设施的持续完善，“互联网+乡村”成为四川乡村网红打卡地的发展背景。四川乡村网红打卡地持续融合多元文化，发展出各具风

格、各有特色的农文旅产业。成都市邛崃市平乐镇花楸村具有独特的地理环境和自然条件，盛产茶叶。花楸村积极融合本土茶文化，围绕茶产业打造了集种植、观光、体验于一体的特色农文旅产业链。利用生态文化优势，让历史文化与现代休闲相生相融，承办了多项文化主题活动，如斗茶品茶、吟茶诗作茶词，文化氛围浓厚；大力发展茶文化体验游，让游客参与采摘、制作等环节，增强项目体验感。花楸村还有丰富的竹文化，“瓷胎竹编”是花楸村竹文化的代表，其编制工艺繁复精巧，被誉为“东方艺术之花”。2008 年，瓷胎竹编入选为国家级非物质文化遗产。平乐镇也大力引导青年群体参与传统文化复兴，谋求竹编产业转型升级，推动瓷胎竹编与国际知名品牌合作，推出“竹丝扣瓷”系列高端礼品，提升产品附加值。

成都崇州道明镇道明竹艺村竹编历史悠久，清朝初年该村就诞生了平面竹编、瓷胎竹编等多种竹编工艺。为更好地推广竹制品文化，崇州市党委和政府以及崇州文旅集团成立了“竹里”项目，搭建了川西竹编文化传播和交流平台。除此之外，竹艺村发展了住宿、旅游、文化手工体验等相关业态，众多新村民受到招募加入竹艺村，为这座川西平坝村落增添了丰富的体验感和文化魅力。竹艺村除了网红建筑“竹里”外，还集合了竹编博物馆、来去酒馆、三径书院、遵生小院等丰富的旅游业态。

四川网红打卡地结合各自多样的乡村文化，发展多元特色的乡村文旅，为游客带来多元别致的乡村体验。

2. 秉持生态理念，聚合村落发展

乡村网红打卡地的发展离不开生态环境的保护。成都天府新区官塘新村作为乡村网红打卡地，坚持贯彻绿色发展理念。设计之初，建设团队保留了当地原有的生态与形态，突出官塘新村的“生态设计赋能”。通过对官塘新村进行土地治理，将农业空间归还给生态空间，以更好地实施兼具乡村风貌和生态文明的内在建设。2021 年 9 月，占地约 500 亩的产业项目——天府官塘正式对外开放，该项目集会议、展览、餐饮、住宿、观光于一体，业态丰富，吸引了不同客源群体。天府官塘是官塘新村重视生态环境、保护活用川西林盘的项目之一，充分实践了将绿色、和谐、自然生态和经济发展融于一体的发展理念。

四川乡村网红打卡地大多聚集于城市周边，形成了聚合发展的态势。多村聚合形成了一定的规模效应。成都周边就存在官塘新村、花楸村、明月村、战旗村等多个乡村网红打卡地。这些网红打卡地距离较近，便于游客在不同村落之间往来，使游客能进行“顺带消费”。村落地理位置相近方便对其进行整体规划。成都市出台的《关于推进竹产业高质量发展建设公园城市美丽竹林风景线的实施意见》将包括花楸村、明月村、道明竹艺村在内的四川乡村网红打卡地作为一个整体规划①，以达成对川西林盘的修复建设。同时《高质量打造全省文旅经济发展核心区推动世界文化名城建设行动方案》明确强调将明月村和花楸村等乡村打造成特色文化消费新场景②。

（二）四川乡村网红打卡地品牌细分，业态兴旺

1. 精细分化：创造独特品牌体验

四川乡村网红打卡地精细化塑造自身品牌，形成了独特的品牌体验。其中德阳市旌阳区高槐村成为典型。2014 年高槐村以网红咖啡店“不远咖啡”的开业为契机而成为远近闻名的乡村网红打卡地。2019 年起，该村开始注重品牌效应，通过传承非遗德阳潮扇工艺，打造并发展了“旌风缘·思竹”系列 IP，创造出独属于高槐村的品牌体验。

彭州龙门山柒村是联合君山、庙坪、花坪等七个村，以民宿集群为特色的乡村网红打卡地。龙门山柒村打造“龙门山民宿”IP 品牌，提出了“民宿点亮乡村，用艺术对话世界”的品牌概念，将民宿产业作为经济发展的

① 《关于推进竹产业高质量发展建设公园城市美丽竹林风景线的实施意见》，http：//www.chinapaper.net/mobile/21-0-45340-1.html。

② 《高质量打造全省文旅经济发展核心区推动世界文化名城建设行动方案》，https：//cdwglj.chengdu.gov.cn/cdwglj/c133186/2023-02/22/content_ 7d155477059145528efad325fe45f235.shtm。

新支柱，力争建成兼具生态功能、展现田园风光、发展乡村旅游的天府文化“明信片”。龙门山柒村的民宿集群设计别具一格，如无问西东民宿、柒宿地球仓等，其风格包含现代日式风格、简约后现代风格等诸多不同的类型。龙门山柒村也因种种风格迥异的民宿成功塑造自身独特的品牌，为旅客提供了别具一格的民宿体验。

2. 产业兴旺：业态融合，重视人才储备

四川农文旅产业呈现融合态势。成都市郫都区战旗村积极发展多种产业，以现代农业为基础、以乡村旅游为核心和以教育培训为配套，三大产业体系成为战旗村乡村振兴起点。战旗村“乡村十八坊”，通过继承并发展古法豆瓣酱、酱油等传统食品制作工艺，建立手工作坊，彰显了本村农耕文化。同时战旗村深入挖掘本村的农产品，将农耕文化、非遗技艺和手工作坊融合，引入了唐昌布鞋、蜀绣坊等非遗手工艺制品项目，极大地提升了农产品的附加价值，形成农商文旅融合项目，成为独具战旗村特色的四川乡村网红打卡地和集体经济重要蓄水池。与此同时，战旗村不忘本村农民的家园建设与文化建设，打造了千亩稻田等田园景观，建成了壹里老街、天府农耕博物馆、郫县豆瓣博物馆等特色网红打卡景点。

四川乡村网红打卡地还发挥其产学研一体的人才培养作用，为乡村振兴留住人才、培育人才、发展人才。战旗村发挥其自身的品牌作用，大力发展农业实践和以农耕文化传承为主题的研学产业，设有四川战旗乡村振兴培训学院。作为战旗村乡村振兴人才培养的重要支柱，战旗乡村振兴培训学院截至 2021 年累计承办各类培训班 454 期（4.85 万人次），开展涉外培训 5 期（300 余人次），先后被列为国家乡村旅游人才培训基地、半月谈基层治理智库基地、四川省社会科学院科研教学基地等。成都市青白江区的十八湾村也积极发挥其吸引乡村振兴人才的作用，围绕乡村网红打卡地建设而引入的非遗手工培训师、客房管家等一系列“新岗位”，不仅提升了本村居民就业率，也吸引“新村民”前来安居乐业，助力十八湾村振兴。

（三）四川乡村网红打卡地融合云端，推进乡村数字化转型发展

1. 推进乡村电商发展

四川乡村网红打卡地以农产品营销为核心，加快推进农村电商发展。四川道明竹艺产业发展有限公司将合作社、村集体和传承人等平台整合在一起，对标市场需求和产业特征，打造竹编产业的核心竞争力，开发具有鲜明特色的竹编产品，进入线上、线下市场，登陆海外亚马逊电商平台，海外订单量直线上升。

成都蒲江县西来镇铁牛村，气候温和湿润，适合柑橘类农作物生长。铁牛村拥有生态丑橘示范园，建立“丑美阿柑”等丑橘相关品牌，发展出丑橘果酒、丑橘巧克力、丑橘饼干等特色农产品，促进本村丑橘经济价值提升，也大大促进了铁牛村乡村电商的发展。

2. 推进乡村文旅数字化建设

在乡村旅游产品开发、营销、体验中融入5G、VR、人工智能等新兴技术，建立完善公共文化数字化平台。公共文化具有服务社会公众的职能，其目的是实现社会公众共同享受、参与、建设公共文化。一是四川乡村网红打卡地建立了公共文化数字化平台，建构了村落文化分享、文创产品变现等情景，将乡村文化带到线上，使城市居民能够在线上了解、参与、享受乡村文化，乡村居民则可以通过平台分享生活体验和村落的文化。成都市双流区白塔社区进入阿里“数字乡民”计划以来，邀请艺术家结合白塔社区的文化为本村创造艺术作品，再经由互联网技术和区块链技术将这些艺术作品生成数字藏品进行拍卖，在阿里的拍卖平台以云展的方式展示本村的乡村文化。白塔社区也通过建立公共文化数字化平台，吸引更多的游客前往，并进行打卡体验。

二是推进乡村文旅项目数字化转型发展。通过公共文化的数字化平台，乡村能够变革本村文旅产业服务游客的载体、过程与模式。乡村网红打卡地打造线上与线下相结合的服务载体，丰富游客的游玩体验。如成都市郫都区三道堰镇青杠树村建立乡村文旅服务网站，通过线下电子触摸屏建立涵盖

“吃、住、游、购”全功能的旅游服务系统并投入使用，极大推进了乡村文旅项目数字化转型发展。游客可以通过青杠树村的旅游系统预约，获得免费语音讲解服务。

三　案例分析

（一）明月村：“陶艺”和“雷笋”碰撞出特色

成都市蒲江县甘溪镇明月村，拥有陶艺、扎染、采茶和挖笋等旅游体验项目，同时设有铜火锅、川菜等田园美食以及诸多便利游客的住宿场所。明月村从传承明月窑开始新农村建设。2012 年底，民间陶艺师李敏发现村子中存在古窑——明月窑，随即联系当地政府，提出在明月村发展邛窑产业的计划。李敏围绕着百年古窑建立相关文化增值品牌，成立明月国际陶艺村，建立主打陶艺的手工创意聚集区，吸引不同年龄层次的游客在明月村共享旅游时光。2014 年 10 月以来，明月村引进陶艺新村民，建立了以陶艺手工艺为主的多种文创项目聚落，形成以陶艺为特色的“明月窑”“扫云轩”等陶艺产业相关品牌，建成了国内外知名陶艺村。

在明月村中，因地制宜的农产业与陶艺产业同样成为经济支柱。明月村通过浇水保湿、覆盖增温的种植手段，将雷笋出笋期提早 1～2 月，雷笋因而获得市场溢价。一方面，明月村推出“远山活物”雷笋农产品品牌，在网络上开设电商，扩大农产品销路；另一方面，明月村在本村运营的各大饭店中主打雷笋川菜，吸引前来打卡的游客进行美食消费。每年二月底的雷笋收获季，明月村还会举办“春笋节”，以提升明月村雷笋知名度。

（二）兰沟村：竹制文化助力三农发展

兰沟村位于青神县城南面的南城镇，气候温和，地势平整，雨量充沛，盛产竹节悠长、纤维细软的单竹、绵竹，这些竹子是竹编的优质原材料。独

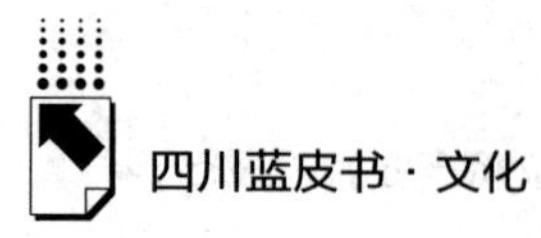

特的青神竹编成为国家级非物质文化遗产保护名录中的一员。

早在1984年，兰沟村便办起了竹编工艺厂，虽然当时竹编工艺品在国内拥有较大市场，但绝大多数村民仍未重视竹艺制品的发展，经济来源仍是靠种植水稻等传统农作物。为了进一步宣传家乡的竹编产业，1993年竹编工艺美术大师陈云华出资在兰沟村修建了中国竹艺城景区，带动兰沟村村民致富增收。2008年，青神竹编被列入国家级非物质文化遗产保护名录，村民开始追求竹编技艺的精益求精。隐形竹编被联合国教科文组织专家称为"竹编史上的奇迹，艺术中的艺术"。这也使得兰沟村的竹制品名声大噪，远销海外。

2012年以来，兰沟村的产业发展得到了各级党委、政府的高度重视。相关单位出台一系列政策文件，紧紧围绕"农旅结合"思路，成立了竹编产业园区，按照"园区变景区、农房变客房、家园变公园"的理念促进产业融合，打造了集竹制品生产、研发、销售、观光、体验于一体的竹产业创业创新孵化园、现代化观光工厂群，引进殷状元竹编、华艺竹藤、青神县竹制品电子商务运营中心等各类竹企业创业实体16个①。随后几年，兰沟村逐渐建成国际竹会展中心等文旅项目。2019年以来，兰沟村拥有了30余家成规模的竹文化企业，涌现出近百户竹制品经销商，培育了多位国家级、省级竹编人才。到2021年，兰沟村依靠竹制品以及竹文化相关产业致富，村民人均可支配收入达到25000元。②

兰沟村先后打造了中国首家竹林湿地公园、竹里巷子、竹里海棠湿地公园等网红景观。竹里巷子建设了一系列休闲娱乐设施，引进了美学馆、民宿、咖啡馆等业态，成为游客乡村旅游的打卡地。

兰沟村的发展和建设不仅关注农业、农村问题，同时还关注农人问题。兰沟村的青神竹编国家级传承人陈云华早在20世纪80年代就开设培训班，培训村民竹编技艺。村民从原来的只会编簸箕、箩筐等农村生产生活用具，

---

① 《南城镇2016年工作总结》，http：//www.scqs.gov.cn/info/8365/121171.htm。

② 《从"烂沟村"变身"中国竹编第一村"　四川青神兰沟村跑出乡村振兴加速度》，https：//xczxj.sc.gov.cn/scfpkfj/sxnews/2022/12/5/dc7c2267665c40c6b46501e8f20976c0.shtml。

变成可编花篮、果盘等城市生活用具的新篾匠。此举不仅为村民增进了技术，提升了收入，也使得兰沟村的竹编技艺得到传承。

（三）桃坪羌寨：羌族文化助力民族发展

桃坪羌寨位于阿坝州理县桃坪镇，是世界上保存最完整的碉楼与住宅一体建筑群，同时也成为拥有深厚羌族文化底蕴的明信片。桃坪羌寨已有2000多年的历史，被中外学者誉为“羌族建筑艺术活化石”。作为历史悠久的古老村寨，桃坪羌寨的旅游业起步非常早。2000年理县人民政府成立了相关旅游发展公司；2007年，桃坪羌寨成为国家级重点文物保护单位；2008年桃坪羌寨被列入中国世界文化遗产预备名单；2012年，桃坪羌寨成功申报国家级4A级旅游景区并入选首批中国传统村落；2016年，桃坪羌寨荣获中国唯一的联合国教科文组织文化遗产保护杰出项目奖；2020年，桃坪羌寨成功入选“省级乡村旅游重点村”。

“5.12”汶川特大地震后，理县县委和县政府在灾后重建时对老羌寨进行了重新设计，规划了古羌文化演艺中心、古羌历史博物馆、莎朗歌舞广场等，力图把桃坪羌寨打造成文化旅游体验地：老羌寨利用悠久的羌族历史、颇具特色的羌族文化、古老的羌族古建筑吸引前来打卡的游客；新羌寨景区是集休闲旅游、食宿和娱乐于一体的文旅消费项目，带动桃坪羌寨经济发展。桃坪老寨成为羌族文化体验旅游区域，而新寨兼具“吃住行游购娱”多重功能，成为休闲旅游发展重心。桃坪羌寨的乡村旅游格局从以个体户式的农家乐经营为主发展到以旅游公司规模化运营为主，基本形成了以羌族文化特色餐饮与住宿为主要产业的民族乡村旅游发展格局。桃坪羌寨以羌历年、花儿纳吉赛歌节等少数民族特色活动为依托，重点传承保护羌文化，深挖羌文化特色，开发游客参与性强的活动；同时，辐射带动周边特色小水果、精品蔬菜销售，大力发展乡村田园采摘体验游，既丰富了文化旅游项目，又促进了当地群众增收致富。

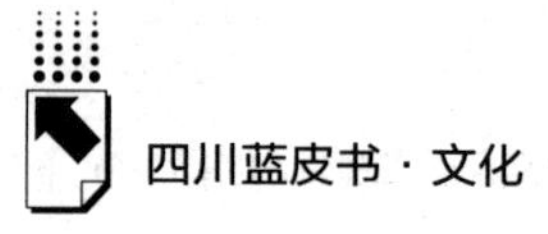

四　四川乡村网红打卡地产业存在的问题及可持续发展路径

（一）四川乡村网红打卡地产业存在的问题

1. 乡村网红打卡地优秀品牌缺失，产品雷同

四川各个区域的乡村网红打卡地优秀品牌缺失，缺乏全局性的统筹管理，部分乡村网红打卡地不能很好地凸显特色。如道明竹艺村与兰沟村均以竹艺为特色乡村文化，均生产竹制农产品，品牌知名度还有待提升，且产品雷同也会使前来打卡的游客难以分清各个乡村网红打卡地之间的区别，进而造成游客分流，削减了单个乡村网红打卡地的旅游收入。

2. 乡村网红打卡地产业联动不足

四川各个乡村网红打卡地产业之间缺乏联动，多数乡村网红打卡地以本村为单位，组建农产品生产公司或者旅游服务公司，较少与其他乡村网红打卡地以及产业之间进行联动。如战旗村组建的本村农产品生产制造公司、调味品制造公司缺乏同其他乡村的联动，无法利用自身作为乡村网红打卡地的优势带动其他乡村获得互联网流量，带动力较弱。

3. 乡村网红打卡地村落发展较弱

部分四川乡村网红打卡地所在村落存在经济实力较弱、基础设施落后、市场发育不成熟、接待能力有限等问题，大多依靠单一网红打卡项目，特别是以传统农业为主，产业结构单一，造成乡村网红打卡地经济回血能力较弱，在接入成熟旅游市场方面能力有待提升。

（二）四川乡村网红打卡地产业可持续发展路径

1. 打造出圈的优秀品牌

拓展乡村网红打卡地的游客群体。一是继续打造出圈的优秀旅游产品，建立特色农产品品牌，拓展产品知名度。在现有优秀旅游产品及农产品基础上继续做大做强，以优质取胜，做好营销推广工作，提升品牌知名度。二是注重各旅游点之间的接驳安排，继续完善各景点间公共交通安排，便利“顺路”游客。

2. 以农庄为核心，拓展“文旅+”产业链

以农庄为核心构筑产业集群，拓展乡村网红打卡地的“文旅+”产业链，立足于本村文化，发展农耕体验、非遗手作等乡村运营活动，提升游客旅游体验。如都江堰猪圈咖啡，创始人在不破坏林盘、保留川西农村原始风貌的同时，链接本村农林产业，发展餐饮产业，将各种农村老物件改造为具有现代气息的生活用品，并开展非遗手工体验，使得“猪圈”成为青年人追捧的乡村咖啡馆，形成了“文旅+”产业链。

3. 完善村落基础设施，推动乡村建设与基层治理

四川乡村网红打卡地产业要可持续发展，就要完善所在村落基础设施；继续推动农文旅产业融合，打造具有持续竞争力、影响力的“网红”产品；增强旅游接待能力，完善公共交通体系以及物流运输渠道，发展民宿、连锁酒店，提升乡村网红打卡地对接成熟旅游市场的能力；提升所在村落扶贫能力以及治理能力，推动乡村网红打卡地产业发展嵌入乡村建设与基层治理。如兰沟村开设竹制品技艺培训班和竹制品工厂，培训本村村民的技术，为村民增加了就业机会。竹制品产业作为扶贫的一环，也作为基层治理的一环帮助兰沟村走上致富的道路。同样，战旗村也建立了战旗十八坊，发展唐昌布鞋、郫县豆瓣酱等独特产业，让村民在村内就能找到可靠的就业机会，吸引人才回流。

B.5
四川农村公益电影市场调研报告

杨嘉嵋 *

摘 要： 本文考察四川省农村公益电影市场的供给侧现状，梳理发现其现有模式包括省级进行顶层设计、市级统一管理运行、“四位一体”组建农村电影院线公司、探索“公益+商业”的市场化运作机制、实施菜单选片供给机制等。本文采用问卷调查和深度访谈等方式，对农村青少年群体观影的需求侧进行考察，发现四川农村青少年对网络电影、网络游戏的偏好超过大屏幕电影，观看电影更多是满足娱乐、休闲、社交的复合需要，青少年对大陆国产片总体观感良好等。当前，农村公益电影在推动乡村振兴进程上具有重要作用，是乡村文化生活供给的重要平台、提升群众文明素养的重要基地、提升群众科学素质的重要载体、基层干部“五史”学习教育的重要阵地。但农村公益电影也存在流动放映观影条件差、财政补贴资金总体较少、放映队员素质有待提高、宣传教育作用欠佳等一系列问题。

关键词： 四川省 农村公益电影市场 供给 需求

我国的农村公益电影放映工程与新中国相伴而生，其诞生与发展极具中国特色。农村公益电影放映工程是党和国家实施的文化惠民系列工程之一，由国家财政进行补贴，面向广大农村群众开展数字电影和胶片电影的放映活动。该工程被置于国家制度的保障之下，其蓬勃之势在世界范围内都形成了

---

* 杨嘉嵋，博士，四川省社会科学院金融财贸研究所研究员，研究方向为传媒经济。

一道独特的亮丽风景线。新时期农村公益电影市场的改革与探索，不仅有效激发了电影市场的活力，使农村公益电影市场得以蓬勃发展，而且也为城市电影体制改革积累了宝贵经验和有益借鉴。

2010 年 3 月，国家发改委、财政部、广电总局、文化部联合出台《关于进一步实施农村电影放映“2131”工程的通知》，确定了实施“农村电影放映工程”要遵循“政府采购、社会参与、企业经营、市场运作”的指导方针[①]。2016 年 1 月，四川省政府将农村公益电影放映工程列入“十三五”期间重点民生工程，坚持社会效益第一的原则全面推进。“十四五”规划和 2035 年远景目标纲要强调，要加强建设乡镇数字电影院等基层文化服务阵地。近年来，为认真贯彻落实“企业经营、市场运作、政府购买、群众受惠”的农村公益电影改革发展新思路，推进农村公益电影体制机制改革，支持各类社会资本参与农村公益电影工作，四川省政府分管领导牵头组建了四川省农村电影放映工程领导小组（由省委宣传部、省文化厅、省发改委、省财政厅等部门人员组成），领导小组联同全国首家农村电影协会——四川省农村电影发展协会，通过引进市场竞争机制，培育发展国有、民营、个体等各类农村电影发行放映新主体、农村公益电影院线公司和多种形式放映队伍，大力推动国有农村公益电影发行放映单位的股份制、院线制改革和机制创新[②]。截至 2020 年底，四川省各市（州）陆续组建农村数字电影院线公司 22 家和数字电影中心 2 家。仅 2024 年春节期间，四川省就在全省 10%的广场社区、100 个中心镇、1000 个行政村，放映超万场优质公益影片[③]，把公益电影实实在在做成了“十四五”规划和 2035 年远景目标纲要实践中的文化亮点。

随着 2018 年 3 月机构改革方案的实施，电影管理职能由广电部门调整到宣传部门，给予农村公益电影更高定位，赋予其新的使命，公益电影事业翻开了崭新篇章。本文考察四川省农村公益电影市场的供给侧和需求侧发展

① 《关于进一步实施农村电影放映“2131”工程的通知》，https：//www. ndrc. gov. cn/。

② 佚名：《四川省农村电影协会正式成立》，https：//baike. so. com/doc/974429-1029948. html。

③ 佚名：《推动“1+N”理念　筑牢公益电影阵地》，内部资料。

现状，梳理其助推乡村振兴发展的优势，挖掘其还存在的问题与不足，提出具有针对性、前瞻性、可操作性的对策建议，为决策者和一线文化工作者提供借鉴参考。

一　四川省农村公益电影市场供给侧现状

（一）四川省农村公益电影市场概况

四川省内以山地、丘陵为主，农村群众居住分散，长期以来农村文化生活相对贫乏，存在群众看电影难的问题。

自 2018 年以来，四川省逐步形成了省级统筹管理、市县属地管理、以市级院线为放映主体的局面，不仅丰富了农村的文化生活，而且促进了当地的社会稳定和经济发展。2009~2020 年，四川省共放映 533.3443 万场农村公益电影，观众达 5.4943 亿人次①。

（二）四川省农村公益电影市场现有模式

2020 年 8 月，在中宣部、文化部等部门开展的“服务农民、服务基层文化建设先进集体”评选中，四川省雅安金熊猫、乐山惠民、宜宾映三江、成都金沙、绵阳新世纪、攀枝花程翔、自贡新世纪等农村数字电影院线公司受到表彰。在历届“全国学雷锋活动示范点”申报评选中，宜宾映三江农村数字电影院线有限公司是全国电影行业、全国农村院线中唯一获此称号的农村影院公司。综观整体，四川省农村公益电影市场现有模式如下。

1. 建立省级顶层设计，探索多元化服务管理形式

四川省电影局等相关管理部门以《电影产业促进法》和《公共文化服务保障法》为指导，按照省“十三五”和“十四五”文化发展规划，制定全省公益电影发展步骤计划。健全和完善农村电影公益放映管理的各项

---

① 《推动“1+N”理念　筑牢公益电影阵地》，内部资料。

制度，对四川省农村电影公益放映的日常管理和督促检查等工作进行规范化操作，确保在片源、队伍、设备、放映、资金和学习培训等方面管理规范有序，促进各阶段放映任务完成。坚持月度放映信息通报、年度业务培训、资金拨付督查等制度。采取措施改善观影条件，推进固定放映点建设。初步建立起市场化电影公共服务体系，使群众由被动看电影向主动看电影转变。

截至2023年，四川省共建成1703个乡镇固定放映点、7690个村级固定放映点，极大地改善了农村群众观影条件①。自2014年起，相关管理部门在全省范围内推出公益电影放映标准，从农村电影院线公司、服务管理站、放映人员、放映设备、放映节目、映前宣传、现场操作等七个方面做出细致规定。统一放映队伍，整合力量。各地开展农村公益电影放映工作时，根据不同主题需要，统一标语、横幅、着装等，形成强大的宣传声势。同时，建成全省联网的农村电影监控平台，通过GPS/GPRS等科技手段将全省22条院线的每一场电影纳入监管，发现问题后再由农村数字影院公司对放映点进行现场检查。如2023年1月，绵阳市新世纪农村数字电影院线公司对江油三合镇北灵村、白至村、新五村、老坪社区等放映点进行现场检查，及时修复放映机，针对放映员的技术问题展开查漏补缺，还增加了喊话器、海报等宣传手段，获得村民们一致好评。②

同时，使用智能软件对放映员进行人脸识别，从而有效地杜绝了“请帮代”现象，确保了放映质量稳步提升。如2023年4月，雅安市金熊猫农村数字电影院线公司开设农村公益电影放映员训练班，围绕“新时代公益电影的高质量发展”进行专题培训，实现全年放映农村公益电影1.2万场、社区广场电影1300余场，有效推进农村文化生活高质量发展③。同时，相

① 《推动“1+N”理念　筑牢公益电影阵地》，内部资料。

② 雷音、林丘森：《成都农村数字电影改革走上“金沙模式”》，《中国电影市场》2008年第5期。

③ 《雅安市举办农村公益电影放映员培训班暨第二届放映员技能大赛》，https：//www.yaan.gov.cn/htm/openview.htm？id=20170406093032-755237-00-000。

关管理部门严格监管农村公益电影放映质量，公益电影放映数据场场可查，实现高效益的量化管理。

2. 统一市级管理运行机制，实现管控有力、执行高效

四川省遵循属地管理原则，由市（州）院线或电影中心管理运行农村公益电影市场。市级管理层级较少，规划明晰，任务明确，管控有力，执行高效。而全国一半多省区市采取省、市、县三级院线管理运行方式，有的省级院线仅履行管理职责。有的省级院线由扩权县构成以致与市县行政区划交错，没有统一的技术规范标准和放映质量保证，即使有标准，也无法监管和指导每一名放映员，只能依靠属地自觉性和对农村公益电影的重视程度，无法形成规模效应。省级院线的经费来源一般是在场次补贴经费中按一定比例抽成，同时，还有省级财政额外的运行经费补助。县级院线放映人员太少，在队伍的形象塑造、影响力提升、服务地方党委和政府等方面作用不凸显，而且，一个县的放映任务场次不足以支撑县级院线技术服务、管理、财务、公共事务的经费支出，无法走市场化路子。如乐山惠民农村数字电影院线公司组建农村电影放映队 135 支，配置数字电影放映设备 200 套，公益电影放映服务网络覆盖全市乡村。在市级相关管理部门的指导下，惠民公司参与“迎春惠民观影季”活动，在 2024 年春节期间为乐山市附近多个农村地区放映露天电影 47 场，包括《长空之王》《横山游击队》《烈火英雄》等红色经典和《电动车自行车安全驾驶与使用》等科教片①，丰富了农村公共文化生活，助推了乡村振兴的发展进程。

从农村公益电影放映历史来看，唯有市级院线管理运行模式能把公益电影效能发挥到最大化。

3. 组建农村电影院线公司，提升质量水平

近年来，四川省积极组建多家农村电影院线公司，为农村公益电影放映打造了庞大的生力军，知名公司包括成都金沙数字电影公司、宜宾映三江农

① 乐山市政府：《乐山市城乡居民共享“文化惠民大餐”》，https://www.sc.gov.cn/10462/10464/10465/10595/2015/12/15/10362234.shtml

村数字电影公司、四川新时代农村数字电影公司、雅安金熊猫农村数字电影院线公司等。以成都金沙数字电影公司为例：2012 年 4 月 4 日，成都金沙数字电影公司正式成立，成都 14 区（县、市）24 家单位正式加盟，标志着成都农村电影放映全面进入数字时代。以成都金沙数字电影公司为龙头，集合设备技术商（北京今典集团）、渠道商（各级放映队）、广告商（北京环众公司）、政府力量，按照“企业经营、市场运作、政府购买、群众受惠”的思路，实行“统一管理、统一品牌、统一宣传、统一培训”的经营模式①，彻底改变了过去单纯依靠政府包办农村电影放映的模式，解决了农村电影片源难、设备维修难、人员培训难等问题，建立了集政策宣传、文化娱乐、信息交流、商业广告于一体的新型流动媒体，有效提升了农村电影放映工程的质量。

4. 坚持实行市场化运作，探索公益、商业相结合

相关管理部门鼓励院线公司积极探索农村公益电影市场化运作模式，反哺公益电影，探索公益电影与商业电影相结合的新路子。引导院线公司积极参与固定放映点和乡镇影院建设，采取多渠道融资方式构建以县城为中心、乡镇为基础，惠及广大农村群众的城乡一体化电影公共服务体系，激活农村电影市场。拓宽服务范围，实现城乡共享电影公共文化服务，有效推进公共文化服务均等化。四川省是全国为数不多严格执行农村电影改革发展 16 字方针，完全实行院线市场化运行，仅有农村公益电影任务场次补贴单一财政拨款来源，无人头经费、办公经费、运行补贴等财政拨款的省份。个别市（州）有涉农、特殊群体、主题活动等增加放映场次，也由地方财政或主管部门一事一议确定，无固定预算。其中，有 3 个民族地区因特殊性采取电影中心管理运行模式，相关人员带着编制身份领取财政工资从事农村公益电影事业。

5. 有效推行信息对称举措，实施菜单选片供给

按照国家的电影管理政策，农村公益电影影片发行订购必须通过中宣部电影数字节目管理中心。据了解，该中心可供选择订购的影片达 4000 多部，

---

① 雷音、林丘森：《成都农村数字电影改革走上“金沙模式”》，《中国电影市场》2008 年第 5 期。

农村公益电影可选择范围日益扩大。为保证农村电影放映的及时、丰富，管理部门和多家院线公司把供给侧改革思维融入影片订购，提倡院线采用菜单式预约订片、按需放映等服务机制，把农村群众看电影变成一种菜单式的配送。2014年开始，管理部门在全省推行菜单式选片，各地农村院线公司积极探索通过多种方式搜集群众观影意向，提供影片信息，通过线上线下互动沟通，满足群众多层次观影需求，提高农村观众对公益电影放映的知晓度和满意度。另外，农村数字电影院线公司与政府部门合作拍摄的科教片也深受农村群众欢迎，进入中宣部电影数字节目管理中心的电影库。2023年9月，由宜宾市地震监测中心牵头，宜宾映三江农村数字电影公司组织拍摄的四川省首部防震减灾科教电影《地震预警护万家》在宜宾市农村地区首映。影片采用“剧情+模拟+场景+图文”的方式介绍地震预警系统的应用及科学防灾避险知识①。影片内容由防震减灾工作人员与演员一起创作，为农村群众传递正确的避震安全举措，提升农村群众的风险意识，受到中宣部电影数字节目管理中心的充分肯定。

6. 创新自我造血功能，众多商家踊跃埋单

农村电影院线公司全方位实施营销策划，缩短和弥补财政对公益电影投入的周期与不足，并通过“2131工程”公益补贴体系培育市场，逐步实现变“送电影到农村”为“把电影种在农村”，不断提高自我造血功能。全新的市场化运作模式盘活了政府投入的数字电影放映设备资源②，所有设备实现所有权和经营权分离。运用市场手段，激发放映员的设备使用积极性，一个农村放映队一年的收入可达到近8万元，大大提高了农村放映员的积极性。自2018年起，企业通过贴片广告为农村群众看电影埋单，这一新颖的运作模式已吸引众多商家加入。如成都金沙数字电影公司将广告受众群体分为社区高端、社区中端及学校、社团、乡镇等，为企业提供了扩大户外广告传播受众的最佳途径，众多广告商已将之视为新型传媒。

---

① 曾健：《四川宜宾公益电影加强组织引领实现提质增效》，《中国电影报》2022年7月20日。

② 雷音、林丘森：《成都农村数字电影改革走上“金沙模式”》，《中国电影市场》2008年第5期。

二　四川省农村电影市场需求侧现状

为了分析四川省农村群众的公益电影消费行为，深度研究四川省农村公益电影市场的特征和变化，本文对四川省成都市周边（以江油市二郎庙镇青林口村为重点）农村公益电影青少年观众（农村公益电影的消费主角）的电影消费行为进行了专题调查和分析。研究农村青少年观众的观影爱好、观影习惯、观影行为，有助于培育和扩大农村公益电影市场，拍摄和发行适应农村观众的公益电影，满足农村观众的文化精神需求。本文将受访对象分为13~17岁和18~25岁两个年龄段。13岁以下的少年儿童，大多不具备独立的对公益电影的观影选择、识别能力，而25岁以上的青年人则基本与成年人消费行为相似，均不在该调查范围以内。

（一）观影选择

关于观影选择。从不同性别的青少年来看，男性群体愿意观看露天电影和乡镇影院电影的人数占比达到50%以上，高出女性群体5个百分点。从不同年龄段的青少年来看，13~17岁年龄段的青少年群体更愿意观看露天电影和乡镇影院电影；18~25岁的青少年群体选择观看电影的比例则明显较低——即初高中阶段的学生群体观看公益电影的行为较为普遍，大学和工作后的青年群体观看公益电影的意愿则相对较低。78.5%青少年选择通过网络免费（或付少量费用）观看电影，21.5%的青少年选择观看露天电影和乡镇影院电影。

目前，与观看露天电影和乡镇影院电影相比，农村女性青少年群体和18~25岁的青少年群体更愿意将大部分时间、精力和费用倾注在手机、电脑上。网络视频和网络游戏已经成为农村青少年观看大屏幕电影的最大替代行为，加强网络版权保护、提供网络正版服务，将成为农村公益电影传播的重要课题。

（二）观影动机和观影影响因素

调查显示，农村青少年群体选择露天电影和乡镇影院的主要因素为：与同学、朋友相聚（29.2%）、感受影院效果（5.0%）、与情侣约会（41.1%）、有自己感兴趣的电影（24.7%）。对于许多农村青少年来说，露天电影场所和乡镇影院既是一种电影观看场所，也是社交场所，其功能相对复合。关于农村青少年群体拒绝露天电影和乡镇影院的原因，网络游戏（51.3%）居于首位，影片质量（32.6%）和个人兴趣（16.1）对青少年观看电影也有明显影响。

如前所述，作为农村观影活动的替代，手机、电脑网络游戏的作用甚至远大于影片质量的影响，表明网络游戏对农村青少年的影响越来越大，正在被越来越多的农村青少年当作主要的娱乐、休闲、社交手段。在手机、电脑普遍使用的情况下，如果农村公益电影不能在影片品质、切合青少年兴趣等方面大幅度增强竞争力，将会面临网络的更大挑战。

（三）影片产地、类型选择及对大陆国产影片的评价

关于影片选择的影响。农村青少年群体选择电影的意愿容易受到家人、朋友推荐的影响占比为71.7%；选择受电视、手机播放预告片和大众传媒报道的人分别占23.1%和5.2%。数据表明："影片故事情节"对农村青少年选择影片的影响最大，影响度为85.3%；"是否有自己喜欢的演员""影片类型""影片知名度""媒体影评"等都有不同程度的影响，排名较为靠前；影片投入成本、影片产地、影片国际获奖等影响因素虽然也超过了15%，却是排名最后的三种原因。绝大多数青少年观众认可"介绍影片的热点明星"（42.3%）、"激发网民评论和争议"（21.8%）、"增加媒体报道"（20.6%）和"加大广告宣传力"（15.3%）是能够有效吸引自己观影的推广策略。深度访谈中，多位受访者提到网民评论和争议尤其是两极分化的评论争议，符合青少年群体对冲突、矛盾、激烈元素的天然偏好，在很大程度上可以起到更迅速和更广泛的口碑传播作用。另外，对于电影创作和影片推

广来说，口碑的重要性甚至大于媒介的宣传。如 2023 年放映的《满江红》，网民口碑呈现两极分化——部分观众认为，该片多处设置悬疑反转，演员表演真实生动，体现出来的家国民族悲剧令人震撼，催人反思；另一部分观众则认为影片整体色调冷、阴、暗，搞笑情节插入非常生硬，被强行反转的悬念不具说服力……正是这些南北极式的评论和争议大大提升了农村青少年观看该影片的浓厚兴趣。

关于影片产地。42.7%的农村青少年观众对影片产地无明显偏好；以看海外进口片为主的青少年观众占到了 25.2%，选择只看海外进口片的占 12.5%。两者相加，有 37.7%的农村青少年观众有明显的海外进口片选择偏向。在农村青少年观众选择影片来源地区的偏好中，美国片占 48.9%，港台片占 15.5%，大陆国产片为 12.8%。此外，韩国片占 10.3%，欧洲片占 10.1%，日本片占 2.4%。从以上数据可以看出，美国电影对农村青少年观众具有明显吸引力，这与美国电影更加注重聚焦个体命运、情节设计、悬疑反转、节奏较快、画面质量等因素有密切关系。受访者表示，2023 年在农村放映的《火之谜》《蜘蛛侠：纵横宇宙》《银河护卫队 3》《闪电侠》《俄罗斯方块》等影片，将人类对宇宙、对人类发展的想象力发挥到极致，不仅提供了一场场视觉盛宴，更对促进自我觉醒和发展颇有助益。

关于大陆国产电影的满意度。40.5%的农村青少年观众对大陆国产电影比较满意，2.4%的观众非常满意，总和为 42.9%；37.6%的农村青少年观众认为大陆国产电影一般，19.5%的农村青少年观众对大陆国产电影不满意。其中，满意度最高的是故事情节，达到 46.1%；其次为表演，满意度为 25.4%；对国产电影满意度较低的是节奏较慢，达到 10.5%；满意度最低的是国产影片的人物塑造和宣传推广，达到 3.8%。对港产电影的评价：观众满意度最高的是演员表演（52.2%），其次为故事情节（31.2%）。对于大陆国产电影需要改进的方面，农村青少年观众将娱乐性和趣味性不足、教育味太浓排在首位（50.1%）。他们认为，故事情节不吸引人（28.9%）、演员演技不足（16.1%）、电影节奏拖沓（4.9%）。可以看出，由于手机的普及和媒介的多样化，电影的传统功能逐渐消解，农村青少年对电影娱乐、消遣功能的需求越来越明显，农村青少年群体对国产片总体仍持认同态度，如2023年在农村放映的《封神第一部：朝歌风云》《流浪地球2》《消失的她》《孤注一掷》《长安三万里》等优秀影片，绝大多数受访者表示，这些影片题材较为新颖，演员演技精湛，影片角度和深度、节奏、传递出来的价值观等都较之前有了大幅度提升。但大多数观众的批评和建议仍集中在国产影片的选题范围、故事情节、演员演技、节奏等方面，这也是国产电影亟须改进的方面。同时，港产电影的演员演技、情节设计、节奏更受农村青少年群体的欢迎。

关于影片类型。农村青少年观众最喜欢的影片类型排名前六位的依次为喜剧片（84.2%）、武侠片（77.1%）、警匪片（75.8%）、科幻片（73.0%）、战争片（72.2%）和魔幻片（71.4%）。社会问题片、文艺片、家庭婚姻伦理片则排名靠后，在农村青少年群体中受欢迎程度较低。可以看出，农村青少年群体平时感受到的学习、工作、生活压力较大，更感兴趣的领域聚焦于有一定距离感、具有解压功能的喜剧、武侠、警匪、科幻、战争、魔幻等电影题材，对直面现实的社会问题片、文艺片、家庭婚姻伦理片等电影题材则接触意愿较低。

关于影片不适合场景。73.8%的农村青少年认为电影中有不适合的场景，仅26.2%的观众认为没有不适合的场景。通过性别的交互分析可以发现，在农村青少年当中，女性认为存在不适合场景的比例更高。农村青少年观众认为电影中最不适合青少年观看的场景为性场面（43.9%）和暴力侵犯场面（23.4%）；也有不少青少年观众认为恐怖血腥场面（17.9%）和吸毒场面（14.8%）最不适合观看。可以看出，我国电影应更加重视影片分级问题，根据性、暴力、毒品、粗俗语言等将电影划分为特定级别，并给每一级规定允许面对的受众群体，有效保护青少年群体观影。

关于露天电影和乡镇影院的观影满意因素。“看到了自己喜欢的影片”（45.2%）居于首位，远高于其他因素；“让自己得到了放松和休息”（15.8%）和“观影环境和设备不错”（13.1%）位居第二、第三位。可以看出，目前露天电影和乡镇影院影片供应质量和观影条件得到了农村青少年观众普遍认可，这与过去人们对影片质量、影院条件的低满意度相比，呈现出重大改变和进步。

三　农村电影市场助推乡村振兴发展

中共四川省委十二届四次全会对以县域为重要切入点扎实推进城乡融合发展作出部署，明确要求“提升中心镇辐射带动能力，推进乡村全面振兴”。看电影是农村群众最能普遍参与、最易接受的文化活动形式，露天电影和乡镇影院是城乡重要的宣传文化阵地和学习交流场所，通过档期电影、红色电影、主旋律电影、科普电影以及公益宣传视频的放映，切实解决城乡公共文化供给不均衡问题，能极大推动社会主义核心价值观融入乡村治理，推进移风易俗，培育文明乡风、良好家风、淳朴民风，为广大农村干部群众奋进新征程、扎实推进乡村振兴提供强大的精神文化力量。

（一）农村电影是乡村高品质精神文化生活供给的重要平台

电影的精良制作和深刻故事内涵，以及通过影院大屏幕现代数字技术放映所呈现的声光震撼效果，能给农村群众留下深刻的印象，更容易被农村群众所接受，更好满足群众精神文化方面的需求，推动农村群众实现物质富裕与精神富裕水平共同提升。从春节电影下沉市场看，“返乡观影”“边游边看”，让2024年春节档在三四线城市的票房份额占到了53.4%，县城及乡镇观影市场异常火热。同时露天电影和乡镇影院完备的设施可以为群众集中教育、文化活动提供场所，各级干部群众除了观影以外，还可以在乡镇影院召开会议、组织演出等。

（二）农村电影是提升群众精神文明素养的重要基地

电影放映场所不能随意走动、不能随地吐痰、不能大声喧哗等文明规范，可引导农村居民自我管理、自我教育、自我服务、自我提高，为乡村振兴提供和谐稳定的社会环境。同时组织观众经常观影也可扭转农村麻将文化、酒文化等不良社会风气，促进家庭和睦、邻里和谐、干群融洽。因此，露天电影和乡镇影院是天然的文明实践基地。

（三）农村电影是提升群众科学文化素质的重要载体

利用露天电影和乡镇影院集中放映科普电影传播科学精神、普及科学知识，将更加直观、更加便捷、更加可视化。通过放映公益宣传片的形式向农村群众普及安全生产、防灾减灾、科学防疫、科学种植养殖、健康生活等方面知识，全力打通农村科普工作和公益宣传“最后一公里”，能有效助推全民科学素质提升。

（四）农村电影是基层干部“五史”教育的重要阵地

通过主旋律影片全面传播党史、新中国史、改革开放史、社会主义发展史、中华民族发展史，让乡村干部学习借鉴不同时期、不同领域优秀人物的奋斗精神和工作方法，提振精气神、激发内驱力，引导基层党组织发挥战斗堡垒作用、广大党员干部发挥先锋模范作用，为实施乡村振兴战略提供强大的精神力量。调研过程中，一位曾做过县城周边乡镇党委书记的同志介绍，他在城市建设拆迁中遇到了很多复杂的问题，群众阻力大，干部畏难情绪严重。通过组织党员干部到影院集中观看电影《焦裕禄》，并开展映后交流讨论活动，学习电影中攻坚克难、为民服务的奋斗精神，拆迁任务提前完成，顺利实现了工作目标。

四　新时期农村公益电影市场运作的不足

“2131 工程”的实施为丰富四川省农村文化生活起到了重要作用。但随着科学技术的发展进步，电视、智能手机不断普及，且农村公益电影放映受天气、场地、片源等限制，面临放映效果不理想、观众人数有所下降等问题。

一是流动放映观影条件有待改善。农村观影条件依然存在问题：乡镇影院数量较少，大多数情况下为露天观看，缺乏必要的遮风挡雨设施，遇到寒冷、下雨、暑热等恶劣天气，观影效果差，观众观影意愿降低。以德阳公益电影放映为例，2021 年公益电影放映 17004 场，场均人次仅 10~20 人，如果不是当场日或者重大的节假日，基本一场电影仅几人观看，文化惠民效果欠佳，亟须从室外向室内、从流动向固定转变，提高农村群众观影参与度。

二是财政补贴资金总体较少。大多数地区对于农村电影的配套投入力度不够，农村电影放映的政府补贴资金不到全年公共文化服务总支出的十分之一。补助费用包含放映员劳务费（不低于总费用的 70%）、放映员养老与意外保险、影片订片费、放映环节管理费等开支，放映单位主要依靠中央和省级财政提供的补贴维持基本运转，且部分地区将公益放映补贴纳入公共文化资金捆绑使用，挪用专项资金的现象时有发生。

三是农村放映队员素质有待提高。农村电影放映劳动强度高、季节性强，导致农村电影放映高素质专业人才出现流失现象。能熟练掌握技术且愿意为农村公益电影服务的年轻人越来越少，农村公益电影放映人员的年龄偏大，农村放映队队员平均年龄在 45 岁以上，对新的放映技术、放映设备、社会热点等掌握较少，从业积极性不高，不利于农村电影事业长远健康发展。

四是宣传教育作用欠佳。农村放映的数字片源多是院线下线后电影，吸引力不强；加之信息传播形式呈多元化态势，农村群众多数开始选择用手机客户端、电脑客户端、电视等媒介进行文化娱乐，留守的青少年主要通过手机接收外界信息，没有手机的儿童主要通过电视开展娱乐，但更多的是根据个人喜好选择电视剧、短视频，导致森林防火、防汛、安全生产、禁毒防艾等公益信息接收较少，政府声音不能精准有效传达。据统计，农村居民人均刷短视频时间达 30 小时/周。

五　完善四川省农村公益电影市场策略

《“十四五”中国电影发展规划》提出，要有力推进城乡电影公共服务

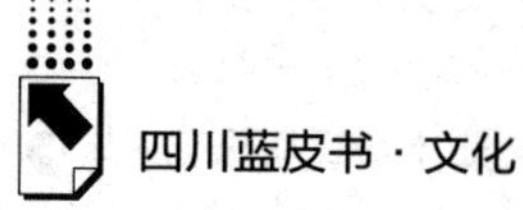

体系一体化建设，乡镇影院加快发展，农村电影放映优化升级，电影公共服务覆盖范围有效扩大，服务质量和水平稳步提高。

（一）统筹规划乡镇影院空间布局

要改变电影院是经营场所的观念，把乡镇影院纳入公共文化服务阵地建设。由县级党委、政府统筹，按照“推动省级百强中心镇扩面提质，培育打造200个省级百强中心镇”的部署，率先在省级百强中心镇建设标准化乡镇影院，纳入公共文化基础设施统一规划；同时，选择在人口较多、居住较集中的乡镇建设厅数适当的乡镇影院，在其他人口居住较集中但暂无条件建设影院的地方设置室内固定放映点（可结合乡镇文化综合服务中心同步建设），形成固定与流动相结合的农村公益电影放映矩阵，最大限度改善农村居民观影条件，提升农村电影放映的整体效果。建议将乡镇影院建设的资金补助政策调整为设备补助，让省属国有电影企业代为持有设备，以免费投放的方式撬动当地社会资本加快投入，给予选址、设计、建设、运营、管理等全程指导服务，推动乡镇影院在全省迅速形成一定规模。

（二）实行乡镇影院“公益+商业”影片放映模式

加快“公益+商业”模式创新落地，将乡镇影院加入本地城市商业院线，由省级主管部门统一加强管理。将分散的村级放映点迁移至乡镇影院或乡镇固定放映点，按行政村数量和“2131工程”补助标准给予补贴。在人口聚集的当场日播放公益电影，涵盖党课、道德讲堂、母婴讲堂、技术讲座、政策法规宣讲等内容，围绕“党建引领乡村振兴”总目标，确保乡村振兴各项重点工作高质量推进，全面发挥好乡镇影院意识形态阵地作用；在节假日特别是春节等传统节日满足群众对档期商业电影的需求，排映部分商业影片，差异化经营，满足不同观众对电影的需求。建议允许乡镇影院农村数字院线与城市商业院线双院线并行经营，0.8K与2K放映相结合，允许乡镇影院放映0.8K农村院线数字电影。目前江苏省已全面放开，允许全省乡镇影院农村数字院线与城市商业院线双院线并行，每年春节档期，仅大年初一到初四的4天时间内，江苏全省乡镇影院就产生全省票房的近1/5。

（三）将乡镇影院纳入公共文化服务体系建设进行支持

发挥乡镇影院综合文化阵地作用，采取盘活存量、调整置换、集中利用等方式，将乡镇影院纳入公共文化服务场馆建设管理，因地制宜推动乡镇影院与新时代文明实践站、综合文化服务中心等融合，建成集宣传、文化、科普、普法、文明实践等功能于一体的乡镇文化综合体，形成月月有主题、周周有活动的公共文化服务格局。引导公共文化资源向乡镇影院倾斜，在下达地方文化建设资金和配套资金时，把乡镇影院纳入公共文化活动开展、公共文化场所建设和改造等相关扶持政策中，加大扶持力度，增强乡镇影院的造血功能和可持续经营能力。以乡镇影院从业者为重点，由省级电影主管部门加强业务技能培训，培育懂管理、懂技术、懂宣传的乡镇影院经营管理队伍，激活农村电影文化消费市场，促进农村电影事业发展和农村文化繁荣。

（四）强化电影公益宣传服务平台支撑

支持省属国有电影企业建设省级电影公益宣传服务平台，利用公益宣传服务平台为乡镇影院赋能，串点成面，支持乡镇影院可持续发展。以公益电影映前广告形式放映各级党政部门、企事业单位公益宣传片，全面做好知识科普、防灾避灾、禁毒防艾、文明生活、政策解读等宣传工作，让公益宣传直接深入千家万户。强化先进数字信息技术支撑农村公益电影和乡镇影院运营能力，有效提升农村电影发展质量和管理服务水平，推动城乡文化融合发展，实现城乡精神层面共同富裕。

B.6
四川省农文旅研学调研报告

施　霞*

摘　要：　农文旅研学作为农业、文化、旅游、教育等产业互融互补的新业态，实现乡村振兴的新动能，近年来发展十分迅速。受益于研学旅行成为我国中小学生实践教育的政策推动与乡村振兴战略的实施，四川农文旅研学呈现自己的发展特点：立足新阶段，规划全域研学；依托新基地，实施产业互融；发展新平台，构建产业协同；制定新标准，规范行业秩序；培育新职业，开展人才培养。但也表现出了一些不足：教育服务体系有待进一步优化与完善，产业链条价值有待进一步深入与提高。针对这些不足，本文提出了创新体制机制、加强人才培养、拓宽目标客群、强化数智赋能、做好产品设计、强化平台建设、优化运营模式等发展建议，以期提高农文旅研学的综合效益。

关键词：　四川　乡村振兴　农文旅　研学

在全面实施乡村振兴战略与“双减”及素质教育要求持续提升的背景下，四川农文旅研学作为融合农业、文化、旅游、教育等产业，促进农业产业链延伸、价值链提升、增收链拓宽的新业态，进入高速发展期。四川着力构建全链条、多元化的研学旅游产业发展生态圈，形成了各地高度重视、部门协同配合、学校主动尝试、社会组织机构积极参与的良好格局。2021 年四川基本实现了国家级、省级研学教育实践基地 21 市州全域覆盖，研学旅

*　施霞，四川省社会科学院文学研究所二级艺术研究，研究方向为唐宋文学、文化产业。

行参与率达到39.13%，略高于全国平均水平①。2023年，四川省研学旅游产业促进会成立，吸纳400余家会员企业，设28个研学相关分会、21个市州代表处、183个县（区）联络处②，凝聚行业力量，打造服务平台，促进农文旅研学提质升级。

农文旅研学是把农业一产种植、二产加工、三产销售等环节中的特色内容以及乡村民俗传统、农耕文化等特色文化场景化、体验化、课程化，并通过研学活动的执行，实现文化消费、教育消费变现的产业模式。它是促进农业产业结构转型升级，助推农村经济发展的内生动力，为乡村发展注入了新动能。

一　发展背景

（一）政策引领，研学旅行逆势增长

研学旅行逐渐成为我国中小学生实践教育的刚性需求，有着广阔的发展空间。2016年12月，教育部等11部门联合印发《关于推进中小学生研学旅行的意见》，将研学旅行作为中小学生的必修课程，标志着我国研学旅行进入新的发展阶段。2020年9月，农业农村部与教育部联合发布的《关于开展中国农民丰收节农耕文化教育主题活动的通知》提出，鼓励形成农耕文化主题教育实践基地和研学基地。2021年，四川研学旅行政策文件制定实施，明确了工作方向、内容和要求。2021年5月，四川省教育厅等14部门联合发布了《关于进一步推进中小学生研学旅行实践工作的实施意见》，进一步规范组织活动、加强课程建设、优化线路设计、加强基地（营地）管理、完善评价管理。

① 《研学旅行的四川探索》，https://www.mct.gov.cn/whzx/qgwhxxlb/sc/202207/t20220728_934985.htm。

② 《四川省研学旅游产业促进会正式成立》，https://mp.weixin.qq.com/s?src=11×tamp=1711627680&ver=5166&signature=GdgdnJE-w6d11RYWj6sClBy-irOjTnZpiLlBzoXYV-3OMdZFVRFcxndwKaziIfv1sHh9oOJey3tHh0niK6e8701dtqPgm5hCX7*2652AtrFF3eCDveQW4eSgwIUB7PVC&new=1。

表1　2013~2022年研学政策

时间	发布机关	文件名称	主要内容
2013年2月	国务院办公厅	《国民旅游休闲纲要(2013—2020年)》	提出“逐步推行中小学生研学旅行”
2014年8月	国务院	《关于促进旅游业改革发展的若干意见》	首次明确将研学旅行纳入中小学生日常教育范畴
2015年8月	国务院办公厅	《关于进一步促进旅游投资和消费的若干意见》	包含以“支持研学旅行发展”为主题的整条意见(第十五条)
2016年12月	教育部等11部门	《关于推进中小学生研学旅行的意见》	要求把研学旅行纳入学校教育教学计划
2016年12月	国家旅游局	《研学旅行服务规范》	规定了研学旅行服务项目、旅行产品类型、人员配置、安全管理等方面的内容
2019年	教育部	《普通高等学校高等职业教育(专科)专业目录》2019年增补专业	新增研学旅行管理与服务专业
2019年2月	中国旅行社协会与高校毕业生就业协会	《研学旅行指导师(中小学)专业标准》	研学旅行指导师培养、准入、培训、考核等工作的重要依据
2019年2月	中国旅行社协会与高校毕业生就业协会	《研学旅行基地(营地)设施与服务规范》	引导旅行社正确选用合格研学旅行基地(营地)供应商的参考依据
2020年9月	农业农村部办公厅与教育部办公厅	《关于开展中国农民丰收节农耕文化教育主题活动的通知》	鼓励形成农耕文化主题教育实践基地和研学基地
2021年4月	文化和旅游部	《“十四五”文化和旅游发展规划》	提出开展国家级研学旅行示范基地创建工作
2021年5月	四川省教育厅等14部门	《关于进一步推进中小学研学生旅行实践工作的实施意见》	明确了诸多促进研学旅行发展的具体措施
2021年6月	工业和信息化部、国家发展和改革委员会、教育部、财政部等8部门	《推进工业文化发展实施方案(2021-2025年)》	鼓励各地利用工业遗产、老旧厂房等设施培育一批工业文化研学实践基地(营地)
2022年1月	国务院	《“十四五”旅游业发展规划》	推动研学实践活动发展,创建一批研学资源丰富、课程体系健全、活动特色鲜明、安全措施完善的研学实践活动基地

续表

时间	发布机关	文件名称	主要内容
2022 年 4 月	教育部	《义务教育课程方案和课程标准(2022 年版)》	强调义务教育劳动课程重点，要有目的、有计划地组织学生参加日常生活劳动、生产劳动和服务性劳动
2022 年 9 月	人力资源和社会保障部	《中华人民共和国职业分类大典(2022 年版)》	新增的 158 个职业中,研学旅行指导师位列其中

在一系列国家与地方政策利好支持下，研学旅行越来越被学校和家长重视，蓬勃兴起。2021 年全国研学旅行人数达 494 万人次，超过 2019 年的 480 万人次，2022 年更是突破 600 万人次，创历史新高。[①]

这里要明确的是，狭义的研学旅行，通常指由政府主导开展，严格限定组织方的研学旅行。不限定学生范围（包括中小学生、大学生、研究生等）、不限定组织方（包括家长组织、自行组织等）、不限定出行时间（寒暑假期间等）的研学旅行是广义的研学旅行，或者被称为“研学旅游”。为了推动研学旅行的下一步发展，做大做强研学旅行市场，本文讨论的是广义的研学旅行。

（二）国家战略，文旅赋能乡村振兴

当下，农文旅融合发展已经成为推动乡村全面振兴的重要方向。2017 年党的十九大报告提出“乡村振兴战略”，使得推进农村产业融合成为振兴乡村的关键环节。2019 年 6 月，国务院发布《关于促进乡村产业振兴的指导意见》，要求各地培育多元融合主体，发展多类型融合业态，打造产业融合载体，为各级政府推动农村产业融合发展提供了明确的指引措施。《关于农村土

① 《农文旅行业的“新顶流”——研学旅行》，https：//mp. weixin. qq. com/s? src = 11×tamp = 1711607955&ver = 5165&signature = hvnB5cxCjUpBlFDD2i8xdicg1NWuwFPO3rnyCzL1RK2HJ8ExxKy4lpnsQx - 5drf9L - NX4vcZeaJsPSyGaNkZ ＊ 0x5H0KWahxLu53hHuPYNNzbMh6ZRneu3akcnArgN3E1&new = 1。

地征收、集体经营性建设用地入市、宅基地制度改革试点情况的总结报告》《关于进一步加强村庄建设规划工作的通知》《农村人居环境整治三年行动方案》《关于开展休闲农业和乡村旅游升级行动的通知》等系列政策的发布直指农文旅融合，为乡村振兴提出“以旅兴农，农文旅互惠共赢”的发展模式。

表 2　2017~2023 年乡村振兴战略相关政策

时间	发布机关/主体	文件名称	主要内容
2017 年 10 月	中国共产党第十九次全国代表大会	《决胜全面建成小康社会　夺取新时代中国特色社会主义伟大胜利——在中国共产党第十九次全国代表大会上的报告》	首次提出乡村振兴战略
2017 年 12 月	中央农村工作会议	《书写好中华民族伟大复兴的“三农”新篇章》	明确实施乡村振兴战略的目标任务和基本原则
2018 年 1 月	中共中央、国务院	《关于实施乡村振兴战略的意见》	对实施乡村振兴战略进行了全面部署
2018 年 2 月	中共中央、国务院	《国家乡村振兴战略规划(2018-2022 年)》	部署重大工程、重大计划、重大行动
2018 年 4 月	农业农村部	《关于开展休闲农业和乡村旅游升级行动的通知》	部署业态升级、设施升级、服务升级、文化升级、管理升级,推动乡村休闲旅游高质量发展
2018 年 7 月	农业农村部办公厅	《关于开展休闲农业和乡村旅游精品推介工作的通知》	向社会推介一批全国休闲农业精品园区(农庄)
2018 年 10 月	国家发展改革委等 13 部门	《促进乡村旅游发展提质升级行动方案(2018 年-2020 年)》	对乡村旅游发展提出了提质升级要求
2018 年 12 月	国家发展改革委	《国家农村产业融合发展示范园认定管理办法(试行)》	支持建设一批农村产业融合发展示范园
2019 年 2 月	中共中央办公厅、国务院办公厅	《关于促进小农户和现代农业发展有机衔接的意见》	推进农业与旅游、文化、生态等产业深度融合,让小农户分享第二、第三产业增值收益
2019 年 6 月	国务院	《关于促进乡村产业振兴的指导意见》	提出促进乡村产业振兴的指导意见

续表

时间	发布机关/主体	文件名称	主要内容
2022 年 2 月	中共中央、国务院	《关于做好 2022 年全面推进乡村振兴重点工作的意见》	提出全面推进乡村振兴重点工作
2022 年 4 月	文化和旅游部、教育部、自然资源部、农业农村部、国家乡村振兴局、国家开发银行	《关于推动文化产业赋能乡村振兴的意见》	将文化产业赋能乡村振兴纳入全面推进乡村振兴整体格局
2023 年 11 月	文化和旅游部	《国内旅游提升计划（2023—2025 年）》	提出促进旅游与文化、体育、农业、交通、商业、工业、航天等领域深度融合

农文旅研学是以旅兴农、以农促旅、文旅结合、城乡互动、乡村振兴的重要抓手，它把农业、文化、旅游和教育有机结合起来，将传统农业形式作为支撑，以传统文化为引领，以乡土特色为表现形式，实现乡村产业的变革和升级，既延伸了农村产业链，又创新了教育产业，走出了一条赋能乡村振兴的新发展之路。休闲农场、现代农业产业园、田园综合体等产业融合载体，为研学教育提供了实践平台，对于加快构建“以农为基、以文为魂、以旅为体”的现代农业产业体系，培育囊括“吃住行游购娱”全要素的乡村业态具有重要意义。融合乡村风情、民俗传统、农耕体验、自然野趣、土菜美食等主题的研学项目，为研学教育提供了文化根脉。在中国式现代化乡村，孩子们可以体验不同地域的乡村文化，深度感知中华大地风土人情，参与农事体验，亲近自然田野，链接中华文化根脉，拓宽思路、胸怀和视野。

二　发展特点

四川各地主动作为、因地制宜，积极探索农文旅研学的新理念、新路径，在实践中形成了具有特色的发展模式，为各地农文旅研学发展提供了很好的经验。四川省农文旅研学进入高速发展期，呈现多层次推进、多样化开展的喜人态势。

（一）立足新阶段，规划全域研学

农文旅研学经历了参观式、体验式、文化式三个发展形态。从简单粗放的参观农田、认识农具、了解农业知识，发展到开展农事体验，比如耕作、采摘，融入传统文化学习，利用农事节气、村落习俗展开系列活动，进而升级为文化、科技、农业、经济等全方位研究式研学。简而言之，农文旅研学发展，已经开始走向全域全业的统筹谋划和行动，从单纯的田园观光到田园体验，从农事体验到农科研学体验，从田间村头到全游程体验场景……力图实现乡村不仅仅是农产品的提供地，也是具有教育、游憩、文化等多种功能的生活空间，用"场景即教材、处处可企业、全域皆课堂"的沉浸式发展模式擦亮乡村振兴的底色。

加强顶层设计。政府作为研学活动的统筹方，联动政府部门、市场企业、行业协会，实现资源共享和优势互补，全力推动全域研学活动的开发、深入、拓展。例如，乐山制定《乐山市研学旅游发展三年（2021~2023）工作方案》《乐山市研学旅游发展规划》，提出建设"世界研学旅游高地"，并将其列为《乐山市"十四五"旅游融合发展规划（2021~2025）》重点任务；广元成立全市研学旅行综合协调小组，构建"1+14+31+N"研学体系（1 个研学实践教育营地+14 家研学旅行承办机构+31 家研学旅行实践教育基地+N 家单位及个体），充分支撑和保障研学活动做大做强。

打造全域研学 IP。以全域研学 IP 来统筹区域研学活动，增强区域研学影响力。内江立足丰富的本土资源，打造"小甜足迹"全域研学品牌，坚持 5 个县（市、区）33 个省市级基（营）地全域推进。乐山推出了"乐游嘉学"品牌和"乐娃"研学 IP，打造了 40 个研学基地。绵阳打造"绵州研学记"研学品牌，全方位引导、全产业融合，推进研学活动公司与家庭农场、现代农业产业园、田园综合体等合作，促进全市研学旅行可持续发展。①

研发研学路线。优化线路，打造富有特色的主题研学。2020 年四川举行首批研学旅行主题线路推介会，推出 10 条具有四川特色、富有地域文化的研学主题线路②；2023 年，四川召开全省研学旅行推进大会③，全省 21 个市州文旅部门和数十个研学旅行基地营地参加大会并展示自己的代表性研学产品。此外，各地政府也不遗余力打造研学路线。乐山首批推出 6 条具有乐山特色、富有地域文化的研学旅游主题线路；内江推进研学活动公司与乡村景区、文博场馆等合作，建设 50 余条线路，特聘 100 余名能工巧匠等担任导师，开发 100 余门课程，打造富有特色的各类主题研学产品。

（二）依托新基地，实施产业互融

四川拥有丰富的休闲农场、现代农业产业园和田园综合体，这些融合休闲、科普、文化的“农业+N”综合体，是农文旅研学的依托和支撑。四川率先在全国启动实施现代农业产业基地景区化发展战略，并制定了全国首个省级地方标准《农业主题公园建设规范》④。2020 年，四川省农业农村厅认定成都市大邑稻香渔歌田园综合体等 47 家四川省省级示范农业主题公园。截至 2023 年 11 月底，四川已经建成县级以上现代农业园区超 1500 个⑤，计划到 2025 年，建成国家级和省级、市级现代农业园区 1000 个以上，示范带动建设县级园区 1000 个，实现有条件的涉农县省级以上园区全覆盖。到

---

① 《研学旅行的四川探索》，https：//www. mct. gov. cn/whzx/qgwhxxlb/sc/202207/t20220728_934985. htm。

② 《四川省文旅厅推出 10 条特色研学旅行主题线路_ 文旅案例_ 中国出版传媒商报》，http：//www. cbbr. com. cn/contents/392/63582. html。

③ 《创建天府旅游名县丨 2023 年全省研学旅行推进大会在威远举行-中共内江市委党史地方志研究室》，http：//www. njdsfzw. gov. cn/news/show/1333。

④ 《我省 47 家省级示范农业主题公园出炉》，http：//epaper. scjjrb. com/Article/index/aid/3380669. html。

⑤ 《四川建成县级以上现代农业园区超 1500 个》，https：//www. farmer. com. cn/2023/11/23/99941142. html。

2027年，四川计划建成国家级和省级、市级现代农业园区1200个以上，示范带动建设县级园区1200个，实现有条件的涉农乡镇县级以上园区全覆盖。[①] 注重一二三产业深度融合，生产生活生态“三生同步”与产业教育文旅“三位一体”的田园综合体建设，仅成都，数量就达61个以上[②]。依托数量庞大的农场、园区、村镇，农文旅研学成为乡村振兴的发展引擎，并形成了自己的融合模式。

1. 以特色产业为主的三产融合园区

以现代农业产业园为主体，将农产品生产区升级为景区，延长农业企业的产业链，在一二三产业融合发展的基础上，拓展形成研学服务体系。在农业生产产业化的同时，通过技术融合、服务融合实现生产与消费同步，发挥正外部性经济效应。这类研学综合体多依赖现代农业产业园，在规划生产性活动区域的同时，开辟出博物馆、体验区、活动区等功能区作为研学场所。比如，攀枝花混撒拉现代芒果产业园，以省五星级现代芒果产业园为核心区，同时建设了集玫瑰园、亚热带植物园、多肉园、沙漠植物园4个主题园于一体的百花园，以及拥有50余个亚热带优稀果树品种的百果园，在芒果产业园内植入田园采摘、特色农业、民宿度假、亲子互动、研学康养等多种元素，打造生态休闲观光点，成功推动“产区变景区”。自建成后，混撒拉村年游客接待量达4万人次，旅游收入高达200余万元。乐山古儿坝香葱现代产业园、攀枝花绿苑农业桑蚕科普研学基地、蒲江特色水果现代农业产业园、青神文旅投的竹里稻香等都是“产区变景区”的典范模式。

2. “生态+”复合产业的田园综合体

依托农业生产、动物植物、乡村民俗文化、乡村生态环境等特色资源，把乡村产业与研学结合起来，以现有的基础设施为突破口，形成有文化、有

---

① 《四川出台行动方案，到2025年建成市级以上现代农业园区超千个》，https：//www.farmer.com.cn/2023/10/09/99938039.html。

② 《成都两年超60个田园综合体，谁是乡村“流量王”?》，https：//www.sohu.com/a/471828121_ 121123886。

情怀、有方向的开发模式。研学者在参与农耕培育和收获的过程中，增加了体验感、责任感和成就感；在乡村手工艺品生产过程中，传承传统手工技艺和了解特色文化知识。比如，攀枝花银江镇弄密村以牛油果现代农业观光园、摸鱼沟、耘乐居民宿、山见小院、丰收大院、蝶恋花海等一批集体经济项目为基础，发展出集研学教育、农业观光、休闲度假、户外拓展、采摘体验等功能于一体的“生态+”复合产业，并创建乡村特色品牌“牛小果”。截至2023年10月，弄密村先后举办丰收节等节庆活动26次，年接待游客20万人次，实现村级集体经济经营性收入439.8万元，解决110余名村民就近就业，带动周边70余户农民增收。[①] 遂宁市海龙村、攀枝花市迤沙拉村等都是“生态+”复合产业的研学综合体。

（三）发展新平台，构建产业协同

建设产业协同平台，将不同类型的企业、不同行业的企业聚集在一起，实现资源共享和优势互补。成立四川省研学旅游产业促进会[②]，吸纳会员400余家，涵盖研学基地、营地、景区、文博和非遗场馆、大中小学、承办机构以及交通、保险、金融企业等，致力于联合社会各界资源使研学旅行更好发展。做好研学活动的硬件建设，2020年确定首批183个研学实践基地（营地）试点单位；2022年，评定105家省级研学旅行实践基（营）地。

（四）制定新标准，规范行业秩序

加强行业自律、规范行业发展。2020年，制定四川首个研学标准——

① 《四川攀枝花：小绿果让村民富得“牛油”》，https://mp.weixin.qq.com/s?src=11×tamp=1711971441&ver=5174&signature=9iqSYEZPnmLf-kxqEoCfiJXkSCI3t7CIcP1etkm1VOu6Ugaaes8NCz9j5zKblTnCpQILWjNnjVWHb*5M6jn1lWjkFpu7PDIdtBJAy8Mnd2YsTnBynBnzx4tWiOj1pehD&new=1。

② 《构建研学旅游产业发展生态圈，四川省研学旅游产业促进会成立》，https://sichuan.scol.com.cn/ggxw/202311/82408757.html。

《四川研学实践系列标准》（试行版），共包括《四川研学实践课程标准》《四川研学实践指导教师执业标准》《四川研学实践承办机构服务标准》《四川研学实践教育基地（营地）建设与服务标准》四个子标准，分别用于规范研学实践课程建设、研学实践指导教师从业、研学实践承办机构运营及研学实践教育基地（营地）建设和服务①。2021 年，四川省市场监督管理局发布四川省地方标准《研学旅行基地（营地）设施与服务规范》，规范管理研学基（营）地标准化建设。②

（五）培育新职业，开展人才培养

做好人才建设工作。目前四川已经有 9 所高校开设了研学旅游与策划相关专业，培养研学指导专业人才。建设培育高素质农民省级基地，已选出四川战旗振兴培训学院、都江堰市猕猴桃现代科技园区、渔耕田农业基地等 78 家省级实习实训基地，开展教学实习、技能实训、岗位体验、从业实践工作，培育新时代高素质农民。③ 开展全省研学旅行实践基地（营地）创建验收工作培训会，培训各市（州）文旅部门研学旅行业务科室负责人和相关基地（营地）负责人，使他们掌握省级研学旅行实践基地（营地）的验收标准，高效优质开展创建工作④。蒲江首创“美丽乡村文化体验官”，挖掘、培养一支高素质的乡村文化宣传人才队伍。⑤

---

① 《5 月 20 日正式实施！四川首个研学标准来了》，https：//www. toutiao. com/article/6828509056278200840/。

② 《DB51/T2786-2021 研学旅行基地（营地）设施与服务规范（四川省）. pdf》，zixin. com. cnhttps：//www. zixin. com. cn/doc/142192. html。

③ 《培育高素质农民省级基地名单公布》，https：//country. scol. com. cn/shtml/scncrb/20221028/91683. shtml。

④ 《2023 年全省研学旅行推进大会在内江威远举行》，https：//mp. weixin. qq. com/s? src = 11×tamp = 1711695667&ver = 5167&signature = 3JOUeIkiec9SGiiUNKIfKJPJeM3huCO96XloXKPb7QQYyizbCjJqCCub2vJiLLtplr4N899mRQwzCQNM2AlelH1Ih8N9cTDoqNFQ1RHBVCU3 - MnqqaAYSzxNZW4-u0FS&new = 1。

⑤ 《在传承中赓续公园城市美学　成都蒲江县“美丽乡村文化体验官”名单出炉》，https：//www. thecover. cn/news/SApPC5Vpnu2H90qSdq8Jkw = = 。

三　发展问题

作为农业产业链第二、第三产业融合发展的新业态，一方面，农文旅研学是开展融合教育、素养教育的有效手段。现代教育强调实践性、探究性，要求承载教育功能的研学产品以实践参与、动手操作为主，并为研学者提供探究、解决问题的机会，实现研学者由被动听讲转变为主动探究学习，培养研学者的探究精神、主动意识、操作能力等。另一方面，农文旅研学也是当地经济发展的发动机，能带动上游农业的绿色和高质量发展，创新下游直接面向游客的宣传营销手法，并促进周边基础配套和智慧升级，最终促进当地经济的发展，增加当地农民的收入①。

（一）教育服务体系有待进一步优化与完善

四川农文旅研学，在研学服务体系设施等硬件建设上成效显著。依托休闲农场、现代农业产业园区、田园综合体，四川有了数量庞大的研学实践基地（营地），但是在教育服务体系等软件上存在不足，农文旅研学服务体系结构有待进一步优化与完善。

1. 机制体制的创新性不足

现代农业产业园区、田园综合体是进行实践教育的最佳场所，中小学生可以在园区内开展学校教育无法提供的全学科学习，涉及民俗、生物、物理、化学、科技等。但是学校与成熟的农业产业园区没有建立起长期性、系统性的合作，学校的研学旅行大多是一次性、临时性的，没有很好地发挥研究基地（营地）的教育价值、思想价值。

① 《农文旅产业链创新发展路径》，https：//mp. weixin. qq. com/s? src = 11×tamp = 1712298491&ver = 5181&signature = DqF2ZOI6Um * rwpLkSqJqR8YxqXwzdjAclWiY9S * qiPziT * jVffQLOg9H0 * qWWQzb5 - OoFFyfAFU22nt3SQoiAsfV2 * VOVRmgVHcHu2th - H3y9w - rHN5MumEErNtNUwDE&new = 1。

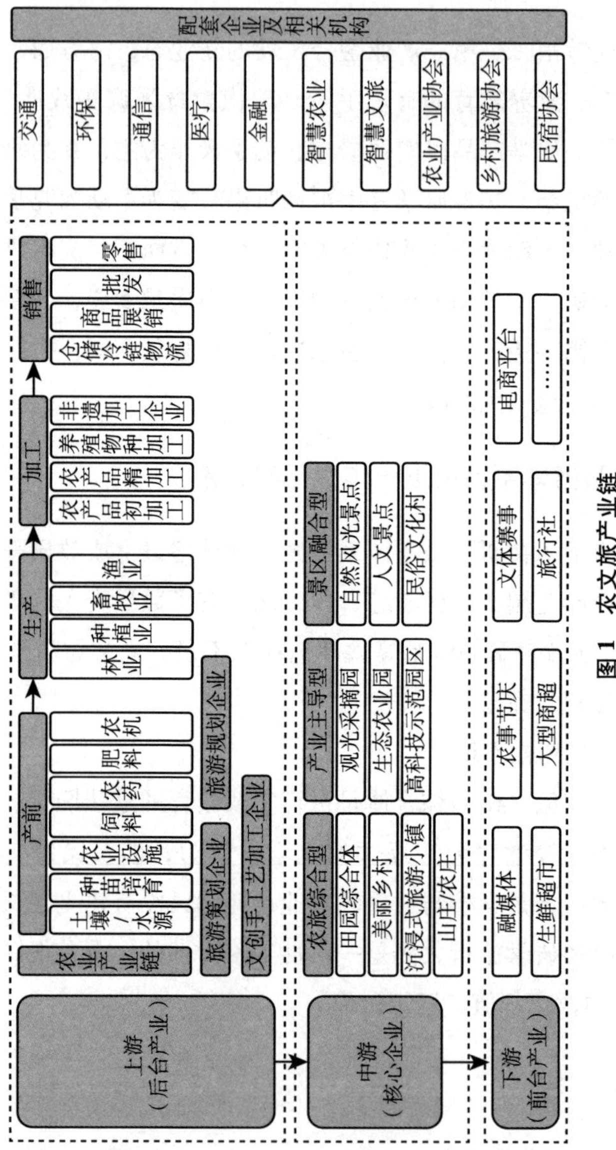

上游
（后台产业）
农业产业链
产前
土壤/水源
种苗培育
农业设施
饲料
农药
肥料
农机
生产
林业
种植业
畜牧业
渔业
加工
农产品初加工
农产品精加工
养殖物种加工
非遗加工企业
销售
仓储冷链物流
商品展销
批发
零售
旅游策划企业
旅游规划企业
文创手工艺加工企业
中游
（核心企业）
农旅综合型
田园综合体
美丽乡村
沉浸式旅游小镇
山庄/农庄
产业主导型
观光采摘园
生态农业园
高科技示范园区
景区融合型
自然风光景点
人文景点
民俗文化村
下游
（前台产业）
融媒体
生鲜超市
农事节庆
大型商超
文体赛事
旅行社
电商平台
……
配套企业及相关机构
交通
环保
通信
医疗
金融
智慧农业
智慧文旅
农业产业协会
乡村旅游协会
民宿协会

图1 农文旅产业链

2. 目标客群的普遍性不足

当前，人们大部分都认为研学旅行就是中小学生的研学旅行，认为研学旅行就是由学校组织开展的中小学生研学旅行，既限定了研学开展主体、也限定了研学目标客群。但从实际来看，研学不应该仅仅针对中小学生，从提高人民日益增长的精神文化需求来看，成人群体也应该成为研学旅行的目标客群。研学旅行不应该忽略大学生群体和成人群体。

3. 课程设计的特色化不足

课程设计同质化，缺乏特色，存在“两缺”“两粗”问题：课程目标“缺”失，课程内容“粗”糙，课程实施“粗”放，课程评价“缺”少。课程内容深度不够，浅尝辄止。研学内容简单，与当地特色文化、农业文化的融合不够深入，形式以集体参观、游览为主，简单停留在“耳朵课程”“眼睛课程”，浮光掠影、走马观花，没有实现研学的教育目的、思想目的，没有让研学者在情感、态度、价值观上有体悟。课程的深度与长度不够，研学旅行成为一次性消费品，而没有成为长期、持续性的教育实践活动。

4. 活动体验的实践性不强

活动重知识灌输、轻实践操作和实际应用，研究性学习及探究活动难以有效开展，互动体验环节较少，学生参与性低。无法在活动中赋予更多教学意义，无法实现活动中所蕴含的教育价值，导致研学的教育体验不佳，学生的体验性和感受性未得到提高，从而未能实现认识和实践能力的提升，活动效果不理想。

5. 评估机制的有效性不佳

缺乏可供实际操作的评价模式，研学收获要么依赖学生的自我感知，要么依赖老师的主观评价，缺少客观的、细化的评价标准。

（二）产业链条价值有待进一步提高

农文旅研学的兴盛与壮大，极度依赖农村一二三产业的融合发展。目前来看，农村一二三产业的融合发展总体处于初级阶段，产业融合的链条短，

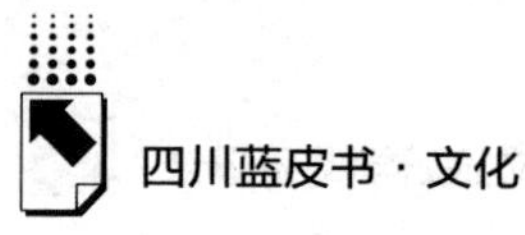

产业融合发展层次较低，附加值偏低，合作方式单一，利益联结松散，土地、人才、资金等供给不足。

1. 数字赋能不足

科技是创造力，科技在农文旅研学中的应用不够，不能带来更好的体验。国家推进农业现代化，很多园区都采用了现代化的农业生产方式，有的产业园区还引进了科研单位，但这些资源没能很好地在农文旅研学中得以转换，全息影像、VR 穿越、5D 光影、互动装置等科技手段在研学中缺乏应用。

2. 平台支撑不足

农业是农文旅的核心产业，作为农文旅研学的原材料供给及农文旅研学项目“吃住行游购娱”的产品创意与设计提供者，缺少聚焦培育优良种苗、标准化种植技术推广、农产品精深加工等方向的产学研合作教育平台，无法为研学提供产前环节、生产环节、加工环节以及销售环节等各个环节的知识信息与活动创意，无法培养研学需要的技师型人才和管理人才。

3. 产品创新不足

整合农业产前、生产、加工、销售等各个环节的生产活动、农产品、文创产品等缺乏创新性。研学者对于研学中体验的生产活动、农产品、文创产品缺少认同，无法通过研学活动建立对产品的认同，没有成为农产品客户群体。

4. 品牌运营不足

缺少农业龙头企业来带动研学品牌的塑造，农产品的销售停留在初级阶段，没有把农产品通过文化赋能与研学互动转变为文创食品，不能提高农产品的附加值。

5. 区域协同不足

全省 21 个市州在大力推动农文旅全域研学的同时，忽略了与周围市州的协同合作。相同资源不能实现错位开发，会加剧市场的恶性竞争，不利于区域间的交流与合作。

6. 复合人才不足

农文旅研学服务人员专业素养较为缺失，缺少对农文旅研学的系统理解与运营能力。复合型人才严重不足，与研学旅行所需的复合型人才数量相去甚远。在研学服务过程中人才供需存在失衡情况，研学专业人才缺失的问题较为严重。

四　发展建议

农文旅研学是一个系统性工程，需要科学规划、系统建设。生态保护、资源配置、产业链协同、渠道开发、市场运作、品牌策划等环节应协同发力。应正视当前农文旅研学面临的诸多问题，主动作为，切实推进四川省农文旅研学再上台阶。

（一）创新体制机制

从顶层制定行业规范和准则，明确行业标准，为农文旅研学的高质量发展提供政策保证，促进市场的有序发展。进一步加强统筹谋划，建立健全管理规范、责任清晰、部门协同、保障安全的农文旅研学实践工作机制。构建政产学研用协同创新机制，调动政府、农业、研学基地、研学机构、家长、研学者等多方主体的积极性，推动农文旅研学高质量发展。建立区域协同发展机制，开展跨市、跨省研学合作，增强联合区域的竞争力。强化安全保障机制，建立行之有效的责任落实、责任界定、事故处理及纠纷处理机制，为农文旅研学搭设畅通发展的机制体制通道。

（二）加强人才培养

农文旅研学是“生产属性+文化属性+服务属性”的综合体，对人才要求更高，既需要熟悉农业体系的生产技术型人才，又需要熟悉教育引导的服务型人才，还需要课程研发人才、研学导师人才、研学运营人才等。要加强研学设计与规划人才的培养，引入专业人才，基于乡村自身资源优势，从整体上进行研学体系的完整性、有效性、系统性规划设计。要通过外部人才“引进来”以及内部人才“走出去”的方式，打造一批既具有乡村旅游品牌建设能力，又对乡村文化有着扎实了解的高水平、高素质人才队伍，形成持续的复合人才供给。要做好乡村本土农文旅研学人才的发掘与培养工作，积极组织开展农文旅研学带头人、研学指导师的培训，建立一支专业素养高的研学指导师队伍，不断夯实农文旅研学高质量融合发展的人才基础。

（三）拓宽目标客群

农文旅研学市场，除了学生群体，还要对接各个年龄段，尤其是大学生群体的需求。要发挥大学生群体的能动性，设计大学生研学路线，为大学生群体提供乡村发展经验，助力大学生成长，同时也为乡村振兴提供智力支持。要重视成人群体，向成人群体提供更多以学习为目的的探究型研学活动，满足成人群体日益增长的精神需求。

（四）强化数智赋能

数字化、智能化是农文旅研学高质量融合发展的加速器。强化数智赋能，通过实景环境、全景建模以及 AR、MR 等数字化技术，增设沉浸式体验项目，构建虚实互换场景，赋能互动体验式精神文化场所，提升农文旅研学的体验度，打造农文旅研学的新生态、新场景，增强农文旅研学的吸引力。

（五）做好产品设计

要打造有影响力和渗透力的农文旅研学产品，开发具有农业特色的课程内容与模式，吸引更多学校、学生前来研学。设置定向多元的课程，根据不同的年龄层级、目标客群、培养需求，专业化定制各类研学课程，构建以农业为基础的多产融合产业体系，尽可能提高农业产业的附加值，形成综合又多元的产业体系。

（六）强化平台建设

利用资源对产业的吸引力，建立各类平台，引导乡村产业构成协同发展格局。要依照标准，建设高质量的农文旅研学基地，更好满足中小学生开展农文旅研学的需要；要搭建善于统筹协调的农文旅研学平台，发挥协会组织统筹协调各方面资源的优势，形成农文旅研学发展共同体；要注意培育组织化、专业化的农文旅研学旅行机构；积极打造金融平台、协会，为农文旅研学提供金融服务，促进农文旅研学相关企业之间的合作与交流，实现企业之间的优势互补、资源共享。建立产业联盟、联合会、促进会等机构，建设产业协同生态链，通过引导社会资本投入、鼓励农民合作组织参与、推进文旅教产业对接，推动农文旅研学融合发展。

（七）优化运营模式

打造品牌 IP，围绕核心农产品形成 IP 产业链，利用当地文化与产品元素进行二次创作，打造具有符号特色的农业虚拟人物，将虚拟人作为农文旅研学品牌的代言形象，赋予其直播带货与短视频宣传功能，为乡村赋能。

B.7

四川县级融媒体助推乡村农文旅品牌建设发展报告

蒋茜　吴治刚　付钰*

摘　要：　实现四川乡村农文旅相关产品或服务的品牌建设是农文旅深度融合的核心。四川县级融媒体作为媒体融合的“最后一公里”，已成为助推农文旅深度融合发展的重要力量。本报告以特色农产品品牌、乡村文化品牌、农文旅融合品牌为三条农文旅融合服务途径，分析论述了四川省各县级融媒体助推农文旅品牌建设发展的过程和经验。四川省县级融媒体通过助推四川特色农产品的品牌建设与升级、四川乡村文化品牌故事的讲述与传承、宜居宜业和美乡村的农文旅融合品牌发展工作，积极助推乡村农文旅深度融合的品牌创新建设和优质发展，助推立体化、多层次的乡村农文旅品牌体系建设。

关键词：　农文旅品牌　四川　县级融媒体

一　四川农文旅品牌建设与县级融媒体发展现状

（一）政策引领，营造出乡村农文旅品牌建设的良好环境

2024年《中共中央国务院关于学习运用“千村示范、万村整治”工程

* 蒋茜，英国威尔士三一圣大卫大学管理学博士在读，研究方向为康养产业管理运营；吴治刚，成都锦城学院副教授，新媒体研究所副所长，研究方向为新媒体运营及技术；付钰，成都锦城学院新媒体研究所成员。

经验有力有效推进乡村全面振兴的意见》提出了推进乡村全面振兴“路线图”①，其中“三大提升”对应着提升乡村产业、乡村建设、乡村治理水平②，推进农文旅产品和服务的品牌化建设是实现乡村全面振兴的路径之一。《中共四川省委　四川省人民政府关于学习运用“千村示范、万村整治”工程经验在推进乡村振兴上全面发力的意见》部署“天府粮仓”建设、“现代农业园区”建设、“宜居宜业和美乡村”建设、“城乡融合”发展等工作③。

乡村振兴的首要任务是产业振兴，产业振兴需要农文旅产品及服务的品牌化建设，但四川的乡村农文旅相关产品或服务还面临着内容琐碎、产品服务同质化、缺乏品牌宣传等诸多问题。四川省农文旅品牌建设需要结合乡村振兴的产业化趋势，使农业逐渐跨越产业、区域和城乡的界限，与其他产业实现高位嫁接和跨界融合。比如，“农业+”多业态的融合发展新态势，可以为乡村经济的持续发展注入新的活力④。《四川省农村一二三产业融合发展行动方案》提出要实现乡村品牌效益全面提升，围绕特色优势产业，建立品牌价值链⑤；《四川省乡村旅游提升发展行动方案（2022—2025年）》围绕旅游要素产品建设、市场主体培育、强化宣传推广、营销创新和人才培训等方面提出文化旅游品牌化发展指导⑥。从以上政府工作部署可以看出乡村振兴的产业化趋势和乡村农文旅深度融合及其品牌建设的诉求。

① 《2024年中央一号文件公布提出有力有效推进乡村全面振兴“路线图”》，https：//www. gov. cn/yaowen/liebiao/202402/content_ 6929930. htm。

② 白波：《我国粮食连年丰收安全有保障》，《北京日报》2024年1月24日。

③ 《2024年省委一号文件新闻发布会》，https：//www. sc. gov. cn/10462/10705/10707/2024/2/29/5bb300b4e8c74a439c474b31b1bb0b70. shtml。

④ 《农村产业“融”起来　农民钱包鼓起来——从四川彭州乡村产业变化看我国农村产业融合发展新趋势》，https：//www. gov. cn/xinwen/2019-06/25/content_ 5403086. htm。

⑤ 《四川省农村一二三产业融合发展行动方案》，https：//www. sc. gov. cn/10462/zfwjts/2023/12/27/d618885f551c45f3a8ec4698b eb6c4b7. shtml。

⑥ 《四川省乡村旅游提升发展行动方案（2022～2025年）》，https：//wlt. sc. gov. cn/scwlt/gsgg/2022/11/4/fbcf1a24222943588fde73ce4ac6970a. shtml。

（二）四川省县级融媒体与乡村农文旅品牌建设

1. 四川省县级融媒体现状

2018 年习近平同志在全国宣传思想工作会议上指出："要扎实抓好县级融媒体中心建设，更好引导群众、服务群众。"这标志着推动媒体深度融合发展开启新进程，县级融媒体中心建设成为这一阶段工作的重心。2019 年在《县级融媒体中心建设规范》的指导下，四川省基本实现县级融媒体中心全覆盖，通过整合县级媒体资源巩固壮大主流思想舆论，不断提高自身传播力、引导力、影响力、公信力。《中共中央国务院关于做好 2022 年全面推进乡村振兴重点工作的意见》进一步确认与部署了县级融媒体创新服务农村建设的平台作用①。县级媒体在融合发展的进程中，应积极转变固有观念，实现从"跨界"到重新划界的转变，提升主流媒体的传播力、公信力、影响力和舆论引导能力，从而更好地服务于乡村振兴和农文旅融合发展的大局②。

四川省现有 185 家县级融媒体中心，是四川省主流传播梯队的重要组成部分，正在成为基层主流舆论阵地。四川各县级融媒体中心充分利用自身的媒介属性，在重视媒介融合、服务融合、互动参与、技术助力等多方面的深度建设，助力信息传播和舆论引导的同时，也将自身置于社会文化体系当中，聚焦本地民风民情，成为连接大众和政府的桥梁。县级融媒体中心的建设遵循媒介逻辑和服务逻辑的双重契合，也成为推动各行业发展的重要力量。

2. 县级融媒体与乡村农文旅品牌建设

四川县级融媒体在政策的鼓励和支持下，正处于蓬勃发展的阶段，多个县级融媒体中心都因融合媒体发展实力强大获得多方面的成绩。许多县级融

---

① 《中共中央国务院关于做好 2022 年全面推进乡村振兴重点工作的意见》，https://www.gov.cn/zhengce/2022-02/22/content_5675035.htm。

② 沙垚：《审时度势谋发展媒体融合纵深行——县级媒体融合发展与加强基层主流舆论阵地建设论坛会议综述》，《传媒》2018 年第 17 期。

媒体中心都在保证为公众提供更丰富多样的媒体资源和服务的同时，结合其功能业务优势积极探索新的服务模式。县级融媒体正在积极转变固有观念，实现从“跨界”到重新划界的转变，提升主流媒体的传播力、公信力、影响力和舆论引导能力，从而更好地服务于乡村振兴和农文旅品牌建设的大局①。

四川县级融媒体中心建设面对乡村农文旅深度融合、品牌建设等需求，加强信息传播、内容策划、技术升级、公共服务等建设，助推乡村发展振兴产业链和乡村农文旅品牌建设工作。

（1）坚守内容为王，聚焦内容生产优势，深耕本土内容传播，提升新闻舆论引导力，打造乡村地域品牌：改变以往以时政新闻为主的单一内容产品结构，关注本土农文旅建设的全方位信息需求，同时将镜头对准当地独具特色的人和事，聚焦本土乡村品牌的初发现、深挖掘、精加工，将贴近性优势转化为内容生产优势。

（2）主动顺应移动化大趋势，推动技术智能升级，助力做好农文旅品牌的新闻报道：县级融媒体中心建设要实施移动优先战略，搭建全媒体传播矩阵，打造高效智能县级融媒体中心，优化新闻报道；同时进行内容形式创新，充分运用直播、短视频等来提供多元化产品。

（3）加强新媒体人才队伍建设，助力各行业新媒体发展：县级融媒体中心通过与各行业深度合作，在政务、文化、旅游、教育等领域开展内容生产与推广，服务于乡村振兴各行业的发展和宣传；完善农业生产经营数字化、乡村网络文化发展、数字治理体系建设等方面的人才保障体系。

乡村农文旅品牌建设涉及乡村振兴产业链发展的方方面面，本报告将围绕四川省内多个市县的农文旅品牌建设现状，切实了解区域农文旅品牌建设与当地县级融媒体中心的助推参与情况，探讨四川省县级融媒体助推乡村农文旅品牌价值构建、品牌宣传与拓展，并促进各部门协作共赢，推动乡村农文旅品牌深度融合的创新模式。

---

① 沙垚：《审时度势谋发展媒体融合纵深行——县级媒体融合发展与加强基层主流舆论阵地建设论坛会议综述》，《传媒》2018 年第 17 期。

二 四川特色农产品的品牌建设

积极推动生产经营链、精深加工链、品牌价值链“三链同构”，指导乡村产业全产业链发展、全链条开发、全价值提升。四川省农业农村厅将选育50家“链主”龙头企业，培育100个“川字号”特色农产品品牌，提高农业综合效益和竞争力①。四川省县级融媒体可以借助自身优势，积极助推农产品的品牌打造，下面从地域性农产品的品牌建设和新兴农产品的品牌升级两个方面的案例展开分析。

（一）地域性农产品的品牌建设

眉山市丹棱县县级融媒体中心以“丹棱桔橙”的品牌建设需求为导向，利用自身媒体资源和集约化智慧广电平台助推“丹棱桔橙”品牌形象的宣传报道，以视频、图片、文字等多种形式展示“丹棱桔橙”的种植、加工、品牌故事等内容，助推品牌知名度和美誉度提升。县级融媒体中心帮助“丹棱桔橙”搭建宣传渠道，举办各类推介活动和线上线下的品牌推广活动，通过积极组织农产品展销活动，邀请农产品生产企业和农户参与，为农产品搭建了展示和销售的平台，助力品牌农产品的销售。在基层媒体全方位、多角度地展现“丹棱桔橙”品牌的同时，丹棱县在品牌建设、产业发展规划中强调大力发展涉农电商企业，建成电商孵化园，成为全省电子商务进农村综合示范县。丹棱县通过线上线下融合拓宽销售渠道，成立全省首家国有柑橘生产营销公司，引领柑橘产业走上规范化发展之路②。

融合社交媒体，扩大传播范围。泸州市合江县运营“文旅合江”微信公众号和“文旅合江”官方抖音号，2019年开始开展“真龙柚 dou 起来”

① 《四川奋力推进乡村产业振兴》，http://nynct.sc.gov.cn/nynct/c100630/2023/4/11/92328ee077634734b38d794c521c8095.shtml。

② 樊邦平、王青山：《谁说农业不富民》，《四川日报》2021年3月18日。

网络视频挑战赛。网友发布短视频作品至抖音、今日头条、快手、微视、小红书中的任一平台，添加话题#真龙柚 dou 起来#，并@文旅合江即可参与。活动期间，#真龙柚 dou 起来#话题播放量高达 5000 余万次，2023 年，该话题依旧是合江柚子农产品宣传的重要话题词。

借助全媒体矩阵，助推长效传播。蒲江县融媒体中心首次和四川电视台合作，通过《四川观察》栏目向四川 183 个区县的领导们发出邀请函，推出了《重启 2020》系列直播节目，宣传当地特色产品。以“抿甜！暖春时节一起摘‘恩桃儿’”为题的直播，吸引 20 余万人共同关注，对蒲江樱桃进行了全面推广。

（二）新兴农产品的品牌升级

随着农产品生产技术的发展，越来越多的新兴产品经过本土化的培养和升级成为当地的特色农产品。这类产品的诞生基于城市消费需求与乡村传统农产品的碰撞。提高其知名度，助推其宣传“出圈”离不开县级融媒体中心的助力。

全球 60%的鱼子酱产自中国，而四川拥有全国第二大的鱼子酱产量，四川最大的鱼子酱生产基地就位于雅安市天全县。2024 年初，乘着“尔滨”走红的风，雅安下辖的县级融媒体联合市级媒体和省级媒体也纷纷为雅安鱼子酱造势。1 月 8 日，四川文旅一则“四川小熊猫勇闯哈尔滨，家人们，咱回点啥礼呢”的视频评论区里，四川鱼子酱“出圈”了。面对本地人都陌生的农产品，天全县融媒体中心紧跟各类热点开始发文科普，从开始走红到 2 月底的黄金宣传期内，天全县融媒体中心在公众号共发文 11 篇（见表 1），从一开始的回答网友疑问，到向“尔滨”发出邀请，时刻结合热点。其后再和省两会报道结合以及和央媒报道结合，让更多人知道四川是西部水产大省，而雅安冷水鱼又是四川的“金字招牌”，发展鱼子酱产业优势明显。

表1　2024年1月7日~2024年2月29日天全县融媒体中心公众号关于鱼子酱的报道

发布时间	标题
2024年1月8日	雅安天全有鱼子酱？是的！
2024年1月9日	@尔滨，是时候来天全品鱼子酱啦！
2024年1月16日	【代表委员风采】省人大代表李军——鱼翔浅底游出一片新天地
2024年1月23日	【两会好声音】省人大代表李军：壮大产业，鱼子酱才能接住“泼天的富贵”
2024年1月23日	央视在天全拍摄，你猜拍啥？
2024年1月26日	多家官媒、大V、网红齐聚天全看鱼?!
2024年1月28日	冷知识：不只鱼子酱，鲟鱼浑身都是宝
2024年2月5日	又双叒叕！这次是《焦点访谈》
2024年2月17日	我不知道的家乡丨鱼子酱里的家乡味道
2024年2月21日	点赞！这位养鱼人
2024年2月22日	天全县：一罐鱼子酱背后的科技与狠活

雅安市天全县融媒体中心通过热点化叙事，助推非常规的新兴特色农产品反差“出圈”，天全鱼子酱的销量显著增加。

三　四川乡村文化品牌故事的讲述与传承

在助力乡村文化品牌建设方面，县级融媒体中心通过深入挖掘乡村的文化内涵和故事，打造独特的品牌形象，提升乡村文化吸引力；通过宣传乡村文化遗产和乡土人文故事，传扬乡村文化，激发人们对土地、传统民俗和历史传统的热爱。通过报道当地丰富多彩的乡村文化活动、传统手工艺品制作过程和文化节庆活动等，为乡村文化注入新的活力，促进文化传承与创新。

（一）“土味文化”与乡土情怀

“土味视频”最早出现在短视频平台，依靠奇葩的装扮、雷人的剧情、夸张的表演、咋呼的节奏等快速引起了人们的关注，其背后其实是乡村生活与乡土文化的夸张表述，是“乡情野趣”与精致文化的碰撞融合，背后蕴藏着数千年来人们对乡村田园生活的守护和向往，体现的是都市人对城市病的逃离心理和“返璞归真”的审美渴望。主流媒体、官方力量应在守护、挖掘、传播“土味文化”等方面积极发力，防止其过度商业化，高水平地营销“土味文化”，加强“土味文化”传播，讲好中国乡村故事。

巴中市平昌县在“巴山美村·父亲原乡”的品牌养成中，将乡村这片广袤的土地上蕴藏的丰富艺术瑰宝、独特的艺术元素转化为乡村品牌建设的强大动力。罗中立在平昌县驷马镇双城村工作的时候以双城村村民邓开选居住的邓家大院为原形，创作了油画《父亲》。邓家大院如今也已经改造为父亲原乡记忆馆，成为著名油画的故里。平昌县融媒体中心积极参与四川省文联和巴中市人民政府主办的传承“父亲精神”系列文化活动，开展或举办“巴山美村　父亲原乡”文旅调研、“父亲原乡　醉美平昌”大型书画展览、传承父亲精神暨倡议设立“中国父亲节”座谈会、“父亲”文艺作品颁奖晚会等活动，助推乡村的艺术魅力展现。

（二）节庆叙事与乡村文化

县级融媒体中心可通过深入挖掘节庆文化的内涵，通过精心策划和组织丰富多彩的节庆活动，实现乡村品牌故事的讲述与传播目标。以下选取“嘉陵江·放牛节”、“巴山大峡谷·罗盘云顶冰雪节”、“云上油菜花节”、双流区黄龙溪火龙节进行分析。

四川省南充市蓬安县自2010年起创办“嘉陵江·放牛节”品牌活动，该活动是四川省重点乡村文化活动。在2023年“嘉陵江·放牛节”活动期间，蓬安县融媒体中心依托“赋圣蓬安”APP、“无线蓬安”视频号、“蓬安融媒”抖音号等新媒体进行线上直播，对启动仪式和《浪漫蓬安》实景演出进行广泛传播；再通过微博、微信等全媒体平台，渐进式地对主题活动及相关配套活动展开全方位、深层次的报道，强化乡村品牌传播效果。

四川省达州市宣汉县依托国家4A级景区巴山大峡谷内的罗盘顶滑雪场打造了“巴山大峡谷·罗盘云顶冰雪节”。自北京冬奥会开始，宣汉县融媒体中心便乘着“冰雪热”的东风，多次助推节庆的宣传。中央一台《新闻联播》栏目在《各地开展冰雪活动　为冬奥助力加油》报道中特别关注了宣汉县融媒体推送的“巴山大峡谷·罗盘云顶冰雪节”活动。宣汉县融媒体中心整合广播电视台、县委报道组以及报刊编辑部等媒体资源，下设采集部、编辑部、运营部、技术部、行政管理部等部门，初步创新构建起“共同策划、精选主题、统一采集、分类加工、互动传播、集中发声”的运行模式，还整合县域内各类公共服务资源，利用电视、网络等多种载体打造了宣汉云直播、宣汉重点工作电视公开平台“视听宣汉”等便民服务平台，在向广大受众提供多样化信息服务的同时扩大了乡村文化活动的影响力。

邛崃市融媒体中心紧跟农文旅深度融合的需求，依托邓峡市举办的首届“云上油菜花节”，精心创作了一系列新媒体作品，在“醉美峡”微信公众号发布，成功入围并获评“2020 年成都市十佳服务民生案例”。邛崃市南宝山镇直台村以其独特的魅力吸引了邛崃市融媒体中心的关注。融媒体中心深入挖掘这个本土乡村振兴样本的丰富内涵，拍摄了“云朵上的民族村”新闻摄影作品。该作品不仅为当地乡村文化的振兴奠定了坚实基础，还通过宣传报道当地的羌族优秀传统文化，为农文旅融合发展注入了新的活力①。

成都市双流区融媒体中心以新媒体为主体，以电视、报刊、广播为支撑的全媒体矩阵，共有 13 个传播平台，位列区域融媒综合影响力前十；“双流发布”微博获评年度优秀区域融媒综合影响力微博；“空港融媒”被评为成都市“优秀政务新媒体”②。双流区融媒体中心积极参与双流区黄龙溪火龙节的特色节庆举办，利用微博、微信、短视频平台等多种渠道，转发中央一台《龙腾虎跃·中国年味》节目中关于成都市双流区黄龙溪的国家级非遗项目“火龙灯舞”的报道。双流区融媒体中心还开展相关报道和策划，结合传统节庆引导游客和市民参与，如开展 2024 年扎风筝、猜灯谜、包汤圆、赏火龙等丰富多彩的元宵节系列活动，“第八届中国成都国际非物质文化遗产节火龙灯舞艺术节等，增强节庆文化的互动体验感。

① 罗瑞婷：《县级融媒体助力乡村振兴内容生产研究——以四川四地为例》，《新闻研究导刊》2022 年第 4 期。

② 《好消息！双流区融媒体中心再获殊荣》，https：//mp. weixin. qq. com/s/xdBXX_ YI4GvnlHeYtINEwQ。

通过节庆叙事，县级融媒体中心可以将传统文化、历史故事、地方风土人情等元素融入媒体报道、线上线下活动，让更多人了解并关注当地的传统文化和特色产业，为当地文化和特色产业融合发展提供有力支持。

（三）乡村文化品牌故事的多元化呈现

新媒体带来的传播变革在一定程度上实现了城市与乡村的传播平权，但互联网世界传播的主场仍然在城市，充分发挥县级融媒体中心加强乡村传播的作用，助推乡村文化品牌的多元化呈现仍将是一个漫长的过程，下面以眉山市、泸县、南充市顺庆区等地县级融媒体助推乡村文化品牌故事传播为例进行分析。

眉山市东坡区融媒体中心积极借助苏轼文化这一独特的历史传统文化资源，深入推进媒介内容建设，不仅丰富了媒体传播的内涵，也为东坡文化的传承与发展注入了新的活力。如“微东坡”公众号十分注重东坡文化的表达，在 2023 年一年时间内，共发布了 28 篇关于苏轼的文章（见表 2）。县级融媒体中心内容建设的不断推进，促进了东坡文化的传播与普及，如报道新的节日或节目与苏轼的故事，深挖东坡文化内涵，进一步推动了东坡文化的传承与发展。同时，东坡区县级融媒体中心借助东坡文化为地方宣传做引导，如《去眉山看东坡：何等水土，养育这等人物》《从眉山出发的苏东坡，度过了怎样的童年？丨寻路东坡》等文章，将东坡区塑造为一个极具文化气息的地区，强化本地东坡文化品牌建设。

表 2　“微东坡”公众号 2023 年全年关于苏轼内容的发布情况

发布时间	标题
2023 年 1 月 1 日	国家主席习近平新年贺词引用苏轼名典！跟着总书记，一起来学习！
2023 年 1 月 3 日	名人大讲堂“苏东坡季”主题书单发布丨阅读苏东坡①
2023 年 1 月 8 日	又到东坡诞辰日，与君重读东坡词！
2023 年 1 月 8 日	苏东坡，986 岁生日快乐！
2023 年 1 月 9 日	农历腊月十九，“寿苏会”原来这么精彩！三苏祠今年的亮点是→
2023 年 1 月 25 日	去眉山看东坡：何等水土，养育这等人物

续表

发布时间	标题
2023 年 2 月 4 日	走近苏东坡的精神世界
2023 年 2 月 6 日	从眉山出发的苏东坡,度过了怎样的童年? 丨寻路东坡
2023 年 2 月 19 日	雨水至　东坡梅花盛放,一起去打卡→
2023 年 3 月 2 日	走进区域看发展丨原来苏轼的父母是这么教育他的!
2023 年 4 月 23 日	为什么要读书? 苏东坡的这 3 个理由,是最好的回答→
2023 年 4 月 23 日	腹有诗书气自华:苏东坡谈读书
2023 年 5 月 8 日	看↘央视《经典咏流传》重现苏轼永怀梦想的青春宣言
2023 年 5 月 31 日	吾家东坡 丨 还原苏东坡童年趣事《非义不取》你看了吗?
2023 年 6 月 4 日	川观新闻丨跟着总书记学东坡
2023 年 6 月 9 日	《四川日报》整版聚焦丨[中国有三苏]眉山苏轼 · 世界东坡
2023 年 6 月 22 日	佳人相见一千年丨苏轼的 3 个端午节,情深义重!
2023 年 6 月 24 日	央视中国书法大会重磅推出:苏轼《黄州寒食诗帖》
2023 年 7 月 14 日	【美文】东坡与郏县从来处到归处
2023 年 7 月 25 日	在央视纪录片里遇见苏轼
2023 年 7 月 26 日	漫话东坡⑤苏东坡:梦不完的明月夜,回不去的短松冈
2023 年 8 月 6 日	收藏! 央视纪录片《定风波》5 集全,看苏轼的快意人生
2023 年 8 月 22 日	今日七夕丨表白必备! 苏东坡笔下的八句情话,高甜来袭~
2023 年 9 月 12 日	秋风起,满城香! 收好这份东坡赏桂攻略→
2023 年 9 月 26 日	漫话东坡⑥为什么一提到中秋,就会想到苏东坡?
2023 年 10 月 2 日	国庆来东坡丨蟆颐山上蟆颐观
2023 年 11 月 7 日	11 月 8 日→苏轼纪念邮票将在眉山首发!
2023 年 11 月 9 日	苏轼纪念邮票在眉山首发铁杆"苏粉"千里"追邮"

在东坡文化的传承与发展过程中，眉山市其他县级融媒体也积极参与农文旅的融合，推动品牌和业态多元呈现。眉山市仁寿县融媒体中心早已经建成“两台一报两微一网一端”的全媒体矩阵，其也是助推东坡文化故事化传播的重要节点。再如眉山市青神县兰沟村，得益于电商和物流网络发展，青神竹木制品外销额逐年递增，与眉山其他乡村文化形成品牌规模效应，带动了当地村民的就近务工。眉山市洪雅县依托独特的森林资源，积极完善康养产业链，推动医疗服务、运动休闲等更多农文旅深度融合业

态呈现。

泸县融媒体中心的微信公众号深耕本土文化故事，特别策划“魅力泸县”专栏，发布了大量作品，累计阅读量已超过32万次，充分助推了泸县魅力的展示。其中，泸县融媒体中心创作的微电影作品《老去的端午》在四川县级新媒体优秀传播案例推选中荣获了优秀传播案例原创视频奖。这部微电影以节日传统为主题，邀请泸县本地村民出演，村民表演清新自然，取景也遍布当地乡野田间，充满了浓郁的泸县特色①。县级融媒体中心通过影片讲述地方故事，助推当地宣传，建设地方品牌。

助力文博类新闻宣发，南充市顺庆区融媒体中心的《四川南充：非遗传承人指尖上的面塑“三星堆铜器”》就跟上了热点，也备受关注。可见通过多渠道的媒介传播，县级融媒体在促进乡村经济发展、增强乡村文化软实力等方面发挥了积极作用，提升了乡村文化的传播力和影响力并为乡村带来经济效益。

在县级融媒体的发展进程中，媒体融合的深度和广度有了进一步拓展。如，成都市新津区融媒体中心链接水城新津、新津视讯、新津旅游、新津官网、新津官微等政务新媒体的同时与天府农博园深度融合。随着新华网与新华智云的签约入驻，新津区将进一步构建智能化会议数字传播平台，打造川渝地区“数字农博+溯源中国”融合发展的乡村振兴典范，引领全国乡村振兴的新潮流。新津区融媒体中心充分利用天府农博园的地理和文化优势，深入挖掘当地乡村振兴的优秀新闻素材，通过微信公众号、抖音、微博等平台广泛传播。阿坝州小金县作为乡村振兴重点帮扶县，通过学习和借鉴新津模式，成功帮助当地660户2220名农民实现增收，充分展现了融媒体中心在乡村振兴中的积极作用②。

---

① 王敏利：《县级政务融媒体变身“百万大V”的创新之路——以四川泸县融媒体中心为例》，《传媒》2021年第7期。

② 罗瑞婷：《县级融媒体助力乡村振兴内容生产研究——以四川四地为例》，《新闻研究导刊》2022年第4期。

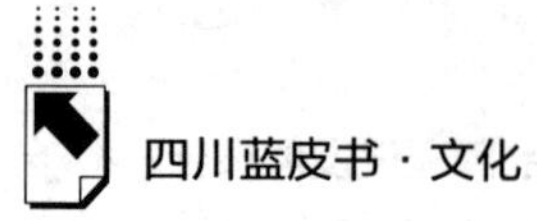

四　宜居宜业和美乡村的农文旅品牌融合发展

农文旅融合即“农业+文创+旅游”的发展模式，通过三者的融合释放土地、资金、人才等乡村振兴关键要素的活力，以文塑旅、以旅彰文，其离不开农文旅各产业的价值链融合重构、乡村农文旅品牌的融合和县级融媒体中心的赋能。

（一）文旅融合 IP 的传递

在乡村振兴产业化发展的时代背景下，县级融媒体不仅是信息的传递者，更是文化的传承者与创新者。通过整合全县媒体资源，县级融媒体中心能够为乡村文化的品牌化发展注入新的活力，为培育特色乡村文化品牌提供有力支撑，下文以“理塘丁真”IP 的品牌打造与传递为例展开分析。

2020 年，丁真由于其清澈、自然的笑容在网络上爆火。当地的政府媒体立即抓住这个机遇让丁真参与拍摄了家乡甘孜理塘的宣传片，这一举动成功让理塘“出圈”。据携程旅游网的数据，在丁真走红当月，甘孜康定、稻城亚丁的机票订单与上年同期相比增长了将近 20%，机票订单数量同比增长了 50%。在这一事件中，县级融媒体中心起到了至关重要的助力作用①，其利用社交媒体平台、短视频等新媒体发布的乡村旅游美景、特色活动和农产品信息，进一步扩大了“理塘丁真”IP 影响力，形成正面的传播效应。

（二）农文旅产业链的服务与延伸

县级融媒体中心深度助推四川乡村农文旅品牌建设需要锚定“引导群众、服务群众”的建设目标，充分发挥服务功能。县级融媒体中心将本土文化传播和旅游服务有机结合起来，还可以延长乡村振兴产业链条，打造具

---

① 李硕：《“丁真效应”下四川理塘文旅业的冷思考》，《西部旅游》2023 年第 22 期。

有辨识度的乡村旅游融合品牌，为本地文旅业发展注入新活力，进一步推动农文旅品牌融合走深走实，下面以大邑县、峨眉山市、西昌市为案例看其助推实现方式。

成都市大邑县有着西岭雪山、安仁古镇等多个传统旅游景区和稻香渔歌、南岸美村等多个农文旅景区，整体景区分布较为分散，做好文旅咨询服务是保障游客游玩的重要因素。结合游客的“出游攻略”查找习惯，“美丽大邑”公众号推出多篇攻略性文章，如《大邑有新玩法！迎秋冬旅游季，发布5条精品旅游路线》，其中一篇便为《乡村生态休闲体验旅游线路》，串联大邑旅游集散中心、稻乡渔歌、成都西湖公园、南岸美村、天府花溪谷、斜源旅游度假区；《看照片就想去！大邑这9家高颜值旅游民宿，上榜‘成都60强’》介绍以田园野趣、森林山景为特色的优质民宿，在帮助游客找寻民宿的同时，也助推农文旅民宿经济发展。

乐山市峨眉山市凭借峨眉山的自然风光吸引众多旅客前往，是知名的旅游胜地。峨眉山市融媒体中心打造“天下峨眉”APP，积极组织全市70余个政府单位入驻，同时打造《玩转》栏目，栏目中收录本土商家信息，助力本土商家实现商品网销，并设置“游在峨眉”“住在峨眉”等板块，将旅游相关的资讯分类设置，方便游客查阅（见图1）。

西昌提出“通过充分挖掘文化内涵与特色，让历史文化遗产与现代城市生活紧密相连，促进城市活力全面迸发，为西昌从‘百强县’加速迈向‘千亿县’提供磅礴动能”。四川省城乡建设历史文化保护利用工作现场会提出，要科学推动城乡历史文化资源活化利用，让历史文化保护融入城乡建设，让历史文化资源融入现代生活，让历史文化价值焕发时代生机。西昌市拥有多个热门旅游景点，大石板古村、川兴镇月亮湾（古树名木保护中心）、陈家大院、市委党校、建昌古城等地就成为观摩西昌市历史文化街区、古村落、古建筑和古树名木保护利用情况的学习案例。

西昌市城乡历史文化系统保护传承离不开其因地制宜地推动古村落保护利用，发展生态农业、文创旅游、休闲度假、健康养生等产业，深入挖

图1 天下峨眉 APP 中“游在峨眉”和“住在峨眉”板块

掘古城古镇古村文化内涵，全方位塑造“彝海结盟地、五彩大凉山”红色文化品牌，也离不开其对红色文化品牌服务的跟进。以邛海泸山景区为例，为方便游客和市民，“西昌发布”APP 中开设“湿地公园”板块，提供入园登记、景区停车、景区救援、一键报警等服务（见图2）。西昌市通过县级融媒体中心的力量，推动当地文旅服务的水平提升与发展，帮助乡村旅游者更加全面、深入地了解当地的文化旅游资源，享受到更加便捷、优质的旅游服务。

（三）乡村农文旅资源的集成

县级融媒体中心除了融合媒体资源、提供文旅资讯发布功能和文旅服务功能外，还可以作为能有效整合乡村文化资源的集成性平台，打造一个线上线下融合的乡村公共空间，通过资源网络建构加强乡村社区的社群影响力，对打造本土化文化品牌、塑造乡村认同感、助推乡村文化振兴发挥着日益重

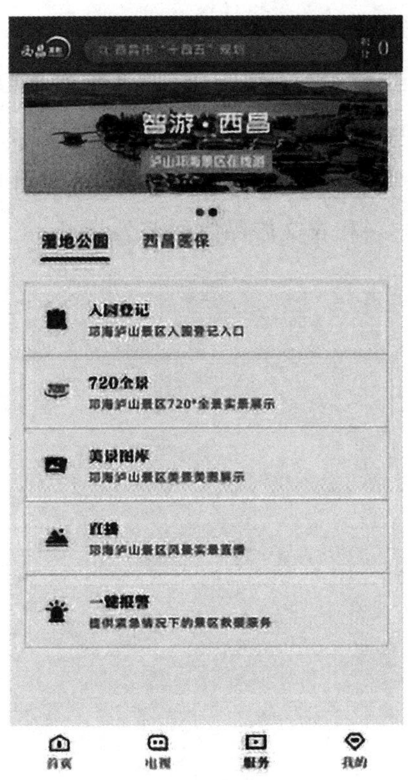

图 2 “西昌发布”APP 服务栏目的《湿地公园》栏目

要的作用。

县级融媒体中心可借助基层平台优势，积极组织农产品展销活动，通过邀请农产品生产企业和农户参与，为农产品搭建一个展示和销售的平台。这种多方资源链接的合作模式，不仅为农产品打开了更广阔的市场，也为农民带来了实实在在的收益。南充市高坪县融媒体中心在“云上高坪”APP 中设立“便民”栏目，提供招聘、打车、机票查询等功能，让市民生活更便捷；设置“优选”板块，引入本地商家入驻，包含美食、儿童早教、摄影套餐等各项内容，为商家和顾客建立联系，助力区域发展。

县级融媒体中心还可以通过搭建专属电商平台或与现有电商平台合作，积极探索与电商平台的深度融合，借力拓宽销售渠道，赋能农产品销售。比如，阿坝州红原县在探索“互联网传播+牦牛肉+线下餐厅”的实践中，成功发展出集融媒体和电商型餐馆于一体的商业模式，通过搭建电商中心，将红原县的牦牛肉、酸奶、高原菌菇等多种优质农特产有效整合，并通过电商平台向外广泛传播和销售。这一模式为当地农牧民开辟了更广阔的市场空间，有力推动了乡村振兴和农文旅品牌经济发展[①]。

① 刘禹辰、尹响：《“融媒体+电商”在少数民族地区精准扶贫中的新作用——基于四川的案例分析》，《西南民族大学学报》（人文社科版）2019 年第 5 期。

产 业 观 察

B.8
四川大熊猫文化旅游发展报告

唐海韵*

摘　要： 近年来，在“熊猫热”浪潮的席卷下，四川省大熊猫文化旅游的规模持续扩大，影响力持续增强，产值持续升高，为四川经济发展贡献了重要的力量。本报告分析四川省大熊猫文化旅游具备得天独厚的优势和强劲有力的支撑，目前呈现建设力度加大、跨界融合加深、科技赋能加强等态势，但在文化挖掘、社区共管、游客体验、公众认知方面还存在不足，本报告针对不足提出改进对策。

关键词： 大熊猫　文化旅游　国家公园　四川

近年来，“熊猫热”浪潮席卷全球，大熊猫文旅逐渐成为中国文化旅游事业中的耀眼新星，呈现令人惊叹的爆发力。四川省拥有雄厚、丰富的大熊

* 唐海韵，四川省社会科学院文学研究所助理研究员，研究方向为中国古代文论、文化产业。

猫旅游资源，助推大熊猫文旅发展是四川省进行生态文明建设、带动文化产业兴旺、打造都市文化品牌的一条切实可行路径。

本文拟在回溯四川省大熊猫文旅发展背景的基础上，对其发展现状和短板进行分析，并提出相应建议。

一　四川省大熊猫文旅的发展背景

（一）统揽全局的顶层设计

中国政府一直将大熊猫保护作为国家战略，通过就地保护、迁地保护、野化放归、建设国家公园等措施，加强科学研究和保育工作，成功挽救了濒危物种，繁育了大批健康的熊猫后代。全国第四次大熊猫调查结果显示，截至 2013 年底，全国野生大熊猫种群数量达 1864 只，圈养大熊猫种群数量达到 375 只。

2016 年 12 月，习近平总书记主持的中央全面深化改革领导小组第三十次会议审议通过《大熊猫国家公园体制试点方案》，宣告中国大熊猫保护事业跨入以国家公园为主体的新时代。2021 年 10 月，我国正式设立大熊猫国家公园。该公园严密保护了约 72%的大熊猫，总面积达 27134 平方公里，横跨川陕甘三省，其中四川 2.02 万平方公里，占总面积的 74.4%，涉及 7 个市（州）的 20 个县（市）。该公园的诞生和建设将实现大熊猫保护在地域限制、行政藩篱、研究壁垒上的“三个破除”，使大熊猫在一个更广阔的自然空间内生息繁衍。2023 年 8 月，国家林草局批复《大熊猫国家公园总体规划（2023—2030 年）》，大熊猫国家公园四川片区建设基本实现有法可依、有规可循。

四川省早就开始部署大熊猫旅游，实施具有前瞻性和指导性的规划。1998 年，《四川省旅游发展总体规划》就已将成都—都江堰—卧龙—四姑娘山—夹金山—蜂桶寨—碧峰峡—蒙顶山—成都的旅游环线确定为大熊猫自然生态旅游精品环线。2006 年，四川省首次将积极实施“大熊猫品牌战略”列为四川经济社会发展的重大战略。《四川文化发展“十二五”规划基本思路（征求意见稿）》也明确提出："发展巴蜀文化产业圈，推动巴蜀文化、红色文化、大熊猫文化等融入成渝经济区建设。"《四川省"十三五"文化发展规划》将"'互联网+'大熊猫文化创意实体产品设计、数字产品设计与开发服务平台"纳入发展现代文化产业体系重点项目。2018 年 11 月 8 日，时任四川省委书记彭清华提出让"三九大"品牌引领四川文旅新发展，其中的"大"就是指大熊猫，这也开启了新时期四川大熊猫文旅的新篇章。2021 年，《四川省国民经济和社会发展第十四个五年规划和二〇三五年远景目标纲要》指出，要打造以大熊猫为代表的十大文旅精品，创新"文旅+"融合发展模式。

成都是世界上唯一既有圈养大熊猫又有野放大熊猫资源的特大城市。2016 年，《成都市国民经济和社会发展第十三个五年规划纲要》明确提出打造"熊猫文化"的国际文化品牌。2018 年印发的《建设西部文创中心行动计划（2017—2022 年）》也提出要大力弘扬大熊猫文化。

雅安是大熊猫科学发现地，拥有"大熊猫国家公园划入面积第一、市域面积占比第一、山系数量第一、国礼数量第一、野化放归数量第一、全链保护第一"的独特优势。因此，雅安市政府特别强调要抢抓大熊猫国家公园建设战略机遇，充分发挥独特、厚重的大熊猫文化旅游资源优势。《雅安市建设世界大熊猫文化旅游重要目的地实施方案（2023—2025 年）》指出，要"以大熊猫带动全域旅游、以全域旅游引领三次产业融合发展，加快建设文化旅游强市，助推雅安实现高质量发展"。

（二）丰富独特的旅游载体

充沛的熊猫资源是开展大熊猫文旅的深厚载体。四川已通过实施大熊猫野外保护、人工繁育"双轮驱动"战略，取得了野生大熊猫种群数量、大熊猫栖息地面积、人工圈养大熊猫种群数量、大熊猫自然保护区数量和面积、国内外交流合作大熊猫数量、野化培训和放归自然大熊猫数量等 6 个方面均居全国第一位的辉煌成就。全国第四次大熊猫调查成果显示，四川有野生大熊猫 1300 余只、栖息地面积 2 万余平方公里，分别占全国总数的 74%

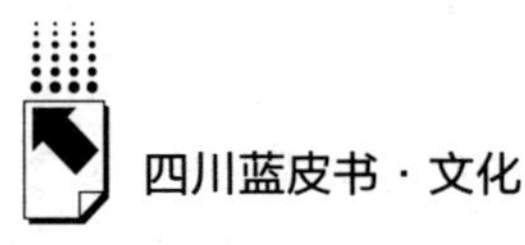

和 78%，较第三次大熊猫调查结果分别增长 15%和 14%。

四川省内的熊猫旅游资源主要集中区域如表 1 所示。

表 1　四川省熊猫旅游资源分布区域

名称	方位	布局	特色
成都大熊猫繁育研究基地	成都市区东北方向熊猫大道 26 号	大熊猫产房、熊猫饲养区、科研中心、熊猫医院等	全球最大的圈养大熊猫人工繁殖种群
都江堰野放繁育研究中心	都江堰市玉堂镇白马村	大熊猫生态兽舍、小熊猫生态放养区、回归产房、科研及办公区等	承担大熊猫等濒危珍稀野生动物野化训练、放归、繁育职能，开展野生动植物保护、野化训练及放归、野外救护、自然教育、生态旅游等工作
都江堰中华大熊猫苑	都江堰青城山镇石桥村怀中路	有大熊猫饲养、野化培训和野生动物公众教育三大功能区，具备 59 套大熊猫圈舍	国内唯一以大熊猫疾病防控、野外救护为主的科研机构
雅安碧峰峡基地	碧峰峡景区内	饲养区、繁育区、科研区、办公区、竹子基地、生活区等	熊猫放养场比卧龙中心大 10 倍，可以同碧峰峡景区一起形成一个完整的旅游整体
卧龙中华大熊猫苑神树坪基地	卧龙耿达乡神树坪、黄草坪区域	大熊猫饲养繁育参观区、圈养大熊猫野化培训区及野外放归区、游客接待中心、科普教育中心、科研办公区、大熊猫医院等	占地面积大，约 150 公顷，生态资源丰富
卧龙核桃坪野化培训基地	汶川卧龙特别行政区卧龙镇核桃坪	大熊猫野化培训区、大熊猫圈养区、熊猫保育医院	中国大熊猫保护研究中心最早的大熊猫饲养繁育研究基地，已放归圈养繁育大熊猫 11 只，存活 9 只。仅对国家高层领导、外交事务开放
大熊猫国家公园雅安片区	连接邛崃山－大相岭山系	雅安被划入大熊猫国家公园的区域涉及宝兴、天全、芦山、荥经和石棉 5 个县	占地 5936 平方公里，占全市面积的 39.45%，占全国大熊猫国家公园面积的 27%

（三）分工有序的机构组织

目前已有关涉大熊猫文旅的一系列组织机构，环环相扣、井然有序，有利于四川大熊猫文化旅游提高聚集程度、优化产业链，避免过度投资和无效投资，防止多头管理和无序管理。

2018 年 3 月 21 日，文化和旅游部正式成立。以文塑旅，以旅彰文，培育新业态，丰富新供给，壮大新动能是今后旅游业发展的必由之路。同年 11 月 12 日，四川省文化和旅游厅正式挂牌，意味着四川省“文旅融合”迈出关键性一步。

2018 年 10 月 29 日，大熊猫国家公园管理局成立，对解决跨地区跨部门的体制机制性问题，加强以大熊猫为核心的生物多样性和重要生态系统保护意义重大。

成都大熊猫旅游文化产业促进会成立于 2017 年 2 月 20 日，致力于建设结构合理、门类齐全、科技含量高、富有竞争力的大熊猫文化产业体系。

2019 年 12 月 25 日，大熊猫文旅发展联盟成立。其按照“资源共享、品牌共建、客源共推、市场共治、合作共赢”的原则，促进以大熊猫为核心的文化旅游资源的交流与合作，引领全省文化旅游高质量发展。

（四）丰富多元的配套服务

为了给游客带来美好的大熊猫文旅体验，四川省着力优化城旅一体的景观体系，举办五彩缤纷的系列活动（见表 2）。

表 2　四川省熊猫旅游相关活动

类型	例子	特色
主题酒店	熊猫贝贝、熊猫王子、熊猫很困、熊猫山舍、熊猫客栈	摆设、装修、布景多有熊猫文化元素的渗入
主题列车	地铁 3 号线“Panda 号”	座椅、拉环、看板、立柱等都充满了浓郁的熊猫文化色彩
主题道路	熊猫大道、熊猫绿道、8848 熊猫街等	打造露天的熊猫文化博物馆
主题文创	西柚熊猫、熊猫屋、熊猫邮局、PARTY PANDA、熊猫生活馆、X-panda、pandapia	包括文具、背包、茶杯等，种类丰富
主题公园	雅安市熊猫绿岛公园	有熊猫雕塑、熊猫绘画墙等，还有方便儿童游玩的熊猫滑梯、滑板、沙地等

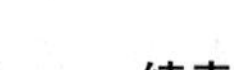
续表

类型	例子	特色
主题活动	"数字国际熊猫节""中国大熊猫国际文化周""汶创HUI熊猫文化节""大熊猫科学高峰论坛"	以大熊猫国家公园建设为契机举办系列活动,加大生态文明研究和科普力度

（五）强大雄厚的科研力量

大熊猫是珍稀物种，其饲养繁育的技术门槛很高。强大的科研力量为推进大熊猫栖息地保护、生态走廊建设、人工繁育、野化放归提供了有力支撑，也是大熊猫文旅得以顺利进行的重要保障。四川聚集了一批在大熊猫保护繁育方面顶尖的科研人才，成果斐然。

2023年9月25日，大熊猫学院在西华师范大学揭牌成立。学院着力培养大熊猫等珍稀动植物保护方面的本、硕专业人才，努力在生态环境保护、栖息地生态修复与管理、大熊猫国家公园建设与管理、大熊猫种群复壮与野化放归、大熊猫文化研究与传播等方面发挥重要作用①。2023年11月，在整合中国大熊猫保护研究中心、成都大熊猫繁育研究基地两家科研机构的基础上，我国成立了大熊猫国家保护研究中心，聚集了全国大熊猫科研优秀团队，开启了大熊猫等濒危动物保护研究事业的新篇章②。

二　四川省大熊猫文旅的发展现状

（一）建设力度持续增大，发展环境不断优化

1. 大熊猫栖息地的修复和扩容

我国政府持续推进以大熊猫国家公园为主体的大熊猫栖息地保护体系建

① 《四川有了大熊猫学院》，《四川日报》2023年9月27日。

② 《大熊猫国家保护研究中心揭牌》，《四川日报》2023年11月20日。

设，加快大熊猫割裂栖息地的修复与连通，加大野化放归力度，促进野生种群的重建和复壮。截至 2023 年 9 月，大熊猫国家公园成都片区已修复 162575 亩大熊猫栖息地①。2024 年 1 月，中国大熊猫保护研究中心绵阳基地（一期）公开招标设计施工。基地建成后，将常年保持 50 只左右的圈养大熊猫规模。②

2. 园地共管体系成形，居民生活质量提升

保护区是一个以人类为背景的社会空间，因此如何平衡生态保护和当地居民生存之间的关系，是所有保护区要面临的关键问题。《建立国家公园体制总体方案》明确提出“建立社区共管机制”，即周边社区建设要与整体保护目标相协调，鼓励社区积极参与。

在大熊猫国家公园所涉及的每一个县，都有一个国家公园的入口社区。这里兼具访客接待、科普教育、移民安置、生态产业发展等功能。生态旅游是国家公园入口社区重要的产业内容，能促进资源保护与经济发展的双赢。

雅安根据独特的大熊猫资源优势，布局宝兴县邓池沟“大熊猫溯源”社区、荥经县龙苍沟“大熊猫探秘”社区、天全县喇叭河“大熊猫和谐”社区、石棉县栗子坪“大熊猫放归”社区、芦山县大川镇“大熊猫清凉”社区，部分社区已经探索出适合自己的园地共管体系。

譬如，荥经片区创新构建了 NPL 园地共建机制（国家公园 National Park+政府 Public+在地居民 Local），在全省率先实现共建共管共享服务中心的实体化运行。荥经县的龙苍沟镇是大熊猫国家公园南入口社区，已将“熊猫文旅”打造成区域支柱产业。“玩露营”“泡温泉”“看熊猫”三大业态已经逐步取代过去的“卖煤炭”“卖水电”“卖木头”。据了解，自大熊猫国家公园建设以来，当地发展乡村旅游民宿、农家乐 65 家，旅游企业 2 家，实现旅游就业 525 人；农民人均纯收入从 2017 年的 6580 元增长到 2022

① 《建设“家门口”的国家公园 大熊猫国家公园成都片区累计修复大熊猫栖息地 16 万余亩》，《四川日报》2023 年 11 月 10 日。

② 《大熊猫保护基地又又又+1》，四川发布微信公众号，2024 年 1 月 17 日。

年的24600元，旅游民宿平均收入达到30万元，曾经的“煤炭村”一跃成为如今的“天府旅游名村”[①]。

宝兴县在81.7%的土地面积划入大熊猫国家公园后，全力打造入口社区，坚持“人退熊猫进”的发展理念，安置新村居民从事生态监测、环境服务等工作，实现能级的跨越式提升。在当地“熊猫新村”已有21户村民发展民宿餐饮产业，14位村民被聘为国家公园森林管护队员，16户村民提供熊猫食用竹，2022年居民人均纯收入达1.8万元[②]。

广元的唐家河入口社区，绵阳的王朗入口社区等依托大熊猫国家公园建设，践行友好型生态理念，让当地居民投身生态旅游、自然教育乃至巡山护林的工作中，实现产能的提档升级，改善人民的生活。

3.配套设施渐成规模，产品供给日益多元

为满足人民群众个性化、品质化的旅游需求，四川省大力打造多样化、多方面、多层次的旅游产品，配套设施日益形成规模，产品供给日渐多元，为大熊猫文旅高质量发展提供助力。

譬如，成都市正在修建的熊猫国际旅游度假区，规划总面积35.36平方公里。围绕大熊猫繁育研究基地、北湖生态公园两大核心资源，规划构建了熊猫IP全产业链，以“熊猫+”“国际+”“旅游+”为路径，打造熊猫“强核IP”，是集娱乐、度假、科教于一体的超大型项目。为了提供丰富的产品供给，该度假区全域规划布局了文创演艺博览小镇、主题酒店聚集区、精品植物博览园、农业农庄景观区等产业空间和其他功能性空间，力图给游客带来美好的游览体验[③]。

（二）旅游热度高涨，群众基础夯实

根据四川省文旅厅数据，在2023年“五一”假期，成都大熊猫繁育研

① 苟磊：《荥经：做实政治监督 保障大熊猫国家公园示范创建》，《廉政瞭望》2023年第20期。

② 《在“人退猫进”的过程中，荥经县、宝兴县等地传统产业萎缩，经历转型阵痛期后——与大熊猫为邻，这些村落正绿色崛起》，《四川日报》2023年2月27日。

③ 《成都将建熊猫国际旅游度假区》，https：//www.thecover.cn/news/43761122020。

究基地的游览人数为26.4万，是全国第二大热门景点。其中，顶流“花花”是万众瞩目的焦点，很多人不远万里前来一睹芳容，官网也曾因浏览量过多而瘫痪。《熊猫花花》一书在2023年5月面市，目前已销售11万册。随着“熊猫热”的持续，成都的机票和民宿也火爆起来。据票务平台数据，2023年3月以来飞往成都的机票预订量同比增长七成。成都地区酒店预订量同比增长1.9倍[①]。2023年一季度，与熊猫相关的酒店预订量同比增长3.2倍；成都民宿预订量是上年同期的2倍，平均入住天数从上年的1.3天增加到了1.8天[②]。

在雅安，“貊貊家园”也带动了整个龙苍沟镇的发展。“2023年一季度，龙苍沟镇就接待游客15万余人次，旅游收入1268万元，分别较上年同期增长180%和200%。仅春节期间，龙苍沟镇就接待游客6万余人次，旅游收入达1116万元，分别较上年同期增长170%和200%。”[③]

（三）跨界融合日趋深入，产业体系逐步丰满

大熊猫文化给许多产业都带来了良好效益和经济助力。四川省大熊猫文旅推陈出新，开展了多领域的跨界合作，营造出“熊猫IP+”的商业大环境，可谓全面开花。

譬如，熊猫和书籍报刊碰撞，产生了科普读物。《看熊猫》是国内唯一因大熊猫得名的科普杂志，聚焦熊猫生活、熊猫科普、熊猫外交、熊猫科研等。2019年四川省地方志工作办公室、省林业和草原局联合编纂的《大熊猫图志》公开出版发行。这是全球首部以大熊猫为主题的官修图志，分为物种、生活、环境、研究、保护、文化六个篇章，是了解大熊猫科学研究及文化意蕴等方面较为权威和完善的资料[④]。

---

① 《今年春游：要么看花 要么看“花花”》，潮新闻客户端，2023年3月14日。

② 《“五一”火热来袭，成都“熊猫经济”成热点！》，《金融投资报》2023年4月28日。

③ 《在“人退猫进”的过程中，荥经县、宝兴县等地传统产业萎缩，经历转型阵痛期后——与大熊猫为邻，这些村落正绿色崛起》，《四川日报》2023年2月27日。

④ 朱艳林等：《打造国宝图志新名片 抒写熊猫文化新华章——〈大熊猫图志〉编纂始末》，《巴蜀史志》2019年8月。

又如，熊猫和科学教育碰撞，产生了生态研学。雅安举办的“大熊猫溯源之旅”，囊括碧峰峡基地、大熊猫科学发现地邓池沟、野生大熊猫栖息地神木垒等，同时融入了雅安当地的民俗文化和非遗项目，内涵丰富。平武县先后与山水自然保护中心、国家地理等20余家机构合作，推出“小沟”“土地沟”“药山沟”等10余条生态体验线路，累计为全国5000余人提供自然教育服务，有效推动了平武优质生态资源价值转化。

再如，熊猫和文艺演出碰撞，产生了音乐话剧。2022年8月，成都大熊猫繁育研究基地推出了中国首部熊猫主题驻场音乐剧《熊猫》。作品融合了川剧、川味嘻哈和川派杂耍等文化元素，还吸收了布偶戏、竹编技艺、太极等非遗文化的精华，情节曲折离奇，主旨发人深省。

（四）科技赋能提质增效

在飞速发展的科技加持之下，文旅新场景、新业态在全国各地井喷式呈现，数字化展示给文旅带来更多“花式玩法”，让参观者既有情景化、活态化的游览过程，也有沉浸式、互动式的学习体验。

譬如，在2022年中国国际文化产业博览交易会上，四川馆通过VR再现、裸眼3D等方式营造沉浸式科技体验场景，展示了大熊猫国家公园独特丰富的生态资源和构建“熊猫IP创意文旅生态圈”的巨大发展优势，还通过AR和虚拟拍摄，实现游客与元宇宙大熊猫的“真实”合影。

成都市成华区的熊猫时空馆是全球最大的单体熊猫形建筑，这里有投影沙丘、裸眼5D过山车等项目，游客可以体验VR互动、体感互动。

熊猫频道是央视网和成都大熊猫繁育基地、中国大熊猫保护研究中心合作打造的以大熊猫为主题，多终端、多语种的国际化新媒体产品。通过7×24小时全方位全时段直播和海量原创点播微视频，展示大熊猫野化放归、繁育交配、日常起居等热点内容。该频道运用现代GIS技术，让景区实现可视化呈现、互动化传播。据介绍，目前熊猫频道全球活跃用户超 5600 万人，已成长为海外用户了解中国、发现中国的重要窗口①。

三 四川省大熊猫文旅的发展短板

四川省大熊猫文旅不断升温，群众参与热情高涨，但一些长期制约其高质量发展的症结难题依然存在。

（一）文化挖掘欠缺深度

中国对大熊猫的保护繁育研究可谓遥遥领先，但对大熊猫文化的探讨缺乏深度。查考学术期刊，可看见有关大熊猫的讨论多聚焦于生态学、动物医学等自然科学，关涉大熊猫文化的研究文献不仅数量紧缺，质量也有待提高。大熊猫文化依然面临基本概念难以厘定、理论深度挖掘不够、时代价值没有体现等问题。相应的，对大熊猫文化品牌的核心价值缺乏提炼，文化产业链仍在形成过程中，具体表现如下。

1. 部分文创产品质量不佳

伴随着时下“熊猫热”层波叠浪式地涌现，熊猫文创市场消费需求旺盛。正因如此，大量从业者投身于相关文创产品的设计研发、生产销售。市场上的熊猫文创产品琳琅满目，但浅层开发的问题也一直存在。大多数团队重符号设计、形象设计，一味呈现熊猫可爱呆萌的形象，缺少故事性、情绪化表达，同质化严重，千篇一律，没有精准对接群众文化需求，无法与消费者产生长久的情感联系和共鸣；不少产品定位不高，制作粗糙。另外，现在熊猫旅游商品大部分是一次性交易，很多文创产品售卖点信誉机制不健全，会产生超短期的经营行为，导致游客对大熊猫商品缺乏信任感，折损大熊猫品牌的影响力。

① 李学娜、孙万军：《央视网熊猫频道可信、可爱、可敬中国形象的建构与传播》，《北京印刷学院学报》2023 年第 8 期。

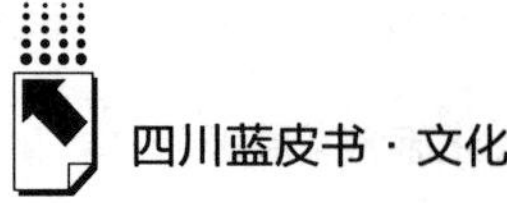

2. 文化元素零散利用

虽然在四川省内大熊猫的元素随处可见，如在餐厅、地铁、公交车、机场、社区等，但各种对大熊猫文化元素的利用零散、杂乱，缺乏系统性、逻辑性和整体性。大部分熊猫元素并没有与所处地域有机融合，并不携带深刻隽永的文化内涵、值得品咂的故事背景和震撼人心的持久魅力，容易让游客产生审美疲劳。

3. 文化 IP 识别度低

目前四川开发熊猫 IP 的企业不少，但多是小微型企业，市场竞争力不强，商业模式较为传统和单一，设计思路也多围绕大熊猫的外形，缺少核心创意，缺乏品牌活动，产业化程度不高。已有 IP 存在有原型无内容、品牌辨识度低、缺乏竞争优势、迭代速度过快等明显问题，没有全球知名度和影响力。

（二）园地矛盾依然存在

保护和发展总是会相互制约。经济发展必然要利用自然资源，人类活动往往威胁到生物多样性，这种现象在不同时空、不同地域都普遍存在。

四川省内的大熊猫自然保护区多位于经济欠发达的偏僻山区，居民居住分散，长期沿用传统的生产生活方式，对自然资源依赖性很强[①]。近年来虽然在政府的鼓励支持下，很多居民开始从事和大熊猫文旅相关的行业，但仍有部分居民固守以往的生活方式，甚至偶尔出现盗猎行为，对生态资源造成一定威胁。一些农户在国家公园周边开展养殖、畜牧等活动，必然产生大量的垃圾，处置不当也会影响到生态环境。

另外，由于大熊猫文旅能带来巨大的经济效益，生态资源能够快速变现，一些居民可能会过度依赖旅游产业，对生态资源进行掠夺式开发。譬如，为安置旅游旺季尤其是“黄金周”的大量游客，许多大熊猫旅游景区纷纷启动改扩建工程以扩大接待规模，个别景区甚至大量兴建宾馆、

① 傅之屏等：《大熊猫保护区社区管理模式的现状与发展》，《四川动物》2015 年第 3 期。

商店和人造景点，对景区进行超负荷开发，为了经济利益而忽视生态平衡①。

（三）游客体验有待提高

1. 基础设施需要改善

一些景区服务周到，有咨询服务台为游客解惑答疑，有微信公众号为游客规划路线，商品丰富，管理精细。但由于不少景区地处偏远，基础设施较差，管理相对松弛，道路高低起伏，休息区域偏少，导致游客玩赏体验大打折扣。景区周边的配套设施也较薄弱，餐饮服务较少，游客得自备食物；可供挑选的商品匮乏，无法激发购物欲望；可供娱乐的休闲场所匮乏，可备急用的医疗资源紧缺。就连住宿情况也不理想，“部分园区周边只配套了少量星级酒店，甚至只有少数民居改建而成的家庭旅馆和民宿”②，难以适应群众出游方式与旅游消费趋势的新变化。

2. 交通不甚便利

通往大熊猫景点的路途较远，且大多没有专线或专列。游客要么反复换乘公交然后打车到达，费时费力；要么径直驱车前往，往往又苦于停车“一位难求”。部分景区处于深山幽谷，受自然条件制约较大。一些地质灾害会阻碍交通，无形中增加了旅游成本，提高了观赏门槛，消磨了游玩热情。

3. 缺乏旅游专业人才

当前大熊猫旅游景点的工作人员专业背景多为生态环境监测、动植物保护以及林场管护，少有文化旅游方面的素养，这会阻碍大熊猫文旅的纵深发展。另外，一些景区，如宝兴县熊猫古城，很多旅游从业者为当地居民，在旺季时才会在家营业，淡季时多外出打工，没有受到系统专业的旅游管理培训，缺乏完整的经营理念，服务意识落后。

---

① 蓝心戴：《大熊猫国家公园社区参与研究——以卧龙保护区为例》，硕士学位论文，北京林业大学，2020。

② 李海琴：《产业集聚视域下大熊猫国家公园体育旅游产业发展路径研究》，硕士学位论文，成都体育学院，2022。

（四）公众有认知误区

1. 生态意识淡薄，违背公序良俗

大熊猫及其栖息地是极其宝贵的生态资源，因而对游客的素质要求较高。然而，游客不文明的参观行为时有发生。成都大熊猫繁育研究基地曾多次公开要求参观者勿逗弄、引诱大熊猫，不投喂、不抛物、不泼水等，仍有人置若罔闻。在2023年11月，竟发生游客向熊猫扔木棍、投掷石头等恶劣的行为，严重违背公序良俗。

2. 误信网络谣言，干扰科研人员

近年来，有关大熊猫保育工作的虚假网络信息甚嚣尘上、如“大熊猫林阳被野放去世”“大熊猫保护中心故意残害美香一家”“雅安基地饲养员虐待大熊猫华妮”等。许多知名的专家学者因此受到牵连，被不明真相的网友谩骂、攻讦，科研工作受到严重干扰。不少熊猫基地也陷入舆论漩涡，名誉一度受损，给四川省的大熊猫文旅事业带来一定打击。

3. 唱衰大熊猫保护事业

饲养大熊猫对于经济和生态都有很大价值。在经济方面，据计算2023年3月以来，到成都看“花花”的游客，平均消费（机票+酒店+门票）1075元[①]。熊猫经济也给相关产业带来了巨大的刺激。例如，成都大熊猫周边产品2023年一季度的网络销量涨幅高达906%[②]，带来了可观的利润。在生态方面，大熊猫作为“伞保护”物种，周围生活着大量伴生物种。保护大熊猫及其赖以生存的栖息地，就可以起到保护其伴生物种乃至整个生态系统的作用。

然而，大熊猫的饲养成本十分高昂。这也导致一部分人认为国家投入财力、人力纯属资源浪费，还不如发展普通畜牧业，因而会在网上质疑中国政府保护大熊猫的努力，唱衰大熊猫保护事业，给大熊猫旅游的顺利开展造成一定阻力。

---

① 《旅游市场一季度关键词：海和洱海，花与“花花”》，封面新闻公众号，2023年4月6日。

② 《成都熊猫经济观察：看一次“花花”带动消费近1500元》，《时代周报》2023年8月7日。

四　四川省大熊猫文旅的发展展望

（一）挖掘文化内涵，打造现象级 IP

文创根植于文化。想要打造具有国际影响力和四川地域特色的现象级熊猫 IP，首先要从不同角度对其深厚的文化底蕴进行挖掘，为 IP 设计注入源头活水。学者指出，“熊猫已经形成了一种内涵深厚、外延丰富、吸附能力超强的文化形态：以大熊猫生态文化为核心、以大熊猫友善文化为外延、对各种文化具有超强吸附能力的‘大熊猫+’文化”①。依循这个理念，我们可以从这几个方面探索大熊猫文化。

从生态文化的角度讲，大熊猫又被称为“伞保护”动物。几乎每一片大熊猫栖息地都分布着中国特有的鸟类、哺乳类、两栖类动物和珍稀植物。保护大熊猫，也为其他物种撑起了一把保护伞。大熊猫的这一特性，契合道家“善利万物而不争”的理念。

从友善文化的角度讲，大熊猫拥有温柔敦厚的特质。虽然它有不容小觑的战斗力，其咬合力在熊科动物中仅次于北极熊，锐利的爪子能对其他动物造成致命伤害，但它基本放弃了猎杀动物，倚赖植物生存，体现了儒家所倡导的“仁爱”思想。

另外，在大熊猫分布区周边居住着众多民族。仅以卧龙保护区的卧龙镇、耿达镇为例，其中藏、羌、回三族人口占地区总人口的75%②。笔者在走访中得知，这些民族都对大熊猫有喜爱敬仰之情，甚至将其视为神秘的图腾。因此大熊猫有铸牢中华民族共同体意识的作用。

其次要运用技术性策略，实现 IP 的聚焦深化。譬如，选取熊猫独一无二的记忆点，比方说它的手掌，除了造型可爱，还拥有“伪拇指”，可以成

---

① 游翠萍：《四川大熊猫文化发展现状及问题研究》，《四川省干部函授学院学报》2020 年第 1 期。

② 蓝心戴：《大熊猫国家公园社区参与研究——以卧龙保护区为例》，硕士学位论文，北京林业大学，2020。

为设计的着力点；可以为熊猫打造背景故事，再借助电影、游戏、动漫进行推广，进而获得关注；可以让 IP 具有一定的社交属性，赢得人们的分享欲；可以加强人工智能和虚拟技术的应用，开发内容可视化呈现、互动化传播、沉浸式体验的文旅产品；可以开设 IP 形象的官方社区，让用户可以在社区中交流，分享 IP 形象的相关内容，增强用户的参与感和归属感①。

（二）优化社区管理机制

针对大熊猫保护区和周边社区的矛盾，可以从以下几个方面解决。

1. 牢守生态红线，树立环保意识

树牢敬畏自然的意识，坚持以保护为主、开发为辅。探索更多景区生态责任落实机制创新，明确原生态核心区、缓冲区、旅游接触区和生活服务区，把好生态系统自我修复力与景区最大容载量的平衡，加大旅游行为管理和失信行为惩处力度，最大限度保留原生生态系统的神秘美、野性美。严守生态保护红线、环境质量底线、资源利用上线，科学评估景区游客最大承载量，提出应对措施，促进文化和旅游可持续发展。

2. 推广替代生计

大熊猫国家公园周边过去的地方产业主要是资源依赖型产业，随着国家公园设立，替代生计开始发展。未来大熊猫国家公园的入口社区要安置更多生态搬迁转移人口，建设各类保护设施，致力于替代生计的推广应用，可采取的措施如下。

要开发具有浓郁地域气息的大熊猫文创产品和特色农产品，联合电商平台、线下商家等，充分运用短视频等模式拓宽销售渠道，实现人、货、场三方面的升级，加强品牌建设，带动大熊猫国家公园及周边区域走生态优先、绿色发展之路；可以结合区域实际情况，推广竹艺、刺绣、养蜂等一些与扶贫有关的环境友好型技术等。替代生计的推广和实施离不开教育项目支持，

① 王超：《跨媒介视角下“成都大熊猫繁育研究基地”的 IP 形象开发》，硕士学位论文，四川农业大学，2020。

应该准备完善的技术教育课程和推广宣传资料，为居民培养一技之长，并通过沟通教育，对其进行思想和心理建设①。

（三）提高游客体验

1. 对景区配置提档升级

加快完善周边配套的主题酒店、标识标牌、环保公厕、公共停车场、医疗卫生、消防安全等设施设备。提高景区科技应用水平，丰富优质旅游产品供给。打好标准化管理、精细化服务、高科技赋能组合拳。

2. 开通旅游专线

可在游览高峰期开通旅游专线，实行预约服务制，班次根据预约情况适时调整。驻车点还可安排志愿者协助公交司机维护现场秩序，为特殊乘客提供帮助。目前武汉、南通、济南等城市都已开通去动物园的旅游专线，提供了有益借鉴。

3. 引进优秀人才

各大熊猫景区急需高素质、高水平的旅游专业人才。可以推进高校与企业合作，全面提升服务人员业务素质和服务能力，为大熊猫文旅奠定人才基础。

（四）提升公众认知

1. 培塑文明意识

加强监督和指导，唤醒公众保护大熊猫的责任意识。做好普法教育，使公众明白对大熊猫造成伤害触犯了《中华人民共和国野生动物保护法》《中国公民国内旅游文明行为公约》等，严重者可能获刑。建立“旅游不文明行为记录”黑名单，对违反保护园区内部管理制度的游客予以相应惩处。

2. 廓清不当言论

充分运用微信公众号、微博、小红书等新媒体平台，加强与电视台、报

---

① 张玲等：《大熊猫国家公园公众教育资源多样性分析》，《林业资源管理》2022 年第 3 期。

社的联动，主动廓清抹黑中国大熊猫保护事业的谣言，积极向大众宣传正确的培育知识，提升公众的科学素养，让他们深刻意识到过度拟人化和过度共情会干涉正常的饲养管理，应让相关科研工作者有安稳的工作环境，也为中国的大熊猫文旅保驾护航。

3. 增强熊猫保护理念

整合多种传播渠道和传播资源，邀请社交媒体热门账号，利用大熊猫形象宣传视频、微电影、主题出版物等，举办“熊猫公益活动”和“熊猫文化讲座”，向公众宣传保护大熊猫的重要性，鼓励他们为中国的大熊猫保护事业贡献力量。

B.9
四川花产业文旅经济调研报告

罗 彬　柴剑峰*

摘 要： 四川地貌多样、气候复杂，花卉资源丰富。境内有高等植物12000余种，居全国第二位，其中有观赏价值的野生花卉和传统名花5000余种，有“中国西部花园”之称。目前，四川“百花迎春”花产业文旅经济正在形成、规模初显。本报告以“百花迎春”花产业为着眼点，分析“百花迎春”花产业文旅经济的意义，研究四川“百花迎春”花产业文旅经济的发展格局和花产业图谱，最后提出打造“百花迎春”花产业文旅经济的策略建议，期待携手县域经济圈的群芳，推动花果经济与农文旅深入融合，实现花与产业的美美与共。

关键词： 百花迎春　花经济　旅游业

春风贺喜无言语，排比花枝满山河。四川地貌多样、气候复杂、土地肥沃，花卉资源极为丰富。2024年成都世界园艺博览会官方数据显示，四川境内有高等植物12000余种，占全国总数的38.7%，占世界总数的4%，居全国第二位，其中有观赏价值的野生花卉和传统名花5000余种，因此四川素有“中国西部花园”之称。据相关史实记载，四川的常绿杜鹃、报春、龙胆、绿绒蒿等高山花卉，在100多年前就被欧洲植物学家、育种者引种驯化成为蜚声海外的珍贵园艺植物和育种亲本；牡丹、梅花、兰花（国兰）、海棠、腊梅、桂花等传统名花栽培历史悠久，在四川地区

* 罗彬，四川画报社社长、总编辑，主要研究方向为文化与传媒产业；柴剑峰，四川省社会科学院研究生学院常务副院长，主要研究方向为劳动经济学。本文制图制表为：冯智陶、王琦林。

的园艺应用均有1000多年的历史①。近年来，四川省内各地（尤其是以县域经济圈为单位）逐渐形成了百花迎春、以花为媒、以花促旅的文旅经济旺象，各种花赏节、花旅节、花交会，乃至世界园艺博览会等花节会不断举行。正是基于当前“百花迎春”花产业文旅经济盛况，为了让巴蜀大地上踏春赏花的脚步迈开得更有方向感，课题组勾勒并描绘出一张天府之国的迎春群芳谱，为都市圈里的花友们打开一幅巴适安逸的百花迎春美画卷。

一　提振“百花经济”的产业意义

花经济是美丽经济。这个经济形式与人民日益增长的美好生活需要息息相关，与公园城市、美丽都市圈以及城市有机更新息息相关，与美丽乡村、乡村振兴、新农村建设息息相关，与全域旅游、全时旅游等文旅消费新形态、新趋势息息相关……正如《南方日报》所言：美丽经济是将自然生态资源、人文民俗景观等有形或无形的美丽资源产业化、资本化，通过善用美丽资源、激活美丽经济、开创美好生活，不断推进“多美融合”，进而实现“美美与共”②。

花经济是富民经济。一方面，美丽的花朵本身就是刺激消费、拉动消费、升级消费的全球性时尚产品，比如荷兰的郁金香、法国的薰衣草、印度的向日葵；另一方面，花朵又孕育着、酝酿着、潜藏着令人更加舌底生津的花果经济，比如春见不知火有花果同树之美，桃花李花过后有“桃李不言，下自成蹊”，樱桃花过后有汶川红了、汉源甜了。这种令人愉悦的富民经济，也是大食物观的生动照鉴——“吃饭不仅仅消费粮食，肉蛋奶、果菜鱼、菌菇笋等样样都是美食”。

花经济是眼球经济。诺贝尔文学奖得主拉克斯内斯说，“花朵是天使的

① 《发挥世园会综合功能 推动四川花卉产业高质量发展》，2024年成都世界园艺博览会官网，2023年9月15日。

② 《善用美丽资源 激活美丽经济》，《南方日报》2022年8月29日。

眼睛”。现在，与“三品一标”“一县一品”等相伴生，国内省内“一县一花一果式”的区域性公共品牌与独树一帜的注意力经济也在日渐成形，比如新津的梨花、宁南的桃花、越西的苹果花、盐边的木棉花（攀枝花）、东坡的爱媛花、苍溪的猕猴桃花等。一种花为领袖，其他百花为辅佐，既能够以花为媒把游客引进来，又能够演绎群芳谱、花美食、果味道，把游客的眼球与注意力引过来，并且用脚投票走过来，留得住、带得走，过后还愿意呼朋唤友再来。

二 打开“百花迎春”花产业的四川图谱

（一）一条百花争春的赏花时间轴

在成都平原、盆地丘陵、盆周山区、攀西地区、川西北高原等不同海拔、不同纬度、不同类型的广袤土地上的百花迎春，既是群英荟萃、次第花开的闹春，又是各占天时、各领风骚的争春。《文心雕龙》说“文变染乎世情，兴废系乎时序”，诚如斯言。虽不免一番群芳竞秀、争芳斗艳、各逞颜色，总归是花开有期各得其时。

打开天府之国百花迎春的时间轴（见图 1），便如打开了一张各路花神依次登场、渐次打榜的岁时值班表，比如花期在 2 月、3 月的春梅花、迎春花，花期在 3 月、4 月的桃花、梨花、李花、樱桃花、油菜花、海棠花、攀枝花，花期在 3~6 月的杜鹃花、玫瑰花，花期在 4 月的珙桐花，花期在 4 月、5 月的橘子花、橙子花、柚子花，花期在 5~6 月的猕猴桃花，花期在 5~7 月的石榴花、无花果（无花果实际有花，花序为隐头花序，藏于果实之中），以及从 5 月绵延到 10 月中间绽开三次的茉莉花……这一群仙袂飘飘的百花“女神”纷至沓来，几乎趟过了冬末、早春、仲春、暮春、初夏五个时间跨度，一方面为人们送来了持久的欢腾与热闹，另一方面也为赏花经济打破了单一花种“花开易逝、红颜易老”的局限性，让各得其时序、各领其风骚的百花风采吸引人们的目光。

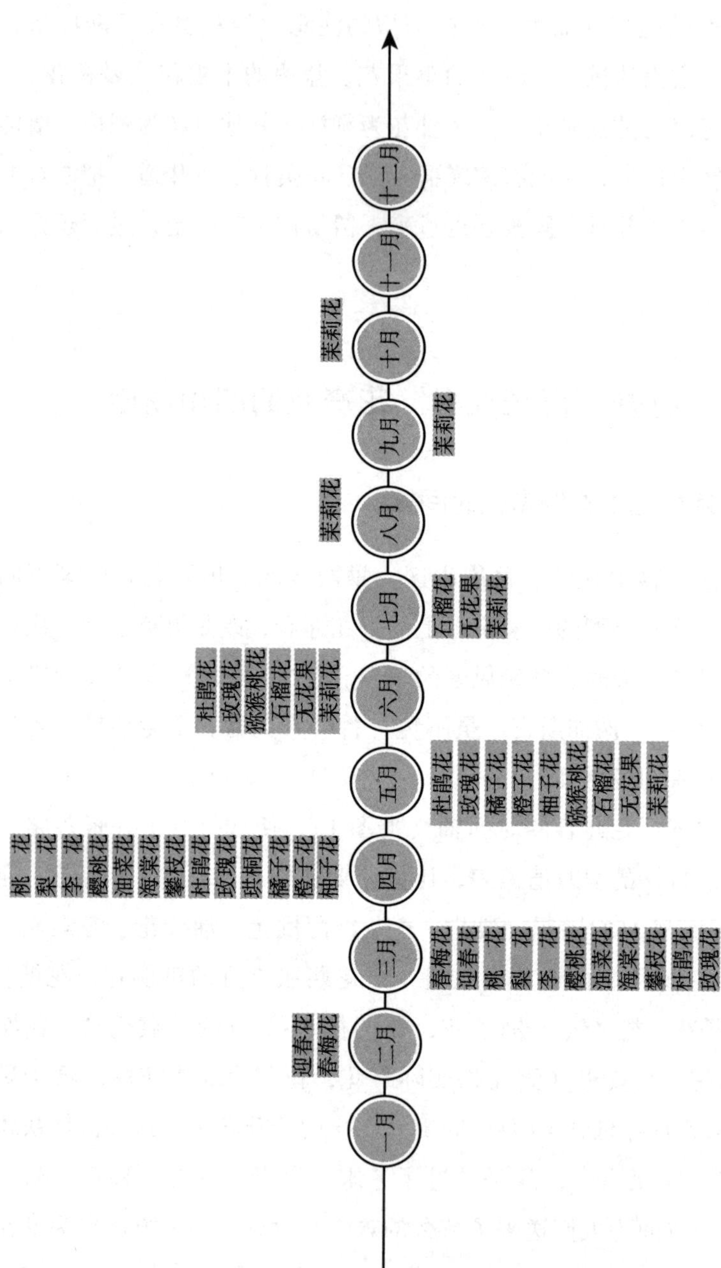

图1 四川省百花迎春时间轴

（二）五大迎春群芳谱

摊开巴蜀大地上的各种春季赏花地图，可以发现与大明进士王象晋编撰的《群芳谱》颇显同工之妙，天府之国迎春群芳谱有“五大花瓣”：第一瓣是开得最早的春梅花（包括直脚梅、照水梅、龙游梅、杏梅等）、迎春花；第二瓣是开得最平实、最广泛、最烂漫的油菜花；第三瓣是最具地方代表性的杜鹃花、珙桐花、攀枝花等；第四瓣是孕育着各种甘甜果实的花，如橘橙花、桃花、梨花、李花、樱桃花、猕猴桃花等；第五瓣是都市圈（包括省会都市圈、省域副中心或区域中心城市圈、县域经济圈）街头巷尾寻常可见的观赏花，如樱花、海棠花、蔷薇花等。

表1　四川省赏花打卡点位

种类	花名	代表县(市、区)	打卡点位
开得最早的花	春梅花 迎春花	都江堰市	堰功道
		达川区	乌梅山
		大邑县	雾中山
开得最平实、最广泛、最烂漫的花	油菜花	崇州市	道明镇、白头镇
		屏山县	中都镇
		邛崃市	牟礼镇
		郫都区	三道堰镇
		金堂县	三溪镇
		道孚县	八美镇
		新津区	天府农博岛
		越西县	大瑞镇
		雷波县	马湖
		恩阳区	柳林镇
最具地方代表性的花	杜鹃花	金阳县	波洛山
		大邑县	西岭雪山
		康定市	木格措
		泸定县	海螺沟
		普格县	螺髻山
		宣汉县	观音山
		小金县	四姑娘山

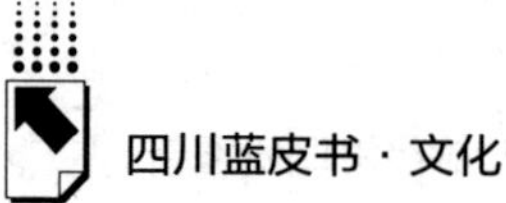

续表

种类	花名	代表县(市、区)	打卡点位
最具地方代表性的花	杜鹃	天全县	二郎山
		都江堰市	龙溪虹口
		洪雅县	瓦屋山
		峨眉山市	峨眉山
		南江县	光雾山
	珙桐花	荥经县	龙苍沟
		马边县	大风顶
		筠连县	大雪山
		宝兴县	穆坪镇
		峨边县	黑竹沟
		汶川县	三江镇
		平武县	古城水田、大桥大安
		松潘县	施家堡
		洪雅县	瓦屋山
		珙县	王家镇
	攀枝花	盐边县	格萨拉
		仁和区	花棚子
孕育着各种甘甜果实的花	橘橙花	东坡区	三苏镇、太和镇、多悦镇
		丹棱县	齐乐镇、杨场镇、张场镇
		资中县	高楼镇、公民镇、水南镇
		金堂县	三溪镇橘乡
		雷波县	青杠村、卡哈洛乡羿子村
	桃花	龙泉驿区	桃花故里、百工堰公园、宝狮湖
		翠屏区	零一七乡道桃花潭景区
		自流井区	飞龙峡景区
		江油市	青莲镇桃花山、太华山
		米易县	海塔世外桃源风景区
	梨花	新津区	梨花溪
		金川县	世外梨园
		汉源县	九襄镇大田村
		苍溪县	梨博园
		仁寿县	曹家镇

续表

种类	花名	代表县(市、区)	打卡点位
孕育着各种甘甜果实的花	李花	古蔺县	三道水村、天堂村李子园
		金堂县	李花公园
		龙泉驿	李花谷
		崇州市	东郊李花山
		茂县	南新镇、凤仪镇
	樱桃花	汉源县	九襄镇、花海果乡景区
		蒲江县	樱桃山景区
		威远县	镇西镇万亩樱桃园
	猕猴桃花	蒲江县	复兴乡、成佳镇、西来镇、大兴镇
		苍溪县	东溪镇、亭子镇、歧坪镇、云峰镇
		都江堰市	云华山、胥家镇、天马镇
街头巷尾寻常可见的观赏花	樱花	东坡区	樱花博览园
		崇州市	白圣村樱花公园
		三台县	芦溪镇玉星村盛世樱花悠乐谷
	海棠	都江堰市	海棠公园、问花村
		新津区	花舞人间
		江油市	星火花海
	蔷薇	合江县	大桥镇新媛家庭农场
		青白江区	凤凰湖、怡湖公园
		彭州市	宝山村蔷薇花海

在以上述“五大花瓣”为代表的迎春群芳谱中，最能体现四川符号性、标识性、文化属性的当属杜鹃花、珙桐花。杜鹃花是世界四大高山花卉之一，也是中国三大自然野生名花之一。因为偏好酸性肥沃土壤，所以广泛分布于我国中南及西南地区。来自《中国花卉园艺》的观点认为：“我国西南地区是杜鹃花分布的集中地，其中云南、四川和西藏是杜鹃花种类最多、生物多样性最丰富的地区，也是世界公认的杜鹃花分布中心。”① 而在四川，不仅分布着一条以大巴山、大小凉山、峨眉山等为代表的高山杜鹃观赏带，而且还链接着一条以“杜鹃啼血”为依托的文化脐带。张华注李膺《蜀志》曰：望帝

① 张春英：《杜鹃花主要品种类群及培育历史》，《中国花卉园艺》2022 年第 4 期。

“处西山而隐，化为杜鹃鸟，或云化为杜宇鸟，亦曰子规鸟，至春则啼，闻者凄恻”。上述文字中的望帝是古蜀国一位擅长并积极带领蜀地百姓从事农业生产的勤劳君主。因为热爱农事，所以蜀地百姓认为杜宇死后化作了杜鹃鸟，每年春耕时节还飞回来以“播谷播谷”的叫声继续催促百姓耕种。传说，杜鹃鸟催促农事日夜奋鸣，终于啼出血来。这一口一口殷红的鲜血从枝头滴下来染红了山花，于是便有了映山红这个传奇的花名，杜鹃鸟、杜鹃花也被赋予了“忧国忧民”的文化意象。在成都大邑县的西岭雪山、都江堰市的龙溪虹口，阿坝汶川县的卧龙保护区、小金县的四姑娘山，雅安天全县的二郎山，甘孜康定市的木格措、泸定县的海螺沟，凉山普格县的螺髻山、金阳县的波洛山，以及达州的观音山、八台山，巴中的光雾山，眉山的瓦屋山，乐山的峨眉山，都盛开着这种“蜀国曾闻子规鸟，宣城还见杜鹃花。一叫一回肠一断，三春三月忆三巴”的文史名花、蜀中魁花。

与杜鹃花相比，作为1000万年前留下的孑遗植物，珙桐在我们的口耳之间则立身为珍稀植物这一符号，有“植物活化石”“绿色大熊猫”之称，是国家一级濒危保护野生植物①。珙桐花是一朵有故事的花，一朵带有显著中国标签的花。1869年5月，法国博物学家阿尔芒·戴维在今雅安宝兴县考察时发现了一种奇特的树木开着白如手帕的花朵，随风摇曳，仿佛一只只白鸽躲在枝头展翅欲飞。他没见过这种植物，便将标本寄回巴黎自然历史博物馆。1871年，该馆分类学家拜伦根据这份标本建立了单种新属珙桐属Davidia（这个属名也是为了纪念阿尔芒·戴维）②。宝兴县自此成为珙桐的模式标本产地，被誉为“中国鸽子花的故乡”。《四川日报》2023年下半年的数据显示，四川“全省共有上亿株珙桐，稳居全国第一位，且分布于全省50余个县（市、区）。”③ 我们整理相关数据可以看到，在乐山马边县的

① 《百万年前在冰川缝里劫后余生如今它成为欧美园林中的宠儿》，极目新闻，2022年5月25日。

② 《生灵是山川孕育的子女——“观名山 游大川·首选雅安”系列报道之四》，雅安市人民政府官网，2023年3月9日。

③ 《珙桐成为成都大运会闭幕式上的“主角”鸽子花为四川“代言”》，《四川日报》2023年8月11日。

大风顶、峨边县的黑竹沟，阿坝汶川县的三江镇、松潘县的施家堡，绵阳平武县的古城水田、大桥大安，眉山洪雅县的瓦屋山，宜宾筠连县的大雪山，雅安荥经县的龙苍沟、宝兴县的穆坪镇等地都大面积分布着这朵貌如白鸽、谐音共同、象征着和平团结圣洁的珙桐。值得一提的是，对照大熊猫国家公园四川片区［涉及成都、绵阳、雅安、眉山等7个市（州）20个县（市、区）］[①] 可以发现，珙桐的分布县（市、区）与熊猫的分布县（市、区）竟然大致重合，这是动植物两种“活化石”之间的一种奇妙缘分。当然，得益于各种保护政策的不断落地，近年来，“相比全省约每7万人才能分享到一只野生大熊猫，四川人均占有珙桐接近1.5株”。

（三）三条踏春赏花经济带

根据美国经济学家丹尼尔·哈默米肖（Daniel Hamermesh）的《美丽带来的回报》（*Beauty Pays*），从“采庶子之春华，忘家丞之秋实”的角度来看，天府之国迎春群芳谱的“五大花瓣”可以根据不同“春华秋实”（此处的实可以粗分为籽实、果实、粮食三类）分为三条踏春赏花经济带：观赏花、水果花、主要粮食作物花。

第一条是观赏花踏春赏花经济带，如蔷薇、樱花、海棠、杜鹃、珙桐、迎春花等。此类花中，蔷薇、樱花、海棠等主要分布于都市圈（包括省会都市圈、省域副中心或区域中心城市圈、县域经济圈等），而杜鹃、珙桐、迎春花则主要分布于名山大川的乡野圈。第二条是水果花踏春赏花经济带，如桃花、梨花、李花、樱桃花、橘橙花、猕猴桃花等，主要连片分布于城郊、乡镇、村落的丘陵或山区的特色农副产品种植带，这条赏花带现在多被打造成农文旅相融合的花果经济产业带。比如以成都为圆心的一小时经济圈上龙泉驿区的桃花、新津区的梨花、彭州市的牡丹花、蒲江县的猕猴桃花等；两小时经济圈上茂县的李花、汉源县与汶川县等地的樱桃花、东坡区与丹棱县等地的橘橙花、资中县的血橙花等；三小时经济圈及其扩展带上还

① 《协同立法再“上新”川陕甘携手保护大熊猫国家公园》，四川在线，2023年7月24日。

有苍溪县的中华红心果之花、金川县的梨花、威远县的无花果等。第三条是主要粮食作物花踏春赏花经济带，以油菜花为典型代表。比如在成都平原“天府粮仓”核心区的崇州万亩油菜花海与最美乡村公路、新津区天府农博岛油菜花海、邛崃市两河口“千岛湖”油菜花田。在攀西特色高效农业优势区的冕宁安宁河谷、越西坝子、雷波马湖、盐边红格，在盆周山区粮经饲统筹发展区的万源火石岭、高县大雁岭、恩阳海山村……处处皆可谓“黄金海岸”。

（四）一种以花为食的美产业

美食界有一个笑话，四川人都是“花痴”。这个笑话还有一条翔实的支撑材料，一串令人垂涎的“花名册”：五花、郡花、腰花、蹄花、脑花，等等。妙趣横生，令人拊掌大笑并叹为观止。当然，我们认为这还只说对了一半，即荤的一半。四川人“花痴”的花名册还有另一半，即素的一半。这就是以花为食的花菜谱。

表 2　巴蜀大地上以花为食的美产业

种类	花名	代表县(市、区)
花糕点	桃花酥	纳溪区
	樱花饼	青白江区
	桂花糕	新都区
	薰衣草冰激凌	郫都区、双流区、大邑县
	玫瑰花酱	合江县
	玫瑰酥饼	九寨沟县
花烹炒	梨花宴	新津区
	梅花猪腰	都江堰市
	炸、炒、酿南瓜花	江安县、利州区、嘉陵区、雁江区
	茉莉花炒饭	峨眉山市、雅安市、犍为县
	腌、炒韭菜花	内江市市中区
	凉拌、炒、焖黄花菜	渠县、西充县、夹江县、巴州区
	凉拌、炒、泡金雀花	凉山州
	辛夷花丝娃娃	江油市
	木棉花凉拌、木棉花炒肉、木棉花炖汤	攀枝花市

续表

种类	花名	代表县(市、区)
花饮品	茉莉花茶	峨眉山市、犍为县
	玫瑰花茶	安州区
	桂花茶	温江区、新都区
	牡丹花茶	彭州市

以花为食的花菜谱可以分为三类。第一类是花糕点。比如在拥有万亩樱花的成都青白江区，当地美食家将樱花与肉松融为一炉，烘焙出特色糕点樱花饼；在泸州纳溪区，当地农家依托2000多亩的桃林靠花吃花，烤制出既有桃花成分又有桃花颜值的精致桃花酥；在阿坝九寨沟县，当地以高原食用玫瑰花入料制成酥饼，打造出以“最九寨、伴手礼”为宣传口号的经典点心。第二类是花烹炒。比如成都新津区梨花溪的梨园雅舍推出“梨花宴”，让游客在眼中赏梨花的同时还能从味蕾上品味梨花；在都江堰，当地的“梅花猪腰”可谓腊味精品；在攀枝花，当地以市花攀枝花入菜，或凉拌、或炒肉、或炖鸡，“花开则远近来视，花落则老稚拾取”。最常见的则要属菜花入菜，菜苔又称菜心、菜花，一年或二年生草本，高30~50厘米，全茎直立或上升，家常菜如清炒油菜苔、鱼香油菜苔、海米油菜苔、炝炒油菜苔等都是其化身（注：虽然美食专家介绍菜苔并不是油菜花，但油菜花含有丰富的花粉，嫩茎及叶也可当作蔬菜食用）。第三类是花饮品。比如茉莉花茶，市场上的头部产品有峨眉飘雪、碧潭飘雪、蒙顶飘雪等。在乐山犍为县，当地瞄准周边80万亩绿色生态茶产业带发展机遇，采用“山上种茶、山下种花、花茶结合”模式，大力发展芬芳经济，截至2023年底，全县茉莉花种植面积达到8.6万亩，年加工产量达2.35万吨①，构建起覆盖一二三产的茉莉花全产业链，跻身全国四大茉莉花基地之一。在绵阳平武县，著名美生活短视频网络红人、四川绵阳人李子柒就曾以自己栽种收获的玫瑰花为创作源泉，推出一期以玫瑰花制作玫瑰花露、玫瑰花糖浆、玫瑰米酒、玫瑰

① 《沃野犍为产业兴》，乐山新闻网，2023年10月30日。

牛轧糖、玫瑰花糯米藕、玫瑰鲜花饼、玫瑰花茶等的视频节目，在网络空间与现实社会赢得广泛好评①。

三　推动“花果经济”与农文旅融合的对策建议

（一）进一步发掘赏花经济的审美卖点

赏花经济是嗅觉经济、颜值经济、审美经济。有观点认为，历经了农业、工业等经济形态之后，如今的人类社会正在进入大众审美经济形态。而要从百花争春的审美之中出一头地，必须围绕一个奇字找出差异化、点燃关注度、吸引获客力。比如放大春见柑橘的“花果同树”效应，突出珙桐花与熊猫两种“活化石”分布区高度重合奇妙缘分的养生效应，讲好无花果的有花故事……让各种奇妙花故事，焕发出令人眼前一亮的审美力。

（二）进一步做强以花入馔的美食招牌

撬动车轮、脚板与运动消耗的赏花经济，必然也是舌尖经济、美食经济、续能经济。与大排档、大众化、大路货的见惯了吃惯了相比，做精做细做强那些以花入馔的招牌性、噱头性、看点性美食，比如油菜花田的全菜花宴、梨花树下的梨花酒、桃花林里的桃花酥、玫瑰花海边的玫瑰花饼等，无疑能够最大限度地吸引游客们用脚投票。

（三）进一步活跃花果经济的产品周期

虽然百花迎春能够趟过冬末、早春、仲春、暮春、初夏五个时间跨度，但是单一花朵总是难逃“流水落花春去也”的宿命。只有把赏花经济与采果经济连接起来，让花果经济贯通集观花、采果、研学、农博等体验

① 《寻味儿丨以花入馔 秀色可餐 那些舌尖上的鲜花美食》，《奔流新闻》2021年4月14日。

于一体的农文旅融合产品，把花的价值、脚板踩进农田劳动体验的价值、农家饭的价值、果的价值，以及学习成长的价值、寓教于乐的价值、家庭亲子活动的价值做成一道大的加法题，才能把花果经济吃出花样翻新的花儿来。

（四）进一步激活节会经济的导流效应

把那些小场景、小成本、小耗能的各种“花花节”持续点燃起来，让乡土网红直播镜头动起来，这是以鲜花为背景的原生态推介；让游客们对着镜头，便成为一身芬芳、满脸笑容的纯天然推介；让文创、非遗、特产类手艺人一边动手一边动口，这是产品的展览、体验、品尝式推介……通过各种方式的鼓励，让这些生动的画面、视频、文字走到游客们自己的抖音里、朋友圈里、小红书里，从人际传播发展为大众传播，更能激活导流效应。

（五）进一步联动美丽花开与美丽振兴

越来越多的人清醒地认识到，赏花经济及其带动的艺术乡建、大食物观（肉蛋奶、果菜鱼、菌菇笋等样样都是美食）、乡村有机更新、乡居直播、乡土带货等，正成为中国乡村振兴、美丽乡村建设的重要支撑力量。有鉴于此，围绕乡土中国的人心人情，鼓励支持新农人群体瞄准互联网流量的巨大商业价值，链接出美丽乡村建设的花果之美、庭院之美、物产之美、种养之美、采山之美、赶海之美、勤劳之美、人情之美，为视频前的我们呈现更加多元并孜孜奋进的乡土中国，并在各种动脑筋想办法博流量、赢点赞、促消费的奋斗中变成大订单（包括特产订单、文旅订单、带货订单等），必然能助推生产的丰美、村容的秀美、生活的富美。以美丽经济激活美丽乡村，让绿水青山更加从容自信地变身为金山银山（见图 2）[①]。

---

① 《打开画卷天府里的群芳谱——2024 年度百花迎春之天府赏花出行图研究报告》，《四川画报》2024 年 3 月 29 日。

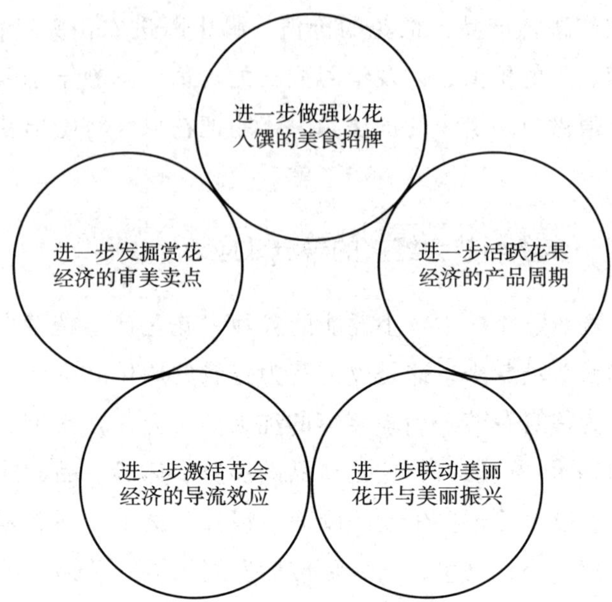

图 2　花果经济与农文旅融合的未来构想

B.10
四川川茶产业振兴研究报告

谢华萍　何 群*

摘　要：　2023年，四川全省茶叶综合产值达到1200亿元，再创新高。这是川茶年产值连续三年突破千亿元大关，也是2021年首次突破千亿元大关以来增速最快的一年，同比增长11.1%。稳居“千亿俱乐部”，表明川茶产业继续位列全国前茅。本报告围绕落实四川省第十二次党代会和省委十二届二次全会关于做大做强“川字号”农业特色产业的部署要求，探索茶产业与文化旅游产业做加法，落子于茶文化、茶美食、茶养生、茶旅游，努力讲好川茶的复兴故事。

关键词：　文化号召力　美食网红力　养生耦合力

一　川茶产业的现状数据

近年来，川茶作为国内四大茶产区（江南产区、江北产区、西南产区、华南产区）中西南产区的一员，茶园面积仅位于全国第三（前五名依次为云南、贵州、四川、湖北、福建），茶叶产量仅位于全国第四（前五名依次为云南、福建、湖北、四川、贵州）。[①] 而就产值来讲，据陆羽茶交所综合《中国茶产业周刊》于2022年2月发布的数据：“2021年川茶综合产值首次突破1000亿元，销售额位居全国第三。四川也成为继福建、云南、湖南之

---

* 谢华萍，《看熊猫》杂志社责任编辑，主要研究方向为传媒与文化产业；何群，峨眉雪芽茶叶集团总经理，主要研究方向为文化与旅游产业。本文制图制表为：冯智陶、王琦林。

① 农小蜂：《2023年中国茶产业数据分析报告》，《唯恒》2024年1月4日。

后实现千亿元茶产值的省份。”[①] 截至 2023 年底，四川全省茶园面积稳定在 590 万亩左右，实现综合产值 1200 亿元。

另有两组数据更加值得重视：一是中国茶年产值到了超过 5000 亿元接近 1 万亿元时代，二是中国人均年消费茶叶量到了超过 3 斤时代[②]。所以浙江大学茶叶研究所所长王岳飞教授说：“当下中国茶产业已迎来几千年来最好的黄金时代。”在这样的时代，川茶如何重回巅峰（“人间第一茶”）？围绕落实四川省第十二次党代会和省委十二届二次全会关于做大做强“川字号”农业特色产业的部署要求，我们在建设高质高效基地、提升精制茶加工水平、做大做强新型经营主体、培育产业知名品牌、构建市场营销网络、提高科技服务能力、促进产业深度融合以推进高质量发展之外，探索从茶产业与文化旅游产业做加法实现多维赋能与综合提升的角度，围绕茶文化、茶美食、茶养生、茶旅游建言献策，努力讲好川茶的复兴故事。

二 川茶产业的四力分析

（一）川茶文化的号召力

云茶董事长冯全平先生说，茶产业要“以文旅、大健康和新型城镇化为三轴共驱发展，用文化发出行业最强音”。中国的茶文化兴盛于唐宋。唐人杨晔《膳夫经手录》指出：“茶古不闻食之……至开元、天宝之间稍稍有茶，至德、大历遂多，建中已后盛矣。”《中国茶产业周刊》官微则提到“茶兴于唐而盛于宋”。这当然各有其标志性的支撑材料：唐代陆羽《茶经》问世，标志着中国茶文化的确立。宋代高僧圆悟克勤以禅法思辨品味茶道之奥妙后写下“茶禅一味”，成为茶禅、茶道的文化源头。恰在唐宋，其时的意见领袖通过各种方式为川茶进行了强有力的站台：比如唐代李肇说“剑

① 《陆羽茶交所资讯丨下个“千亿元茶产业”的省份》，陆羽集团，2022 年 2 月 25 日。

② 《对话丨国际茶日是全球茶人的节日》，《农民日报》2022 年 5 月 20 日。

南有蒙顶石花……号为第一”，宋代陆游说“雪芽近自峨嵋得，不减红囊顾渚春”。

产区	主要茶品牌	产区	主要茶品牌
米仓山茶产区	米仓山茶、利州雪芽、广元秀茗、巴中云顶、昭化炒青、昭化毛尖、悬钟绿、雪鸿堂巴山红红茶、正山堂、广元红、巴山雀舌、巴山早、一山青等	蒙顶山茶产区	蒙顶甘露、龙都香茗、蒙顶石花、蒙顶黄芽、蒙山毛峰、蒙山春露茶、蒙顶山茶、赋雅轩、叶正原、草木间、味独珍、美安雅、蒙顶皇茶、跃华茶、克莱多、红灵等
峨眉山茶产区	碧潭飘雪、竹叶青茶、峨眉雪芽、大石坎茶叶、芽芝春茶、老鹰茶、峨眉雾尖、品白毛尖、雀舌、红心乌龙、龙井、黄芽白牡丹、花雕普洱、茉莉花茶、扇子坝有机茶、沐川紫茶、碧螺春等	宜宾早茶产区	宜宾早茶、屏山炒青、叙府龙芽、天府龙芽、川红工夫、早白尖绿茶、筠连红茶、金江茶叶、筠连苦丁茶、龙芽大师、黄金白露、林湖茶叶、鹿鸣玉片等

图1　四川省四大茶产区的主要茶品牌

把这些极具故事性、美谈性、延伸性的川茶文化具体到各个茶产区，如“三山一早”（峨眉山茶、蒙顶山茶、米仓山茶、宜宾早茶）和“两带两区”（川西南名优绿茶产业带、川东北优质富硒茶产业带和茉莉花茶集中发展区、川红工夫红茶集中发展区），可以发现，发掘、点亮、讲述、传播这些茶文化，其吸引力、包装力、说服力、穿透力、号召力将更好更快地助力川茶走出去。

这些内藏肌理、蕴藉丰富、故事性与传奇性盎然的川茶文化至少可以包括三个类别：茶与历朝名人的文化美谈，茶与诗词名句的文化姻缘，茶与丝路、蜀道、长江水道、茶马古道等的文化渊源。第一类是川茶与历朝名人的文化美谈，比如峨眉山茶与纵横家鬼谷子的故事、蒙顶山茶与茶祖（甘露普惠妙济大师）的故事、米仓山茶与诸葛孔明屯军米仓山的故事、宜宾早茶与宜宾贡茶的故事等。第二类是川茶与诗词名句的文化姻缘，比如蒙顶山茶与白居易的“琴里知闻唯渌水，茶中故旧是蒙山”、文同的“蜀土茶称盛，蒙山味独珍”，米仓山高阳坡茶与唐代女皇武则天的“唯爱高阳茶”，峨眉山茶与黄镇成的“茶鼎夜烹千古雪，花幡晨动九天风”，茉莉花茶与李调元的“田田茉莉种山家，蝶乱蜂狂十里斜。怪道花奴多醉色，嘉州米价不如花”。甚至还有“手采茶叶口唱歌，一箩茶叶一箩歌。妹儿山上采春芽，阿哥炒茶等妹喝”等宜宾采茶歌。第三类是川茶与丝路、蜀道、长江水道、茶马古道等的文化渊源，把翻越秦岭入蜀的陈仓道等，由汉中翻越大巴山入蜀的金牛道、米仓道、荔枝道，由甘肃入蜀的阴平道，连接西藏的茶马古道，自三峡溯江而上的长江水道，由云南入蜀的五尺道及在此基础上绵延到南亚和西亚的西南丝绸之路，与川茶相关的各种铁马金戈的故事、艰苦奋斗的故事、铃铛悠扬的故事、儿女情长的故事、去国怀乡的故事等发掘出来。正如中国农业科学院鲁成银教授所说："中国茶业品牌建设要充分考虑自身优势，以区域公用品牌为基础，突出地域文化、健康等概念，打造自身独有品牌。"

（二）川茶美食的网红力

美食的概念正在升华，既要味道（舌尖）之美，又要观感（眼球）之美，还要浮想（入脑入心）之美，即见其名有诱惑力，观其状有拍摄欲，尝其味有点赞感。显而易见的是，以茶入馔做美食恰能满足这些要素——既有味道、颜色之美，又有健康、有机之美，还有文化、诗想之美。所以，近年来各种茶美食不断借助抖音视频、微信视频、Bilibili 等网络平台走进人们的消费视野。善加利用，因势利导，或能塑造与激发更具连锁反应的网红效力。

梳理相关茶叶菜单可以发现，在四大川茶产区之中，米仓山茶产区的茶美食菜谱最为丰富，比如绿茶拌天麻叶、茶花野蜂蜜酸山药、绿茶水晶冻、绿茶慕斯等，有 30 余种之多。茶与水果、蜂蜜、中草药，以及水晶冻、慕斯等现代时尚元素大胆融合，成为吸引网友关注与搅动文旅消费的网红美食。峨眉山茶产区的茶美食菜谱虽然数量次之，却精品层出——大则有峨眉雪芽红珠茶宴，小则有飘雪煎饼，金贵则有雪芽鲍片，凉爽则有绿茶冰激凌……尤其值得大书特书的是红珠茶宴：峨眉雪芽携手峨眉山红珠山宾馆，让雪芽的青翠遇上虾仁的洁白、金峨红的醇厚遇上狮子头的软糯、有机绿茶的清香遇上乳鸽的鲜嫩……给食客以雅致、养生的多重感官来体验茶香美馔的融合①。

---

① 《禅茶与美食能碰撞出什么火花？你不妨来品一品这场秋季养生茶餐盛宴》，峨眉山景区，2022 年 10 月 27 日。

图 2　四川省四大茶产区的主要茶美食

此外，蒙顶山茶产区的茶叶烘蛋、茶叶熏鱼、蒙顶甘露肘子等，宜宾早茶产区的龙溪茶香鱼、茶香脆皮肉、茶叶糯香蛋、太极茶香羹等，也颇具“吸睛力”与“举箸力”。

对于塑造茶及相关美食的网红力而言，有一个出自蒙顶山茶产区的“熊猫茶”的案例值得分析。2014 年春天，一群打扮成大熊猫模样的靓丽采茶女在雅安凤鸣山的茶山上首采“熊猫茶”开园春茶。这款茶被取名为“熊猫茶”不仅是因为雅安是“熊猫老家”（雅安市宝兴县是世界上第一只大熊猫科学发现地和模式标本产地），还因为熊猫茶园的茶树施用熊猫粪便为肥料。当时央视网相关报道显示，“熊猫茶”中的“稀品”定价为每斤219865元人民币，是目前世界上价格最贵的茶叶①。虽然这款“熊猫茶”的价值、价格颇具争议，但毋庸置疑的是，在当时它显然成了风头无两的、媒体聚焦的、带有国宝光环的顶流网红。

在特色茶产品的推介上，要瞄准红点与红面的联动目标，运用多媒体、多介质、多频次的叠加传播，不断加强网友的视觉记忆与打卡冲动。既要充分运用报纸、电视报道等传统传播媒介，又要积极利用抖音等新媒体视频；既要借用其他媒体的传播力量，又要形成自媒体的宣传队伍；既要抓住网红思维与眼球经济的特点，又要用美景美食美故事与自拍自传自种草，去不断刺激网络世界的消费需求，向活跃在互联网上的用户要关注、要眼球，从而不断形成网红经济的流量。

（三）川茶养生的耦合力

以《神农本草经》中记载的“神农尝百草，日遇七十二毒，得茶而解”，《吃茶养生记》序中的“茶也，末代养生之仙药也；人伦延龄之妙术也。山谷生之，其地神灵也。人伦采之，其人长命也”等为基础，茶的杀毒、消炎、养生、保健等功效不断被发掘、放大、延伸、强化。近年来，四川茶产区关于茶与养生相关的各种元素、特质、文化、故事等不断进入消费者的视野。

表1　四川省四大茶产区的主要康养旅游点位

茶产区	代表性点位	主要特点
米仓山茶产区	旺苍县盐河乡盐井河国际森林康养基地	天然氧吧
	旺苍县木门镇茶园	养生避暑胜地
	南江县云顶茶乡文旅康养综合体	茶乡文旅避暑胜地
	万源市三清庙村	采茶乐趣、踏青避暑

① 莫晓：《四川雅安“熊猫茶”用熊猫粪便培植 稀品卖22万一斤》，央视网，2014年3月13日。

续表

茶产区	代表性点位	主要特点
蒙顶山茶产区	名山区蒙顶山国家茶叶公园	绿色世界、天然氧吧
	荥经县牛背山景区	国际森林康养胜地
	雨城区世外乡村·海子山国际生态旅游康养基地	森林之康养
	名山区清漪湖国际康养智慧田园度假区	旅游、颐养学院
	名山区中国酒香茶乡田园综合体	旅游、采茶酿酒体验
峨眉山茶产区	峨眉山市寨子·茶里	万亩"指纹"茶园,清新空气可"洗肺"
	峨眉山市太阳谷温泉康养度假区	天然空调、避暑胜地
	峨眉山市高桥森林旅居度假区	天然空调、避暑胜地
	犍为县寿保镇	森林康养基地
宜宾早茶产区	筠连县硒山湖康养旅游度假区	生态养生之旅
	筠连县马家石林生态旅游度假区	富硒康养避暑胜地
	筠连县温泉岩溶风景区	中国奇泉之乡、温泉疗养胜地
	高县胜天镇红岩山	万亩花园、高峡平湖避暑纳凉地
	高县来复镇大雁岭	茶香花海生态宜居地
	长宁县蜀南竹海	融自然景观和文物古迹于一体的避暑地
	兴文县仙峰山	山地康养

摊开这些以茶园为中心的文旅养生产品，可以发现其总体可分四个类别。第一类是“茶园+天然氧吧”型，比如位于旺苍县（以出产旺苍黄茶著称）的盐井河国际森林康养基地，最主要的卖点就是天然氧吧；位于高县（以出产早白尖茶等著称）的来复镇大雁岭、胜天镇红岩山，森林覆盖率达80%以上，负氧离子浓度很高，有天然氧吧和森林浴场之称。第二类是“茶园+养生汤泉”型，比如位于峨眉山市（以出产峨眉雪芽等著称）的温泉欢乐谷；位于筠连县（以出产川红工夫著称）岩溶风景名胜区的巡司温泉（又名沐井温泉、犀牛温泉），有“四川第一热泉”之美誉。第三类是“茶园+避暑胜地”型，比如蒙顶山依托年均温 15 摄氏度的凉爽资源，构建起“在千年古银杏下寻凉品茗、修习茶艺、枕山沐云”式的避暑生活方式。第四类是“茶园+康养度假”型，比如峨眉山市因地制宜，规划布局双福禅茶

养生度假区、峨眉医谷、高桥森林旅居度假区、金川中医药国际康养度假区、龙池国际生态旅游度假区，积极探索推动文化与自然资源价值向医养康养产业转化的路径，推动“医、护、养、学、研”一体化发展。比如万源市立足“四川唯一天然富硒区，每克土壤硒含量最高达 0.51 微克，富硒茶园绵延 26 公里”的优势，打造“硒部茶园走廊”、大巴山茶文化原乡、大巴山富硒产业园等场景，推出冻干闪萃茶粉、万源青文创石刻等旅游产品。

把“茶园+天然氧吧”“茶园+养生汤泉”“茶园+避暑胜地”“茶园+康养度假”等各抱其资、各据其利的养生文旅品牌做大做强，需要与时俱进地添加进更自助、更自主、更具自媒体时代传播特征的林间自采茶、围炉休闲茶、汤泉品鉴茶、避暑清凉茶、富硒茶园认养茶等形式多样的养生元素，一方面可以让地方特色与流行时尚互相融合、互相补充、互相借力、互相共生，优化养生茶文旅的原生性、包容性、成长性；另一方面也可以激发各年龄层次、各地游客的不同消费热情，让养生茶文旅与个性化的体验、个性化的消费、个性化的传播等不断契合、黏合、耦合。

（四）川茶研学的链接力

读万卷书，行万里路。2013 年 2 月，国务院印发《国民旅游休闲纲要（2013—2020 年）》，提出逐步推行中小学生研学旅行。2016 年 11 月，教育部等 11 个部门联合印发《关于推进中小学生研学旅行的意见》，将研学旅行纳入中小学教育教学计划。2021 年 4 月，文旅部《“十四五”文化和旅游发展规划》提出“推出一批具有鲜明非物质文化遗产特色的主题旅游线路、研学旅游产品……”随着政策红利的不断释放、研学市场的不断走旺，相关分析数据也不断给出乐观预判：“2023 年全国中小学生研学实践教育基地超过 1600 个，中国研学旅行市场总体规模超过千亿元。”①

正是在研学旅行勃兴的大趋势中，一个以茶为主题，集茶文化展示、茶

① 《2023 研学旅行行业深度分析 中国研学旅行市场总体规模将超千亿元》，中研网，2023 年 2 月 20 日。

非遗体验、茶故事讲座、茶艺培训、茶园观光、茶果采摘等于一体的茶文化研学市场也蓄势而起。在四川的四大茶产区，一批极具代表性的茶文化研学点位迅速脱颖而出（见表 2），比如在米仓山茶产区，位于南江县的金枝玉叶产业园，集茶叶种植、加工、茶文化展示、茶叶交易于一体；2023 年初，由浙川东西部协作资金投资建造的巴山富硒茶史馆正式对外开放，万源茶叶和文化研学、观光旅游实现了再一次跨界。比如蒙顶山茶产区拥有蒙山茶史博物馆、陌上花开生态农业观光园、云台山茶文化学院、中国藏茶村等研学点位，尤其是 2023 年 5 月揭牌的雅安市云台山茶文化学院拥有云台山国家农业公园（1.2 万亩茶园）、合江书院、雅鱼村等现场教学点 10 余个，开展茶文化研究及传播、茶产业乡村振兴咨询服务、茶文化教育咨询、茶文化学术交流活动策划等业务，实施生态采摘、手工制茶等沉浸式体验教学。比如作为四川省中小学生研学实践教育基地的峨眉雪芽有机茶基地，坐落于峨眉山核心景区海拔 1000 米的雪芽村。该基地采用室内授课和室外讲解的形式，让游客们了解古茶树的故事及由来、茶叶的种类、古法炒茶、现代制茶的流程、现代茶艺的技法、唐宋吃茶历史背景等与主题相关的专业知识。比如作为天府龙芽、宜宾早茶等地理标志产品的核心产区，近年来，宜宾市翠屏区大力推动农旅融合发展。截至 2023 年 9 月，通过茶旅融合发展，当地已开展中小学生研学旅行活动 500 余场次，接待中小学生 5.6 万人次，近三年园区旅游总人次突破 100 万，有力推动了茶文化的传承与传播。

表 2　四川省四大茶产区的主要研学点位

茶产区	研学点位	所属县(市、区)
米仓山茶产区	金枝玉叶产业园	南江县
	巴山富硒茶史馆	万源市
蒙顶山茶产区	牛背山镇皇金茶产业园区	荥经县
	望鱼镇罗坝村茶园	雨城区
	中国藏茶村	雨城区
	云台山茶文化学院	雨城区
	陌上花开生态农业观光园	雨城区
	蒙山高山茶森林(文化博物)园	天全县

续表

茶产区	研学点位	所属县(市、区)
峨眉山茶产区	峨眉雪芽有机茶基地	峨眉山市
	峨眉山现代农业产业园	峨眉山市
	金楠山谷	犍为县
宜宾早茶产区	茶产业康养工业园	筠连县
	凤栖谷农业文创体验园	高县
	大屋村茶叶园区	高县

考虑到中国文化中与茶有关的名人、名篇、名故事非常丰富，所以以茶为核心开展研学有三大利好：一是有利于让研学者在采茶、制茶、饮茶、品茶、敬茶的过程中，寻茶之芳香、采茶之新芽、制茶之馨香、研茶之文化、赏茶之艺术，进而体悟茶文化的无穷魅力，落实习近平总书记关于"把艺术创造力和中华文化价值融合起来，把中华美学精神和当代审美追求结合起来，激活中华文化生命力"的要求；二是有利于茶与文化、旅游、农博、体育、科技等的多元融合，实现多元附加值的相互叠加、相互带动、相互链接、相互牵引；三是有利于在研学中放大茶产区的"三名效应"（名人、名篇、名故事），把名茶的名牌更加深入地植入消费者（或潜在消费者、未来消费者）心中。

三　川茶产业的未来塑造

（一）讲好更多元的健康故事

众所周知，茶叶具有抗氧化、预防心血管疾病、防癌、防龋齿等功效，还有研究表明常喝茶可降低老年人认知功能减退风险。如中国工程院院士、中国农业科学院茶叶研究所研究员陈宗懋先生所言："现在大家的健康意识越来越强，茶叶有益于健康，每年关于茶叶的科学论文平均在

800~1000篇。"[①] 川茶要通过现代科技取代农药，比如采用绿色、物理的办法进行病虫害防治，使茶叶质量、安全性明显提高；要通过智慧农业生产追踪，如小罐茶CEO杜国楹先生所言，"未来会建设大量工业4.0智慧工厂，在上游从无到有建设生态茶园、布局初制工厂、合作开发茶叶采摘机器人"，让消费者买得安心喝得放心；要通过更加生动、更加务实的健康代言实现用户培养与市场延伸，如福建安溪铁观音集团董事长林文侨先生所言："如果还要请人来代言，我会请我已经98岁的老母亲来。让她告诉大家，喝茶有利于身体健康。"

（二）讲好更多彩的产品故事

茶叶如何与其他产业跨界融合，以更多的产品形态进入人们的生活？一是产品要年轻化。如中国农业国际合作促进会茶产业委员会秘书长魏有先生所言："茶叶消费市场每年都在增长，但是增长幅度并不大。如果想培养新的消费增长点，就要挖掘茶叶消费未触达或较少触达的人群，也就是'95后''00后'。"所以川茶企业要着眼于抹茶产品、网红美食、便携饮料等方向，积极推出抹茶饼干、茶味糖果、网红冰激凌等，实现产品的年轻化、市场的延展化、用户的升级化。二是产品要时尚化。川茶企业可以与科研机构加速合作，从茶叶中提取有益成分，尤其是对人体皮肤有益的成分，研发出茶叶面膜、茶叶洗面水及茶叶化妆品，或是将茶深加工制成爽肤水、洗发露、篾香、药用喷剂及头皮护理液等。三是产品要科技化。对茶叶内含物的转化工艺进行深入研究试验，利用自主知识产权并引入量子技术，提升冠突散囊菌菌群等级，制出具有治疗高血压、痛风、前列腺炎等疾病功效的药茶。种种这些尝试，都应纳入川茶企业迭代升级的考量之中。

（三）讲好更多维的致富故事

这些"茶+致富"的故事，当然包括了"茶+茶馆""茶+旅游""茶+

① 北京茶博会：《健康喝茶，来自茶叶院士的经验之谈》，百度新闻，2021年11月13日。

医药”“茶+美食”等一连串的符号。川茶的振兴，必然以茶人走向富裕为重要表征。因此，要培养一批种子种苗、统防统治、机采机收、市场营销等方面专业化、社会化、职业化新型农民，要持续开展制茶工匠、制茶大师、川茶文化传承人等培育认定，要鼓励茶产区的新茶人开办茶家乐、特色民宿、茶事体验、直播电商等，不断拓展关联产业。

讲好更多维的致富故事

我们要“培养一批种子种苗、统防统治、机采机收、市场营销等方面专业化、社会化、职业化新型农民”，要持续开展制茶工匠、制茶大师、川茶文化传承人等培育认定，要鼓励茶产区的新茶人开办茶家乐、特色民宿、茶事体验、直播电商等,不断拓展关联产业

讲好更多元的健康故事

福建安溪铁观音董事长林文侨先生的带入式演讲:“如果还要请人来代言，我会请我已经98岁的老母亲来。让她告诉大家，喝茶有利于身体健康。”

讲好更多彩的产品故事

“从茶叶中提取有益成分，尤其是对人体皮肤有益的成分,研发出茶叶面膜、茶叶洗面水以及茶叶化妆品”，或是“将茶深加工制成爽肤水、洗发露、篾香、药用喷剂及头皮护理液等”

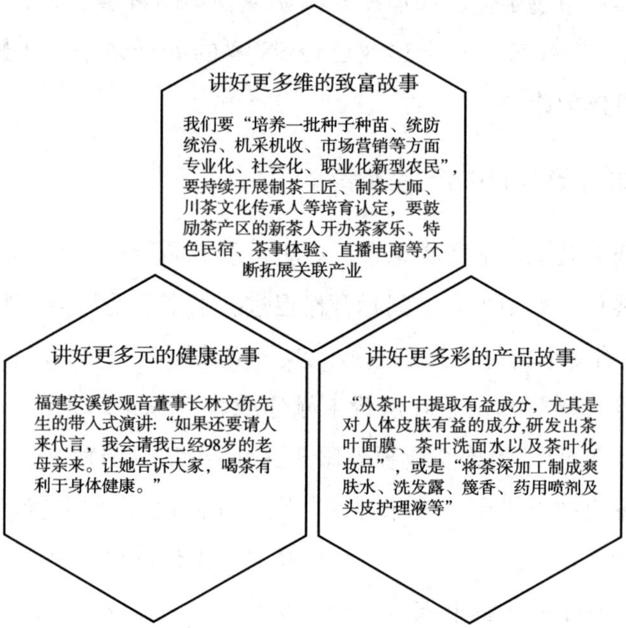

图3　做亮四川茶产业的三条建议

B.11
四川武术文化产业发展报告

刘天宇　李　晖*

摘　要：　近年来，四川武术文化产业蓬勃发展，主要体现在正本清源挖掘武术产业根基、多向拓展开辟产业发展新路、深耕教育培养专业武术人才、场馆建设树立武术发展阵地、武术六进拓展武术受众群体以及宣传交流扩大四川武术影响等方面。与此同时，仍面临内涵价值较大然而民众了解不足的认识困境、相关活动多元化而市场影响较小的开发困境、武术资源富集然而任意由其流变的保护困境等，需要与时俱进，从建平台、重传播、创思路等方面展开创新升级。

关键词：　武术文化产业　四川　峨眉武术

四川武术内涵深厚、历史悠久、价值独特，是中华优秀传统文化的重要组成部分。以峨眉武术、青城武术为代表的四川武术已有三千余年的历史，与古代哲学、医学、教育学、军事、杂技、音乐、书画、艺术等相互渗透，拳种成百上千，武功博大精深。随着大众健康意识日益增强、娱乐休闲需求不断提升以及文旅产业蓬勃发展，四川武术的健身价值、文化价值、经济价值受到更多关注。深入挖掘提炼四川武术文化产业的当代价值，促进四川武术文化产业快速发展，对于四川武术文化保护传承、开拓创新、弘扬发展以及提升四川武术文化产业的知名度和影响力具有重要促进作用。

---

* 刘天宇，博士，成都中医药大学体育健康学院副教授，研究方向为民族传统体育；李晖，博士，四川省社会科学院新闻传播研究所研究员，研究方向为新媒体、文化产业。

一　推动四川武术文化产业发展的当代意义

四川武术文化产业是以峨眉、青城等四川武术运动为载体，以参与体验和教育为主要形式，以促进身心健康和传承中华传统文化为主要目的，向大众提供相关健身休闲产品和服务的一系列经济活动的总称。推动四川武术文化产业发展的意义主要体现在文化、健身、经济、传播等多个层面。

（一）更好地提炼四川武术资源的文化价值

四川武术文化资源价值多元。推动四川武术文化产业发展，一可带动内涵挖掘。四川武术文化历史悠久，然发展至今旁枝仍显芜杂，四川武术文化产业发展将带动厘清四川武术文化源头、主干、支流，从而更好地传播与利用四川武术的优质文化资源。二可丰富功能认知。四川武术文化有三千余年积淀，凝聚着传统文化的智慧与活力，在培养优良思想品德、激发民族认同感、增进民族凝聚力方面具有独特功能，推动四川武术文化产业发展将带动挖掘其多元功能。三可促进价值实现。四川武术文化具有健身价值、技击价值、观赏价值、教育价值、经济价值、文化价值、地域价值等。推动四川武术文化产业发展可促进这些价值的实现。

（二）更好地凸显四川武术文化的健身价值

健身价值也是武术的主要价值之一，推进四川武术文化产业，一可促进武术健身生活化。四川武术文化产业“以峨眉、青城等四川武术运动为载体，以参与体验和教育为主要形式”，在此过程中，必然会进一步拉近峨眉武术、青城武术等四川武术与生活、公众的距离，让武术的健身价值得到更多展现。二可实现身心共健全程化。以峨眉太极和青城太极为例，其运动机理融合了阴阳动静互养的哲学思想。习练者静心养性、动中求静，在此过程中，可达到身心共健的效果。三可实现健身方式多元化。四川武术形式多元，有套路练习，也有对抗练习。套路练习中有拳术，有器械，有单人练，也有对练。不同武术形式各异、特点各异，相互补充可对人体健康产生综合影响。不同人可根据个人爱好和条件，选择适合自己的锻炼方式。

（三）更好地发掘四川武术文化的经济价值

受传统观念影响，人们更多关注武术的实用性、艺术性及其文化性，没有充分认识其商品属性，忽视了武术运动在市场经济发展过程中的造血功能。因此，武术产业在体育产业中起步较晚。推动四川武术文化产业发展，一可优化资源配置。四川武术文化产业可获得更多政策、资金、人才等支持，在此过程中资源整合力度不断加大，形成更具竞争力的产业生态。二可为四川武术文化产业提供新动能。武术文化产业将推动文化价值赋能武术产业，强化产品的适应性与灵活性。三可带动科技运用于四川武术文化产业。

（四）更好地提升四川武术文化的传播效果

一是有助于推动完善对外传播的文化生态。戏剧、自贡彩灯、蜀绣和漆器等经常走出国门，四川武术文化作为中华武术的杰出代表反而缺席，推动四川武术文化产业发展将丰富对外传播的文化样态。二是四川武术适宜作为传统文化对外传播的先锋队之一。四川武术的强身健体功能以及舍己从人、点到为止、止戈为武等多元文化特质都使其具有跨种族、跨地域的普遍认同力，因此四川武术用于对外传播具有先天优势。三是可提升四川武术文化产品的对外传播水平。推进四川武术文化产业发展可以增强四川武术对外传播节目的制作水准，充分展示四川武术的风格、特点，强化观赏性与吸引力。

二　四川武术文化产业发展现状

随着经济社会发展和体育强省建设稳步推进，四川武术文化产业快速发展。以峨眉、青城等为代表，四川已形成竞赛表演、健身休闲、培训研修、武术旅游和武术文化演艺融合发展的武术文化产业格局，产业链条不断完善。武术国际交流持续深化，国际化专业人才交流、跨国赛事互访合作成效显著。

（一）正本清源，巩固武术发展根基

四川传统武术源远流长，早在秦汉时期，就有了剑术、弓箭等武术表演。至唐宋时期，四川武术已发展到较高水平，出现了很多著名的武术家和武术流派。一直以来，四川高度重视武术资源的挖掘、整理、传承、弘扬、发展，持续不断推进资料整理、书籍编写等工作，正本清源，筑牢武术产业发展之本。

一重挖掘整理。四川省组织专门力量梳理峨眉武术的历史演变、派别师承、功法特点、武术套路等，广泛收集散落民间的武术文献，建立史料资源库。如峨眉武术已形成68个拳种和门派、1093个徒手套路、518个器械套路、41个对练套路、276种练功方法和14个技击项目。四川整理编写了《峨眉武术史话》《峨眉武术操》《峨眉武术套路》《峨眉武术段位制教程》等系列书籍，为峨眉武术产业发展提供了理论和技术支撑。再如，青城武术已形成“八剑”、“十拳”、“四械”和“十种功法”的功法体系。四川出版了《中华绝技——青城武术》《青城太极养生》《青城太极》等书、《中华武术展现工程——青城武术系列》《青城太极十八式》等光碟①。

二重基地建设。有传习基地，如峨眉山市武术运动中心，2021年8月5日入选第一批四川省非物质文化遗产保护传承基地；有研究基地，如2017年8月，国家体育总局武术研究院、乐山师范学院、峨眉山市人民政府共同成立中国武术研究院峨眉武术研究中心；有产业基地，2011年峨眉山市入选“四川省峨眉武术产业基地”，这是四川省第一个以武术为项目的产业基

① 《四川体育非物质文化遗产——青城武术（内外气功）》，https：//tyj. sc. gov. cn/sctyj/sctyfwzwhyc/2017/2/10/b34e5b7c965d425092a74e042077c3cd. shtml。

地。近年来，基地建设量质齐升，以内江市为例，已有各级武术协会及武术研究会 21 个，其中盘破门研究会、生门研究会等省级非遗研究会 3 个，啸龙拳武术研究会、黄家拳研究会等市级非遗研究会 10 个，会员达 5000 余人①。

三重传承保护。其中，既有国家级、省级、市级非物质文化遗产，如峨眉武术、青城武术等国家级非物质文化遗产，峨眉盘破门武术等省级非物质文化遗产，峨眉太极拳、峨眉弥陀功等市级非物质文化遗产；也有非遗传承人，如截至 2023 年，峨眉武术各级非遗传承人为 50 人，其中国家级传承人 1 人、省级传承人 2 人。

（二）多向拓展，开辟产业发展新路

经过多年发展，四川武术产业坚持多向拓展，持续完善“武术+N”（即武术+赛事、武术+演艺、武术+康养、武术+旅游……）产业体系，形成了涵盖多层次、多要素的武术文化产业发展新格局。2023 年出台的《峨眉山市“十四五”武术产业发展规划》“峨眉武术项目体系”板块，还就峨眉武术赛事产业、峨眉武术演艺产业、峨眉武术研习产业、峨眉武术康养产业、峨眉武术文创产业发展做出详细战略安排。

“武术+赛事”产业。四川省积极发展武术赛事经济，打造峨眉武术品牌赛事——中国 · 四川国际峨眉武术节，连续举办第七届、第八届、第九届世界传统武术锦标赛和全国武术之乡比赛、全国太极拳公开赛等多项世界级、国家级高规格武术赛事。其中，世界传统武术锦标赛是目前全球武术界规模最大、规格最高、影响最广的大型体育盛会，被誉为“武术界奥运会”。在武术赛事经济影响下，四川武术赛事遍地开花，如 2023 川渝武术精英赛暨打金章擂台赛、首届三国武术文化节、宜宾首届长江武术文化节等。

“武术+演艺”产业。当前，四川武术表演形成影视剧作、线下团体表

① 《高光时刻！跟随大运会冠军曹茂园走进内江的“武林外传”》，http：//www. njdsfzw. gov. cn/news/show/1755。

演、景区实景演出等形式。影视剧作方面，如以峨眉武术为题材，于峨眉武术发祥地峨眉山实地取景的古装玄幻剧《峨眉令》；线下团体表演方面，如亮相成都第31届世界大学生夏季运动会的《武动峨眉》，以猴棍、峨眉枪等兵器为支撑，突出峨眉武术仿生和灵活的特点；景区实景演出方面，如《圣象峨眉》由“幻、雅、灵、蜀、刚、梦、禅”七部分组成，旨在以武为媒，传承中华武术精神，弘扬中华传统优秀文化。

“武术+康养”产业。武术与中医同源，“拳起于易，理成于医”高度概括了武术理论与中医之间的紧密关系，说明武术理论的形成直接源于中医学。武医融合在四川武术领域由来已久，且已形成“峨眉畅气通络疗法”“江氏分筋拨络术暨经络穴位按压术”等武医融合代表性成果。

“武术+旅游”产业。该产业主要体现在旅游线路中融合了武术元素。如乐山推出的峨眉山武术寻根之旅，涉及峨眉武术的代表性景点中峰寺；都江堰市发布的新春精品旅游线路涉及青城武术体验基地桂溪园，发布的非物质文化遗产精品旅游线路涉及聚源镇道君精武馆①。

（三）教育培训，培养专业武术人才

教育培训既为四川武术文化产业源源不断地培养和输送了武术人才，也持续拓展了四川武术文化的受众群体。当前，四川武术教育培训体现出主辅结合、合力共赢等特点。

一是加强武术学校建设。四川省拥有成都文武学校、峨眉文经武略学校、绵阳三台文武学校、泸州市龙马潭区飞龙文武学校、攀枝花林武武术培训学校等。其中，2017年峨眉山引进的峨眉文经武略学校，是一所集幼儿园、小学、初中、高中、大学、峨眉武术博物馆、武术交流中心、崇文尚武爱国教育研学旅行基地于一体的4A级景区学校。

① 《这些新春精品旅游线路带你玩转都江堰的冬》，https：//mp. weixin. qq. com/s? _ _ biz = MzA3Nzk4NzgxOQ = = &mid = 2720206153&idx = 5&sn = 1d2bf820ceaf91df0ad9c02f1115cb2d&chksm = b89e07cd8fe98edb24a6c7072ba09a17381dbcb907af77730e202c0cc6bcd2d7fc92b18b6578&scene=27。

二是支持各级各类武术教学活动。如峨眉武术夏令营，涵盖7天修身健体、14天武术特色技能、28天武术技巧等不同产品，青城武术国学夏令营推出青城武术基础班、青城武术提高班、武术太极特长班、武术国学走读班等。此外，不同类别夏令营还因武术产生交集，如由国务院侨办主办、四川省外事侨务办公室承办的2018年海外华裔青少年“中国寻根之旅”夏令营与青城武术国学夏令营部分学生，共同学习《功夫熊猫2》中熊猫阿宝制胜敌人的绝招——青城太极。

三是推进武术学校与其他学校的联合。2021年3月起，峨眉山市实验小学校和峨眉山文武学校共同发力“文武融雅”课程建设，两校将充分利用各自的优势和教育手段，加强合作交流，搭建区域内教师互相学习的平台，优势互补，博采众长，推进文化育人、课程建设、教育科研、体育武术的全面融合。

（四）场馆建设，树立武术发展阵地

武术文化场馆是四川武术文化产业发展的重要载体和硬件支撑，在武术文化传承和推广方面发挥着重要作用。四川省相关实践主要体现在博物馆建设和武馆建设等方面。

一是建设与武术相关的博物馆。有专业博物馆，如持续完善的峨眉武术博物馆，主要包括峨眉武术发展历史展示区（突出峨眉武术发展的时间脉络和发展节点）、峨眉武术器械展示区（峨眉剑、棍、刺等）、新技术展示区（立体影院和数字化多媒体互动区域）、沉浸式互动区（游客进入武术场景现场体验）以及交流展示区（武术大师工作室、武术团体工作站、峨眉武术信息库等）；也有综合性体育博物馆中的武术板块建设，如成都体育学院博物馆陈列的多数文物亦和武术相关。

二是建设武馆或武术俱乐部。有专业武馆，如青城功夫馆（后更名为青城武术馆）①、青城道君精武馆、四川省营山精武馆、青城王飞武术馆等；

① 《四川体育非物质文化遗产——青城武术（内外气功）》，https://tyj.sc.gov.cn/sctyj/sctyfwzwhyc/2017/2/10/b34e5b7c965d425092a74e042077c3cd.shtml。

也有形形色色的功夫院或武术俱乐部等，如四川南充黑豹功夫院、成都市承武门搏击俱乐部有限公司等。

（五）武术六进，拓展武术受众群体

推动四川武术进校园、进社区、进机关、进乡镇、进企业、进军营，让更多人感受武术的魅力，让武术具有“生活味”“烟火气”，直接带动了武术健身站点以及习武人数的大幅提升，四川武术产业发展的受众基础不断夯实。四川武术六进中，以进校园、进社区活动成效最为明显。

在进校园方面。自从“太极蓉城”和传统文化进校园活动开展以来，成都市体育局组织开展了武术、太极进校园活动。许多学校将太极习练作为第二课堂、兴趣班、武术校本课程，甚至有的学校专门成立了武术队。都江堰市李冰小学充分发挥地方资源优势，优化大课间活动项目，在全校范围内推广青城武术扇。峨眉山市专门出台《峨眉山市武术进校园工作实施方案》，成立了峨眉山市武术进校园工作领导小组，统筹武术进校园工作，峨眉一小、峨眉四中、峨眉山市职业技术学校作为第一批武术进校园试点，各试点学校中小学均成立了低、中、高三个层次的校武术代表队，中学每个年级成立一个武术代表队，由专业教练负责，每周定时、定点训练，而后对所有学校全面普及武术教学工作。内江市资中县早在 2014 年就在全县范围内开展了盘破门武术进校园工作，通过举办体育师资培训、盘破门武技大赛等，将盘破门武术套路纳入全县体育课和大课间活动内容，盘破门武术教学涵盖了全县所有中小学校，并逐渐延伸到其他县（市、区）。

在进社区方面。成都市温江区永宁街道城武社区利用社区武术优势资源倡导健康文化，与温江武术协会开展共建联建，引入汉斌武馆，以“公益+市场”的方式，每天免费为社区居民提供武术健身等服务，让武术成为社区文化标识，让居民走下牌桌、走向“武”台。同时，注重社区传统文化植入，以丰厚的武术文化塑造社区特质，以“美空间”“微更新”为抓手，建成百年城武展示角、“医武同修”浮雕、“五禽戏”雕像等场景，推动武

术元素融入日常生活[①]。也有名家进社区，王尧先后建立都江堰市社区教育学习体验基地、都江堰市社区教育名师王尧工作室，积极推动青城武术非遗进社区。

（六）宣传交流，扩大四川武术影响

四川省始终坚持“走出去、请进来”的思路，不断加强四川武术宣传交流，扩大四川武术知名度。

“走出去”方面。有组团展示，如四川省多次组织本土人才到新加坡、土库曼斯坦、中国港澳台等国家和地区进行峨眉武术宣传展示，积极参加各级各类武术比赛，同世界各国的武术爱好者以及国内外各武术拳种的代表、武术名家进行沟通交流。有异地基地建设，如 2022 年 6 月 23 日，国家级非遗青城武术北京研修基地挂牌仪式在北京怀柔桥梓镇口头村举办。还有个人展示，如峨眉枪法传承人凌云与王者荣耀角色云缨的第一次跨次元合作《中国枪，掠如火》收获了 7 亿次的播放量。2023 年，其在巴黎街头和古筝才女“碰碰彭碰彭”联动创作的短片《巴黎中国红》冲上各视频平台热榜，全网流量超 3.5 亿次[②]。截至 2023 年底，凌云已拥有 2000 多万粉丝，短视频点赞总量突破了两亿，“峨眉凌云”相关话题阅读量超 24 亿[③]。

“请进来”方面。如 2023 年 6 月举办了以“两岸情深 论道峨眉”为主题的第四届海峡两岸峨眉武术文化交流活动，乐山峨眉武术非遗传承人和台湾高雄太极拳代表以武会友，从功夫茶艺，到峨眉蛇形拳、通臂拳、七星拳，再到十三式太极拳，一招一式间，时快时慢，时而猛烈时而幽静，充分

---

① 《成都温江城武社区探索社区治理提质增效新模式》，http：//sc. people. com. cn/n2/2022/1227/c379469-40244704. html。

② 《峨眉武术非遗传承人凌云：跨界给了我传播非遗武术的灵感》，https：//baijiahao. baidu. com/s？ id=1790148038135228980&wfr=spider&for=pc。

③ 《峨眉武术传承人凌云：在流量时代做峨眉女侠》，https：//new. qq. com/rain/a/20230412A07VSQ00。

展示了中华武术的魅力①。与省外媒体合作，央视、凤凰卫视、中国国家地理频道、安徽卫视等都曾前来寻访四川武术，拍摄纪录片。还与市场力量合作，2021 年 12 月 23 日，四川省乐山市人民政府与腾讯签署合作协议，乐山正式授予王者荣耀角色云缨“峨眉文化推广大使”身份；2008 年，《功夫熊猫 1》剧组到中国寻找武术灵感，剧组认定熊猫的形态更适合打太极，于是便去青城派拜访，将青城太极植入主角阿宝身上。《功夫熊猫 1》引进成都元素成了当年中国城市营销的十大成功案例之一。《功夫熊猫 3》上映时，更是把阿宝带回青城山拜访师门，并与青城派掌门刘绥滨一起打太极。《摔跤吧！爸爸》也曾与青城派搭上了关系，主演阿米尔·汗在四川行中拜访了刘绥滨，并跟着刘老师练了些许招式②。

三 四川武术文化产业发展困境

（一）内涵价值较大然而民众了解不足的认识困境

在谈及四川武术时，部分公众以表层认知代替深层认知、以局部认知代替整体认知、以片面认知代替全面认知，武术文化低质化、边缘化、标签化传播现象客观存在，具体表现在三个方面。一是武术就是武艺、武功的片面认知。四川武术内涵涉及武艺、武功、武德、武理、武礼等多个层面，然而公众对四川武术的认知多停留于武艺与武功，对于其健身、文化等层面的认识均不深入。二是武术可有可无的错误认知。四川武术的练养结合、体用兼顾原则充分体现了其价值取向。然而，在重用轻体、重道轻器等功用思维影响下，四川武术价值未被人们正确认知。三是武术远离生活的偏见认知。武术可搏击竞技、强身健体，还可鼓舞精神，四川武术太过边缘化的现实处境

① 《以“武”会友！海峡两岸武术专家论道峨眉》，https://mp.weixin.qq.com/s?__biz=MzkxMDIxMDcxMg==&mid=2247539208&idx=3&sn=6247fc5ac10d7adab6066910fa7a5fcf。

② 《最时髦的青城派：从封杀金庸到教超模影帝打拳》，https://m.huanqiu.com/article/9CaKrnK2PyQ。

使其功能不能被民众充分关注。其原因，既与农业文明背景下四川武术发展所具有的家族性、血缘性和区域性等特征导致武术神秘化有关，也与少数传承者对仙风道骨、江湖义气等刻意继承与呆板呈现有关。

（二）相关活动多元化而市场影响较小的开发困境

四川武术产业仍处在产业化发展的初期阶段，没有形成清晰明确的发展模式，产业关联效应和主导产业的扩散效应等发挥不出来，所以虽然活动多元，但是四川武术产业发展一直较慢。一是四川武术产业发展呈现无序性及盲目性。四川武术产业经营单位众多，存在资源分散、规模较小、产业形式单一、内容相互模仿、技术含量较低等问题。二是产业融合思维不足。与武术文化有关的旅游开发尚未注重突出四川武术的文化价值，同时以四川武术为主题的养生旅游、休闲旅游产品开发滞后。三是产品参与性、互动性较差。四川武术旅游的发展较晚，尽管借助武术赛事、武术节等活动已小有名气，但参与性、互动性强且有市场、有影响力的旅游产品很少。四是文化“走出去”格局中四川武术参与有限。四川武术价值足以使其在文化“走出去”格局中占据重要地位，然而时至今日，四川武术“走出去”步伐仍然较小，知名度与影响力严重不足。

（三）武术资源富集然而任意由其流变的保护困境

峨眉武术、青城武术进入国家级非物质文化遗产名录后，其受到的关注度日增，但是，问题仍然明显。一是品牌保护不力。四川武术内有诸多能体现中国武术文化的代表性符号，这些符号尚处于无商标保护的状态，一旦被他方抢注，可能对峨眉武术产业造成一定影响。二是传承保护不善。价值较高的拳种渐渐流失或者生存状态不佳，同时，进入非遗项目的峨眉武术品牌，后续保护和监管力度仍然不足。三是狭义式保护普遍存在。传统武术保护一般以静态保护或关门保护为主，这种保护反而扼杀了武术的生命力，使其在逼仄的空间中失去了可持续发展的基础和资本。

四 推动四川武术文化产业发展的对策

当前，《武术产业发展规划（2019-2025年）》《四川武术文化传承发展工程实施方案》《建设文化强省中长期规划纲要（2019-2025年）》等政策文件为四川武术文化产业发展提供了重要的政策支撑。在此基础上，四川宜在以下方面积极布局，进一步推动武术文化产业高质量发展。

（一）借助多重力量持续夯实四川武术民众基础

公众认同是四川武术文化产业发展的受众基础、消费基础和市场基础。当前公众对四川武术认知仍不到位，故建议用好四种力量持续发声，凝聚发展共识。一是学术机构力量。在武术的千年传承中，技术的流传甚于文化的流传，导致文化流传处于弱势。由川内高校和科研院所共同挖掘四川武术文化基因对于四川武术传承发展有重要推进作用。二是传播专家力量。并不是所有内涵都适合传播，并不是所有表达都能有效传播，与传播专家合作，将四川武术内涵以不同的表达、不同的话语、不同的模式传播出去，效果才可彰显。三是各类媒介力量。要精选热门话题，善设传播议程，让媒介主动传播，扩大四川武术的知名度和影响力。四是平台力量。成立四川武术文化产业发展联合体，要求所有入会成员遵守相关章程，共同维护四川武术文化产业品牌，更好地保护四川武术文化产业发展。建设四川武术文化产业平台，推进相关服务上网，助力知识普及，同时还可减少成本、优化管理，也可更好地保护和传承四川武术。

（二）强化三种意识持续创新武术产业发展思路

四川武术产生与发展的环境已发生巨大改变，在现代环境中传承四川武术，需要有三个意识①。一要有规范意识。进一步强化行业协会的引领作

① 颜下里、龙海霞：《峨眉武术传承与传播研究》，《武术研究》2018年第6期。

用。武术协会应充分利用当前体育中介的缺位和武术社团的中介地位来推进四川武术规范化发展。二要有共享意识。农耕时代的闭关自保式发展不利于四川武术长久发展，将四川武术的保护理念转移到公众共享公共文化的领域，更多地探讨传统武术对社会的意义及价值，将会进一步拓宽传统武术的保护路径。因此，可整理创编适合老中青幼不同级别的武术套路或一套简单易学的武术健身操，将简单的功法套路和健身操对外推广，有助于规范武术生态、扩大传播范围。三要有创新意识。要提炼出体现四川武术精神和内涵的传播口号与传播内容，挖掘出包含四川元素的趣味性传播点位（如“白猿祖师”司徒玄空创编的“峨眉通臂拳”），以受众喜欢的表达方式对外传播。四川武术表演市场基础较弱，因此可运用 City Walk 等创新思路，推出四川武术文化旅游、四川武术体验旅游、四川武术养生旅游、健身功法修行等旅游产品。善于运用 HTML5 等技术优势，注重信息元素和情感元素的叠加，打造出富有趣味、新鲜的爆款传播产品，让四川武术变得可看、可感、可体验。

（三）借鉴域外经验不断推进武术产业提质升级

一是政府重视、改造技法、量化传播的韩国跆拳道模式。韩国从上到下一直将跆拳道的推广与国家的经济建设摆在同等重要的地位，军队、学校等都是跆拳道推广的主阵地。同时，跆拳道注重技法改造，使之由最早的格斗技能转变成融套路表演、功力表演、格斗竞赛于一体的武术体系。此外，量化也是跆拳道对外扩张的关键一环。韩国跆拳道不仅在服装、训练和表演中实现了统一和量化，就连所踢的木板都有标准化规定。

二是符号固化、全面开花、重在激励的印度瑜伽模式。2014 年 9 月印度总理纳伦德拉·莫迪提出设立“国际瑜伽日”的建议，而后联合国大会正式通过该建议并将每年 6 月 21 日设定为“国际瑜伽日”。印度瑜伽渗透各个领域，以瑜伽练习为主的瑜伽修道院、以疗养培训为主的瑜伽营利性机构、以科研为主的瑜伽研究中心以及官方承认学历的瑜伽学院等都为印度瑜伽传播奠定基础。

三是职业化发展、规则约束、制度护航的美国职业拳击赛事模式。当前，WBA、WBC、IBF、WBO等四大职业拳击组织与职业拳击俱乐部在美国职业拳击赛事中扮演了关键角色。职业拳击组织拥有自己的认证体系，在各个级别都拥有自己的“金腰带”拳手，话语权和影响力在职业拳击领域不言而喻；职业拳击俱乐部是一个团队和经营实体，团队里的每个成员职责明确、任务具体。同时，各职业组织、协会之间采用了稳定一致的竞赛规则，参赛运动员、裁判员等从业人员以及观众都认可和接受竞赛规则，这些都在客观上保证了职业赛事顺利进行。美国较为完善的法律规定也保证了职业拳击赛事的高效持续运转。从“沃克法律”到“反对欺诈腐败拳击组织”法案，确定了拳击比赛规则的相对统一和拳击组织之间的权利与义务，同时也有效地防止了拳击组织在运作比赛过程中的欺诈腐败行为。

无论是韩国跆拳道、印度瑜伽还是美国职业拳击赛事，都有规律、亮点可循。四川武术应当积极借鉴国内外相关产业成熟的经验做法，逐步形成适合四川武术文化产业发展的新思路。

B.12
四川古城古镇发展研究报告

敬 城　徐文燕　曾玉成*

摘　要：　四川全省有千年以上历史的古县59个、古镇102个，古村落、古街巷、古建筑以及名山大川更是星罗棋布。按照“统筹好旅游发展、特色经营、古城保护，筑牢文物安全底线，守护好前人留给我们的宝贵财富”的思路，本课题组着眼于四川古城梯队现状，四川古城的获客力、经济腹地支撑力、交通力，古镇的群星拱照力进行分析，提出四川古城的未来发展预判。

关键词：　古城古镇　文化品牌　消费　获客

习近平总书记多次强调：“统筹好旅游发展、特色经营、古城保护，筑牢文物安全底线，守护好前人留给我们的宝贵财富”，“爱惜城市历史文化遗产，在保护中发展，在发展中保护”，“保护好传统街区，保护好古建筑，保护好文物，就是保存了城市的历史和文脉”。[①] 基于这些指导思想，目前国内古城修复与发展越来越务实，古城旅游也越来越火热。相关数据显示，北京紫禁城、西安大唐不夜城、杭州宋城、云南丽江古城等怀古景区几乎是一年365天每天都是黄金期。

四川省文化和旅游厅官网数据显示：四川省有千年以上历史的古县

---

* 敬城，四川省社会科学院四川省网络舆情研究中心特约研究员，主要研究方向为文化与旅游；徐文燕，美丽都市圈数据实验室秘书长，主要研究方向为文化与旅游；曾玉成，四川大学管理研究中心主任，主要研究方向为文化与旅游产业。本文制图制表为：冯智陶、王琦林。

① 《保护好中华民族精神生生不息的根脉》，《人民日报》2022年3月20日。

59 个、古镇 102 个，古村落、古街巷、古建筑以及名山大川更是星罗棋布。为了研究古城旅游的获客力、经济腹地支撑力、交通力，以及古镇的群星拱照力，本课题组以四川为研究样本，按照有古意、有名气、有活力的标准甄选了 20 座极具文化代表性的古城。有古意，即这些古城的城楼、城门、城墙、文庙武庙等关键元素要有迹可寻。有名气，即古城之名要有声可循（要么经常出现在重要媒体视野里，比如 2018 年 4 月 CCTV-10《地理中国》新闻标题中的“合江古城”[①]；要么经常出现在政府文件中，比如 2022 年 11 月出台的乐山市《嘉州古城保护办法》中言及的“嘉州古城”；要么是在市场或老百姓的口耳之间高频出现，比如“灌县古城”“富顺古城”“熊猫古城”）。有活力，是指古城内外要有人气、有商气、有烟火气……把这些古城相关资料与发展数据逐一剖开，既可以观察到谁最有活力，也可以瞭望到谁最有未来。

一　四川古城的品牌梯队现状

何谓品牌力？担任过日产-雷诺-三菱汽车联盟主席的卡洛斯·戈恩曾做过一个测试——将同样的车冠以不同的品牌拿给顾客估值，结果出现了不同的价格判断。这位全球第四大汽车制造集团的掌门人据此认为，这个价格差就是品牌力[②]。具体来说，品牌力由品牌商品、品牌文化、品牌传播、品牌延伸四大要素与消费者心理协同作用而成。以此理论观照四川各大古城，同样的假期、同样的出行区域，一个从来没有到过四川的人和一个把表 1 中 20 座四川知名古城都走遍了的人，他们会对哪座古城用脚投票？可以揣见的是，这两张用脚投出的票一定是为品牌力埋单的票。

① 《地理中国·合江古城》，央视网，2018 年 4 月 3 日。

② 《品牌力+产品力+渠道力构筑核心竞争力》，东方财富网，2018 年 7 月 31 日。

表 1 四川知名古城

城名	亮点	打卡位	人物与故事
灌县古城	三大世界级遗产、5A 级	南桥、古堰、文庙	李冰父子、花蕊夫人
临邛古城	天府南来第一州	文君井、回澜塔	卓文君、女驸马
阆中古城	中国风水城、5A 级	张飞庙、川北道贡院	春节老人落下闳
雒城	长江文明之源	三星堆	凤雏
嘉州古城	三大世界级遗产、5A 级	山、佛、水、城	海通和尚
磐石古城	状若盘陀	文庙、武庙	两状元
富顺古城	因盐筑城、因学兴城	文庙、赵化古镇	两百进士
三台古城	剑南名都	三台滴翠、蟠龙大佛	潼川三苏
昭化古城	巴蜀第一县	葭萌关、山水太极	纤夫县令
巴人石头城	东方特洛伊城	猊峰城、龙门关	巴王子
南溪古城	万里长江第一门	望瀛门、文明门	五粮液鼻祖邓子均
合江神臂城	长江上游古战场	合江八大镇	唐代神童先汪
严道古城	茶马古道	黑砂博物馆	邓通
熊猫古城	第一只大熊猫发现地	熊猫风情街	大熊猫“盼盼”
甲蕃古城	九寨天堂、5A 级	藏寨群落	比央朵明热巴
松潘古城	国家生态文明示范区	古城墙、古桥春涨	文成公主、松赞干布
中国古羌城	最大羌文化核心保护区	古羌城堡、羌王官寨	大禹
格萨尔王城	世界最长“活”史诗《格萨尔王传》	森珠达孜王宫	格萨尔王
建昌古城	关门锁钥自天生	九街十八巷	英雄
会理古城	南方丝绸之路驿站	四街三关	会理马帮

以观摩品牌闪光度的目光审视表 1 中的古城，可以发现这 20 座颇具代表性的古城可以分为三个梯队：第一梯队是成熟品牌，比如灌县古城、阆中古城等；第二梯队是带着闪光点的成长型品牌，比如熊猫古城、雒城等；第三梯队则是待资待时待发力型的品牌。走近这些古城，还可以发现潜伏其间的五个属性群——

第一，区域标识型。比如雒城作为三星堆遗址（20 世纪人类最伟大的考古发现之一）所在地，昭示了长江流域与黄河流域一样同属中华文明的母体，被誉为“长江文明之源”。比如阆中古城“山围四面，水绕三方”，成就了有照有靠的山、水、城和谐统一的中国风水之城。还比如熊猫古城所

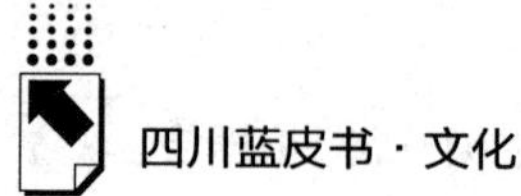

在的宝兴县，是“世界第一只大熊猫科学发现地和第一只大熊猫模式标本产地”，所以学界业界都称这里是“熊猫的老家”。

第二，文庙映照型。比如因州治临近“状若盘陀”的盘峰山而得名的磐石古城（又名资州古城），其文庙以“五绝一奇”著称，尤其是庙内孔子神位大小数倍于全国其他文庙，被誉为“中华第一孔子神位”；比如“千年才子乡，沱江豆花城”富顺古城，其文庙棂星门由12根冲天石柱联排组成，最高石柱达12.8米（超过曲阜孔庙棂星门10.3米的高度），被称为“全国最高棂星门”……这些独拔一份的文庙，正成为古城古建古香古韵最集中的映照。

第三，民族风型。比如地处九寨沟县的甲蕃古城是藏族文化的见证、地处茂县的古羌城是羌族文化的遗存、地处广安的巴人石头城是巴文化的结晶、地处川滇交界处的建昌古城与会理古城有彝汉交融的缩影、地处甘孜县的格萨尔王城则飘扬着世界最长“活”史诗《格萨尔王传》的悠长音符……这些特色鲜明的古城，是研究各民族建筑、宗教、美术、生活习惯等的田野地。

第四，交通要道型。比如会理古城兴起在南方丝绸之路上、严道古城接驳在茶马古道上、昭化古城兴起在川北蜀道上、南溪古城开门在长江水道上……城以道而兴，道因城而顺。

第五，因战起城型。比如松潘古城以大唐与吐蕃之间的战事而闻名于世；比如巴人石头城东指荆楚、北望三秦，为古巴国要塞……值得一提的是与合川钓鱼城（重庆）互为姊妹城的合江神臂城（南宋时这两城在长江上互为犄角、抵御外敌，屏障半壁河山。其中，钓鱼城因蒙哥大汗败死而青史垂名，五易其手的神臂城也在《元史》中留名达67处之多），是“四川保存最完整、最壮观的长江上游蒙宋古战场遗址”①，其周边还分布着合江的六大古寨和八大古镇。

① 《泸州神臂城：断壁残垣背后的一曲壮歌》，《四川日报》2021年6月22日。

二 四川古城的“四力”特点分析

（一）四川古城的获客力

获客力好理解，一如其字面意思：获得客人的能力。四川古城的获客力哪家强？我们摊开2019年全年、2023年春节期间的数据来看[①]。

为便数据的整理与比较，我们统一以古城所在县市区的旅游收入、游客量为参照物，可以发现：①上述古城所在县市区2019年游客总人次超过1000万大关的按体量排依次是：都江堰市（灌县古城）、西昌市（建昌古城）、市中区（嘉州古城）、广安区（巴人石头城）、邛崃市（临邛古城）、阆中市（阆中古城）、广汉市（雒城）；②上述古城所在县市区2019年旅游总收入突破100亿元大关的按体量排依次是：市中区（嘉州古城）、都江堰市（灌县古城）、西昌市（建昌古城）、广安区（巴人石头城）、阆中市（阆中古城）、邛崃市（临邛古城）、广汉市（雒城）；③上述古城所在县市区2023年春节期间游客总人次超过100万大关的按体量排依次是：阆中市（阆中古城）、西昌市（建昌古城）、邛崃市（临邛古城）、都江堰市（灌县古城）、市中区（嘉州古城）。如果忽略体量位次，可以发现这三组名单高度重合。

表2 四川知名古城2019年、2023年春节期间获客数据

城名	所在县域	2019年游客数（万人次）	2019年旅游收入（亿元）	2023年春节游客数（万人次）
灌县古城	都江堰市	2618.8	308.1	154.77
临邛古城	邛崃市	1631.0	169.0	157.75
阆中古城	阆中市	1441.3	170.0	168.62
雒城	广汉市	1048.2	102.1	73.86
嘉州古城	市中区	1735.5	363.5	138.21
磐石古城	资中县	969.1	70.5	60.56

① 数据来源于各种统计公报、政府工作报告及相关新闻报道。

续表

城名	所在县域	2019 年游客数（万人次）	2019 年旅游收入（亿元）	2023 年春节游客数（万人次）
富顺古城	富顺县		59.2	112.00
三台古城	三台县	600.0	71.2	39.25
昭化古城	昭化区	803.4	68.5	63.19
巴人石头城	广安区	1696.8	171.4	
南溪古城	南溪区			
合江神臂城	合江县	743.1	80.0	
严道古城	荥经县		34.7	32.71
熊猫古城	宝兴县			
甲蕃古城	九寨沟县	186.0	17.6	10.12
松潘古城	松潘县	398.0	35.0	14.57
中国古羌城	茂县	302.4	22.4	
格萨尔王城	甘孜县			
建昌古城	西昌市	2280.0	268.0	165.91
会理古城	会理市	381.6	32.2	51.01

注：对于暂未发布相关数据的个别县市区，我们也可以看看相关市州数据以把握其体量与规模。比如阿坝州 2023 年春节期间共计接待游客 125.94 万人次，实现旅游收入 9.4 亿元，较 2019 年同期分别增长 109.07%和 142.52%；甘孜州 2023 年春节期间共接待游客 45.66 万人次，实现旅游综合收入 5.02 亿元，分别恢复到 2019 年同期的 92.94%和 102.23%。

换言之，这些高度重合的城市就是获客力最强的城市。通过研究这些城市，可以发现他们有着诸多共性：文化名片的代表性与唯一性凸显、城市的容纳度与接待力充足。

（二）四川古城的经济腹地支撑力

经济中心、经济腹地、经济网络三者构成一个完整的经济区。所谓经济腹地，一般是指经济中心吸附与辐射能力能够达到并促进其经济发展的地域范围。以经济中心与经济腹地相辅相成的关系观照文化旅游中心（古城），可以发现：经济腹地的规模、发展水平和联系的紧密度，直接影响着文化旅游中心（古城）的兴旺度。

通过图 1 可以看到，四川古城序列以所在市州范围为经济腹地的人、财数据特点。从 GDP 看，2022 年成都正式进入“GDP 两万亿元俱乐部”。同期，四川“GDP 两千亿元俱乐部”成员达到 9 个（成都、绵阳、宜宾、德阳、南充、泸州、达州、乐山、凉山）。2023 年，作为全省经济主引擎，成都继续交出不错的成绩单：连跨 2 个千亿元台阶，经济总量达到 22074.7 亿元，同比增速与全省持平。经济总量长期排名全省第二位的绵阳，GDP 首次突破 4000 亿元，成为除成都外，第一个迈上 4000 亿元台阶的市州。紧随其后的是经济总量迈上 3800 亿元台阶的宜宾，德阳也突破了 3000 亿元。至此，除成都外，四川共有 3 个市经济总量迈上了 3000 亿元台阶，中坚力量进一步壮大，经济结构更加稳定。从七普人口数据来看，成都常住人口突破 2000 万大关；常住人口在 500 万~600 万人区间的市州有 2 个，依次是南充市、达州市；常住人口在 300 万~500 万人区间的市州有 8 个，依次是绵阳、凉山、宜宾、泸州、德阳、广安、乐山、内江。

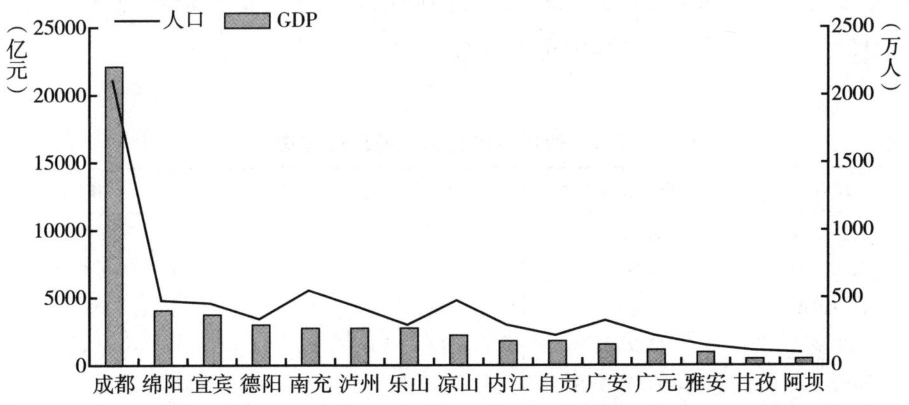

图 1　2023 年四川古城经济腹地相关数据

正是因为全省人口进一步向首位城市成都聚集，市州人口向中心城区聚集，相关财富流、技术流、商流、物流、旅游观光流等也随之聚合起来。也因为这个趋势，可以认为，凡是以 GDP、常住人口数量均排名靠前市州为经济腹地的古城（包括其他代表性文旅目的地），其游客量与旅游收入都会进入旺盛阵营。

（三）四川古城的交通力

课题组专门做出表3这张一览无余、一目了然的出行方式一览表，强调的是高速交通的重要。众所周知，川西北生态示范区（包括阿坝藏族羌族自治州、甘孜藏族自治州）旅游资源极为丰富，海内外所熟知的大九寨、大熊猫、大草原、大长征、大雪山、大冰川、大彩林、大禹故里、大网红……就星罗棋布地落子在这块圣洁而又神奇的土地上。但是，由于地质、气候对高速交通的制约，旅游体量的瓶颈一直有待突破：比如2019年阿坝州共接待游客3157.1万人次，实现旅游总收入227.58亿元；甘孜州共接待游客3316.69万人次，实现旅游收入366.98亿元。以这两州的年度数据对比表2一些县市区（尤其是同在川西高原的西昌）的同期市场份额数据，考量品牌力、获客力、交通力等几大关键词，差距何在？可以预见的是，如果未来交通及相关配套的“短板”得到提升，川西北生态示范区的文旅“木桶”将会在引流与扩容中再上一个新的量级。

表3　四川古城高速交通出行方式

城名	所在县域	高铁	高速公路	机场
灌县古城	都江堰市	√	√	√
临邛古城	邛崃市	√	√	0
阆中古城	阆中市	√	√	√
雒城	广汉市	√	√	√
嘉州古城	乐山市市中区	√	√	0
磐石古城	资中县	√	√	0
富顺古城	富顺县	√	√	0
三台古城	三台县	0	√	0
昭化古城	昭化区	0	√	0
巴人石头城	广安区	√	√	0
南溪古城	南溪区	0	√	0
合江神臂城	合江县	0	√	0
严道古城	荥经县	0	√	0
熊猫古城	宝兴县	0	0	0

续表

城名	所在县域	高铁	高速公路	机场
甲蕃古城	九寨沟县	0	0	√
松潘古城	松潘县	0	0	√
中国古羌城	茂县	√	0	0
格萨尔王城	甘孜县	0	0	√
建昌古城	西昌市	√	√	√
会理古城	会理市	0	√	0

注：机场包括民用运输机场也包括通用机场。

（四）四川古镇的群星拱照力

相较古城而言，四川的古镇体量要小一些，分布更广一些、数量也更多一些。这些古镇，既有聚落型，又有商贸型，还有驿站型、水会型，更有关隘型……各种原始功能、流动人口与新的机会交汇叠加，让各个古镇焕发出新的生机，并在各种史话、古迹、美食、建筑、民宿、非遗等光点的耀动之下，逐渐走进越来越多人的视野。

着眼于课题组整理的四川古镇（见表 4），可以发现：古镇“三古”（古史、古迹、古镇特色美食）日益迸发出吸睛引流的独特魅力。比如古史，包括洛带古镇的客家文化史、三道堰古镇的水文化史、白鹿古镇的书院文化史、牛佛古镇的水运枢纽文化史、李庄古镇的抗战文化史、太平古镇的赤水文化史等；比如古迹，包括安仁古镇的公馆、艾叶古镇的盐井、尧坝古镇的民居、郪江古镇的龙桥、叠溪古镇的碉楼、隆昌南关古镇的石牌坊等；比如古镇特色美食，包括木城古镇的甜皮鸭、平乐古镇的奶汤面、罗泉古镇的干烧鱼、柳江古镇的藤椒鸭、剑门关古镇的豆腐宴、苏稽古镇的跷脚牛肉、马鞍古镇的胭脂萝卜等。可以说，发掘好古镇“三古”的金字招牌，就能把游客导流进来。而且，只要将这些古城、古镇、古村落串珠成链、并链成片，就会发现它们正在形成大星带动小星、小星拱照大星式的连动，市场、客群、消费等随之神龙摆尾，一兴百兴。

表 4　四川古镇分布及文化特色

所在县域	古镇名称	具体特色
龙泉驿区	洛带古镇	洛带古镇千年老街,属典型的明清建筑风格
青白江区	城厢古镇	保留了清代客家风格的陈氏祠堂、绣川书院等文物古迹
双流区	黄龙溪古镇	凭借悠久的水文化入选"成都新十景",成为成都旅游新地标
郫都区	三道堰古镇	充分利用得天独厚的水资源,形成"川西民居,水乡特色"的生态风格
金堂县	五凤溪古镇	成都十大古镇中唯一的山地古镇
大邑县	新场古镇	四川现存规模最大、保存最为完好的古镇,被称为"最后的川西坝子"
	安仁古镇	以刘氏庄园博物馆、建川博物馆、公馆老街为核心资源,有中国唯一的"博物馆小镇"美誉
蒲江县	西来古镇	拥有大量明清时期的川西民居,保存着许多明清建筑
都江堰市	泰安古镇	是青城后山的第一景点,也是游览青城山后山的必经之地
彭州市	白鹿古镇	以法式小镇为主,中式小镇为辅。尽情地展示了法国建筑特色
	海窝子古镇	以其独特的水文化、民俗文化和建筑文化而闻名
邛崃市	平乐古镇	国家 4A 级景区,"茶马古道第一镇"
崇州	街子古镇	街子古镇内有光严禅院、古塔、清代古建筑等,被誉为"川西水乡"和"青城后花园
	元通古镇	元通古镇内有许多古迹和古景,展现了其深厚的历史和文化底蕴
自流井区	仲权古镇	彩灯特色小镇
贡井区	艾叶古镇	因盐而名,因滩而盛
大安区	牛佛古镇	坐拥贺乐堂、王爷庙、中和灏、廖公馆、雷公岩摩崖造像等 12 处省市区级文物
沿滩区	仙市古镇	以清末民初修建的传统民居和古寺古馆等为载体,俗有"中国盐运第一镇"之称
富顺县	赵化古镇	"戊戌六君子"之一刘光第的故乡
东区	虹阳古镇	镇上有许多古老的建筑和传统的川西民居
纳溪区	乐道古镇	古庙、抗战期间修建的抗战小学
泸县	立石古镇	古街、古庙、古戏楼、古墓
合江县	尧坝古镇	古镇大多是典型的川南民居四合院的风格,绝大多数为清代、民国时期建筑

续表

所在县域	古镇名称	具体特色
古蔺县	太平古镇	太平古镇有积淀深厚的红色文化,留下了大量宝贵的红色遗迹和革命文物
旌阳区	孝泉古镇	孝泉古镇内有非常多的以德孝闻名的文人遗迹:姜孝祠、姜公坟、白衣庵、临江桥等
罗江区	倒湾古镇	依托三国文化资源,建设了集文化旅游、拆迁安置、创业就业于一体的旅游景点
三台县	郪江古镇	古镇保有唐宋时代摩崖造像,明清时期的古建筑民居、街道、寺庙和石桥
江油市	青林口古镇	这里年代感十足,有红军桥、青林桥、冯家大院、古街道、古寺庙,古质自然,少雕琢,原生态
青川县	青溪古镇	古镇拥有许多明清时期的古建筑
剑阁县	剑门关古镇	这里有保存完好的明清时期的古建筑,游客可以感受到古代战争的氛围
船山区	龙凤古镇	古建筑集中,很有悠闲的韵味
安居区	黄峨古镇	为纪念乡贤、蜀中四大才女之一黄峨而精心打造的旅游景区
蓬溪县	中国红海百家姓古镇	拥有 38 座整体迁建的古建筑群
射洪市	青堤古镇	是射洪县有名的千年古镇,有位于青泉山上的县级重点文物汉代崖墓群
资中县	罗泉古镇	是中国 100 个千年古镇之一,以井著称、以龙为名
隆昌市	隆昌石牌坊南关古镇	古镇以石牌坊为主题,汇集了清代民居庭院、店铺客栈、戏楼亭阁等多种建筑风格
市中区	苏稽古镇	古镇保有很多老屋,弥漫着淡淡的乡愁
五通桥区	五通桥古镇	中国最长的古典半边街古镇,中国黄葛古树最多的古镇,中国古码头数量最多的古镇
犍为县	罗城古镇	保留着部分明清时代老四川文化的人文风貌
井研县	千佛古镇	以千佛岩为中心,沿山周围岩壁上有大大小小崖墓十余座
夹江县	木城古镇	是一座以木质建筑见长的古老小镇
沐川县	箭板古镇	有 200 多座清代建造的房子
峨眉山市	罗目古镇	小镇保留了古民居的风韵
高坪区	龙门古镇	集旅游休闲、餐馆娱乐、民俗活动、特色工艺、滨江亲水休闲、古镇度假等于一体
南部县	大桥古镇	古代阆中至成都所谓“皇柏大道”上的重要驿站
蓬安县	周子古镇	嘉陵江上最后的码头古镇

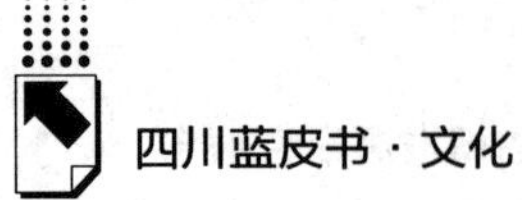

续表

所在县域	古镇名称	具体特色
仪陇县	马鞍古镇	是朱德元帅的家乡，被称为“西部第一客家古镇”
阆中市	南津关古镇	这里有传统的古建筑、古街巷和古文化传承
	阆中古城	获全国历史文化名城、中国优秀旅游城市、国家5A级旅游景区、中国春节文化之乡等多项荣誉
东坡区	罗平古镇	东坡区现存极具历史文化遗存、极具恢复和保护价值的历史文化街区
洪雅县	高庙古镇	古镇完好的古建筑尚有125座，其中大部分建于明末清初，全是穿木结构
	柳江古镇	这里有着古朴的建筑，可以看到许多保存完好的明清建筑
彭山区	江口古镇	古镇沿山一带多达5000余座东汉崖墓，让江口的古老与神秘留存至今
青神县	汉阳古镇	千年沿袭的楼台亭榭、独具特色的吊脚楼，构筑了汉阳古镇的貌样
翠屏区	李庄古镇	4A级旅游景区，被誉为“万里长江第一古镇”
叙州区	横江古镇	横江古镇保留了大量的古街、古桥、古塔和古庙等明清古建筑
江安县	安乐古镇	江水、油菜花海、小溪、古街、石桥等一应俱全的原始古镇
筠连县	塘坝古镇	塘坝古街上，两边有保存完好的以土木结构为主的民居
屏山县	龙华古镇	国家级历史文化名镇，因有五代后期所建龙华寺而得名
广安区	肖溪古镇	主要有始建于明末清初的老街和建筑物
岳池县	顾县古镇	古镇存有的旧街，以纵穿南北的一条长街为主体，大部分保存完好
武胜县	沿口古镇	有数千间木结构、青瓦屋面的传统民居形成的规模宏大的古建筑群
华蓥市	九龙溪古镇	古镇建筑以明清为主，南北结合的风格
达川区	石桥古镇	保存完好的川东民居和青石板街面，拥有原汁原味的川东民俗风情
大竹县	清河古镇	以其独特的中西结合的建筑群而闻名
渠县	三汇古镇	古镇里的三汇白塔通高43.9米，是目前川东地区现存古塔中最高的
雨城区	上里古镇	有古桥、古树、古街、古建筑，还有浓厚的红军文化
名山区	茶马古镇	在古镇内，可以看到许多保存完好的古建筑、古文物和古老的手工艺品
汉源县	清溪古镇	城内仍保存着大片唐、宋、明、清各代建筑

续表

所在县域	古镇名称	具体特色
石棉县	安顺场古镇	集爱国主义教育、古镇休闲度假等于一体,省级历史文化名镇,国家级和省级文物保护单位
芦山县	龙门古镇	地震后重建的国家4A级旅游景区小镇,拥有老街、老屋、古迹、古建筑群等
恩阳区	恩阳古镇	有四川省规模较大、成片保存较为完好的明清时代古建筑群
平昌县	白衣古镇	白衣水乡古镇景区为镇龙山国家森林公园的重要组成部分
乐至县	薛苞古镇	县级文物保护单位,现存老街有360余年历史,现有房屋107套,其中完好49套
汶川县	水磨古镇	有大量结合了藏羌汉民族建筑特色精华而修建的景观建筑
理县	薛城古镇	阿坝州至今保存最为完整的古镇之一,不少建筑至今仍保留着汉唐风韵
茂县	叠溪古镇	镇内的建筑风格充满了羌族特色
泸定县	磨西古镇	保留许多传统的藏族建筑和风俗习惯
理塘县	勒通古镇	全国唯一依托仓央嘉措并打造仓央嘉措一生之路景点的特色文化小镇
西昌市	礼州古镇	礼州古镇多为清代建筑,砖木或土木结构
会东县	姜州古镇	有保存较为完整的明清建筑,例如有炎帝宫等众多名胜古迹
甘洛县	海棠古镇	建有诸多庙宇,当时堪称成都出南门至宁远府道上的第一座庙林古城
雷波县	黄琅古镇	古镇山水相连,文物古迹众多

三　四川古城的未来发展预判

从古城景区评级A级（或者主要依托区域的代表性景区评级A级）、世界遗产拥有量①、全国性文保单位数量、2019年县域游客量、2019年旅游

① 世界遗产包括世界自然遗产、世界文化遗产、世界灌溉工程遗产。

收入，2023年和2024年春节期间游客量、是否当选天府旅游名县等多个角度观察，课题组认为四川省内五大片区的十大代表性古城（组团）应该如下。

（一）成都平原经济区：灌县古城、嘉州古城

在成都平原经济区（成德眉资绵遂乐雅8个地级市），都江堰市灌县古城依托大成都一小时经济圈的腹地优势、福泽天府两千多年的都江堰工程，以及“问道青城山、拜水都江堰”这句带着道家仙气的天然广告，首位性几乎无可撼动。在成都平原经济区上，只有嘉州古城①及其辐射区的5A级、三大世界遗产（峨眉山-乐山大佛世界文化与自然双重遗产、东风堰世界灌溉工程遗产），能与拥有相同资本的都江堰（世界文化遗产、世界灌溉工程遗产、世界自然遗产四川大熊猫栖息地重要组成部分）并耀其光。

（二）川东北经济区：阆中古城、巴人石头城

川东北经济区（包括南充市、达州市、广安市、广元市、巴中市五市）有一座与安徽徽州古城、山西平遥古城、云南丽江古城并称“中国四大古城”的阆中古城，作为中国春节之城、中国风水之城、嘉陵第一江山，其区域显示度与全国影响力均可圈可点。而在这块以巴文化为表征的经济区上，唯有广安的巴人石头城可与阆中古城媲美。作为全国仅有的巴人文化遗存②，巴人石头城是一座“用石头在石头上建起来的石头城”——由数万块重以吨计的条石堆垒而成，城垣高耸，碉楼林立，无声地演绎着一曲战火烽烟之后的巴人绝唱。

（三）川南经济区：合江神臂城+尧坝古镇+福宝古镇组团、南溪古城+李庄古镇组团

在川南经济区（包括内江、自贡、宜宾、泸州四市），最具代表性的古

① 按照《嘉州古城保护办法》，古城包括嘉州古城墙、乐山文庙、龙神祠等。

② 《千年巴人古城的前世今生》，《广安文旅》2022年8月2日。

城是两大组团，一个是位于泸州的合江神臂城+尧坝古镇+福宝古镇组团，另一个是位于宜宾的南溪古城+李庄古镇组团。两大组团的模式有三个支撑点：第一个支撑点是这两个古城组团分别都在各自市中心的 1 小时交通圈内；第二个支撑点是组团后更能发挥“战事城+码头城+爱国城+临江民居城”的品牌抱团优势；第三个支撑点是交叉吸附泸州、宜宾两大经济重镇的腹地优势，极易实现变商贸流为游客流的两栖奔赴型崛起。

（四）攀西经济区：建昌古城、会理古城

在攀西经济区（包括攀枝花市和凉山彝族自治州），建昌古城、会理古城如同双子星一般并烁于川滇交界处。随着雅西高速（西昌到成都 5 小时）、成昆铁路复线（西昌到成都 3 小时）的建成通车①，提速的凉山必将引来更加旺盛的文旅新流量。

（五）川西北生态示范区：中国古羌城+松潘古城+甲蕃藏寨城组团、格萨尔王城+康定古城组团

在川西北生态示范区（范围包括阿坝藏族羌族自治州、甘孜藏族自治州），课题组认为位于九寨沟西环线上的中国古羌城+松潘古城+甲蕃藏寨城组团，位于甘孜州的格萨尔王城+康定古城组团，将会为广大游客打开一扇充满高原民族风情的、秘境式的、史诗般的古城之门。叩开了这扇大门，就仿佛走近了卓玛，走近了珍珠，走进了高原红、彩云蓝、天空城。

---

① 江龙：《十人十“梦”，动车跑在大凉山》，红星新闻，2022 年 12 月 28 日。

B.13
四川升华川酒金字招牌调研报告

周 伟　郭泓伶　彭祎婧*

摘　要： 四川是人口大省、农业大省、资源大省，川酒是四川递给世界的一张金名片。2017年总书记作出擦亮四川农业大省金字招牌的重要指示，以川酒为代表的"川字号"名片站上了新的历史发展起点。近八年来，川酒在产业发展、品牌建设、市场拓展、酒业融合、产业体系构建等领域取得了显著成效，但在历史文化的稀缺性、高端性、差异性挖掘，川酒品牌宣传的全局性、系统性、统一性布局，川酒产业发展的同质性、短视性、竞争性规避等方面亟须改善提升，以更好打造世界级产业集群，让川酒这块金字招牌更加熠熠生辉、大放异彩。

关键词： 白酒行业　川酒　品牌打造

一　川酒金字招牌发展现状

（一）发展背景

"世界白酒看中国，中国白酒看四川"已成业界共识。四川自然条件极为优越、酿酒历史源远流长，孕育了以五粮液、泸州老窖、剑南春、郎酒、舍得、水井坊等川酒"六朵金花"为代表的众多名酒品牌，为中国白

---

* 周伟，博士，四川日报全媒体首席策划师、主任记者，主要研究方向为传媒经济、农业产业、品牌营销；郭泓伶，博士，成都信息工程大学管理学院讲师，主要研究方向为产业经济学；彭祎婧，四川省社会科学院研究生。

酒高质量发展发挥了不可替代的引领作用。川酒最能代表中国白酒文化之美。无论是凝结着时光记忆的酿酒老窖池，还是李白、苏东坡等文人墨客留下的隽永诗篇，都是川酒名扬天下的文化代表。川酒最能体现中国白酒技艺之道。川酒酿造技艺底蕴深厚、匠心独具。特别是新中国成立后，川酒无私的技艺推广，让浓香型白酒市场份额达到70%以上，奠定了“浓香天下”的市场格局。川酒最能展示中国白酒品牌之盛。在历届全国评酒会中，累计评出17种国家名酒，川酒独占其六。此外川酒还拥有众多省优、部优白酒品牌，川酒之花开遍巴蜀大地。

为了擦亮和升华四川农业大省金字招牌，四川省委、省政府把发展特色优势产业和战略性新兴产业作为主攻方向，大力实施食品、轻纺等六大优势产业提质倍增计划，加快构建体现四川特色和服务国家大局的现代化产业体系，相继作出“川酒振兴”“培育壮大世界级优质白酒产业集群”等战略部署。省直相关部门和川酒主要产区党委、政府陆续出台实施《优质白酒产业振兴发展培育方案》《四川名优白酒品牌“护航行动”实施方案》《四川白酒产业振兴工作推进方案》等政策，将川酒这块金字招牌越擦越亮。

（二）发展现状

1. 川酒产业规模拾级而上

以川酒为代表的食品轻纺产业是四川省重点打造的六大万亿支柱产业之一。2023年，四川白酒产业的产量和营收均占全国白酒产业的半壁江山，川酒企业数量居全国第一位，产销量实现了“控股”全国白酒产业的目标，四川成为名副其实的中国白酒第一产销大省。川酒的产量、营收占全国比重分别从2017年的31.1%、39.9%上升到2022年的51.1%、52%。

2. 川酒品牌实力进阶升维

四川拥有全国最多、最密集的白酒知名品牌，已形成了以五粮液等“六朵金花”为代表的一线品牌，以丰谷酒业等“十朵小金花”为代表的二线品牌及以大量原酒企业为代表的三四线产业梯队。在全国十七大中国名酒中，四川独占六席，“六朵金花”中有一家千亿级企业（五粮液）、三家百亿级企业，且产品品类完善、市场基础良好。

3. 川酒科研实力首屈一指

四川拥有全行业顶级的白酒科研机构及创新平台，建有博士后科研工作站、国家固态酿造工程技术研究中心、国家企业技术中心、国家酒类品质与安全国际联合研究中心、国家白酒产品质量监督检验中心、国家级大师工作室、院士专家工作站等近20个国家级科研创新平台及固态发酵资源利用四川省重点实验室、四川省酿酒专用粮工程技术研究中心等50余个省级创新平台。

4. 川酒人才资源遥遥领先

川酒拥有全国最多的行业拔尖人才，国家级白酒大师和白酒评委数量占据全国1/3；科研成果突出，在酿酒发酵机理、智能酿造装备、白酒风味、酒类食品安全、酿酒循环经济等行业前沿共性关键领域技术攻关方面已取得了行业领先成果，获省部级以上成果奖和发明专利超百项，强化了白酒产业新技术、新工艺、新装备的研究和开发，有效推动了行业高质量发展。

5. 川酒产业体系完整贯通

四川拥有五粮液白酒产业园区、中国白酒金三角酒业园区等白酒产业园区，白酒工业设计、电商、金融、物流、包装等相关配套产业较为齐全。四川拥有中国国际名酒博览会、中国国际酒业博览会、中国四川美酒博览会等多个行业展会平台及宜宾酒类交易所、泸州白酒产品交易中心、中国酒业大数据中心、原酒基金等白酒产业链上下游服务平台，形成了较为完善的产业配套体系。

（三）发展特点

1. 文化挖掘活起来

“佳酿飘香自蜀南，且邀明月醉花间。三杯未尽兴尤酣，夜露清凉搀乐去。青山微薄桂枝寒，凝眸迷恋玉壶间。”这是近一千年前，大宋文豪苏东坡在品饮川酒佳酿后留下的千古佳句，为灿若星河的诗酒文化留下了浓墨重彩的一笔。近千年后的今天，在以中国式现代化全面推进中华民族伟大复兴的历史进程中，苏东坡所代表的的文化符号及其把酒“问青天”“酹江月”“醉花间”所缔造出的文学成就和诗酒文化，都已成为中华优秀传统文化的重要组成部分。苏东坡笔下的川酒佳酿，正深入贯彻落实文化自信自强精神，坚持文化铸魂，弘扬传统文化，不断从中华优秀传统文化中汲取智慧和营养，致力于推动中国白酒文化创造性转化、创新性发展，通过活态创新表达，系统挖掘白酒文化所蕴含的丰厚内涵和时代之义，让文物说话、让历史说话，让传统文化出圈出彩“活”起来。近年来，五粮液持续推进“考古五粮液”项目，创新打造“和美文化节”“中国西湖情五粮液玫瑰婚典”等文化 IP，推出了多款颇受好评的“科创+文创”酒类新品，以创新、多元、有趣的形式，实景演绎杜甫品鉴“重碧酒”、黄庭坚题词安乐泉、姚君玉改良传统酿造技艺、杨惠泉题名五粮液等历史故事场景，让中国酒文化更加贴近人民生活。

2. 融合发展火起来

川酒积极探索“酒+N”多元化模式。如泸州发展白酒产业链六大业态，结合酒类包材配套产业链“四类产品+四个环节”，做到特色做特、优势做优、长板做长。实施“白酒+文旅”战略，构建以泸州白酒产业园区、古蔺二郎名酒名镇、郎酒庄园、纳溪大渡口等为代表的“名酒·名园”“名酒·名镇”“酒镇·酒庄”三种特色发展模式，筹建四川中国白酒博物馆，以酒文化引领文化酒，促进一二三产业融合发展，加快打造世界级白酒文化旅游目的地，让多元融合成为泸酒的特色表达。德阳设置“三星堆+白酒+沿山民宿”“白酒+乡村旅游”等精品酒旅线路，推动形成联动“大九寨”、凸显“大熊猫”、共享“大遗址”的环“三九大”酒文旅融合发展示范区，打造融合白酒、唐代中式建筑、创新业态、活动运营模式的大唐白酒文化产业园区。

3. 绿色发展兴起来

“作为长江上游城市，要强化上游担当，不能沿江‘开黑店’、排污水，要以能酿出美酒的标准，想方设法保护好长江上游水质，造福长江中下游和整个流域。”2022 年 6 月，宜宾三江口，党中央再次为筑牢长江上游生态屏障，守护好这一江清水作出重要指示。水乃酒之血，水质的优劣决定着酒质的高下。地处长江上游生态屏障核心地区的川酒，对酿酒水源要求极为严苛。四川深刻践行“筑牢长江上游生态屏障”“推进美丽四川建设”等理念，支持企业构建全生命周期绿色供应链体系，围绕绿色低碳发展开展创新，选择能耗低、排污少的清洁生产新工艺，加大废水污泥等资源化研究力度，大力实施酿酒生态提升工程，引领行业创新、绿色、循环、低碳发展。

4. 品牌打造爆起来

川酒积极强化品牌培育，着力开展川酒宣传推广。近年来，四川省先后出台《优质白酒产业振兴发展培育方案》《四川白酒“十朵小金花”及品牌企业三年培育计划》《推动四川白酒产业高质量发展的若干措施》等政策，初步形成“6+10+20+N”产区品牌和企业品牌。由省经济和信息化厅指导的“川酒全国行”品牌推广活动自 2017 年以来已在北京、上海、贵阳等 11 座城市成功举办，不断将川酒的生态、技艺、品质、历史、文化等传播到全国各地。举办中国国际酒业博览会、中国国际名酒博览会、中国四川美酒博览会、国际蒸馏酒品牌大会等，让川酒市场占有率、品牌辨识度显著提升。川酒龙头企业五粮液品牌价值持续提升，2022 年品牌价值首次突破 4000 亿元，获评年度最佳表现品牌；品牌强度指数获得全球最高 AAA+评级，位居白酒品牌首位，与苹果、工行、微信等同属最高等级，逐步跻身世界一流品牌行列。泸州老窖将中国白酒与艺术、文化、体育等紧密结合，讲述中国故事、传播中国文化，逐步构建起中国白酒国际化、高端化、年轻化、时尚化的文化表达方式，不断提升中国品牌国际能见度。

5. 国际合作动起来

酒是通用的语言、文化的载体、友谊的使者。近年来，川酒以创新的方式、全球化的视角和语言，推动中国白酒与文化、艺术、体育、国际交流等多领域跨界融合，让中国白酒成为中华优秀传统文化的一张名片。四川省委、省政府出台《关于支持宜宾泸州组团建设川南省域经济副中心的意见》，作出了“增强优质白酒产业全球竞争力”的部署，“酒都”“酒城”

共酿一杯美酒的发展格局加速形成。接下来，川酒两大产区将顺应白酒向优势品牌、优势企业、优势产区集中发展的趋势，深入实施品质提升、品牌培育、品味塑造“三品”战略，携手共建世界优质白酒产业集群，加强名酒产区产业链、供应链的深度融合，促进产区优势资源互补，形成产区全方位、多层次、宽领域的全面开放共赢格局，释放酒业增长潜力，培育壮大酒业新动能，共同推动中国白酒香飘世界。

二　升华川酒金字招牌急需突破的问题

（一）川酒历史文化的稀缺性、高端性、差异性挖掘不够

一千多年前，杜甫在成都留下了“蜀酒浓无敌”的喟叹，一千多年后，广大消费者给予了“川酒甲天下”的美誉。川酒在源远流长的历史发展进程中，缔造了诸多辉煌，成就了丰富的酿造工艺、独特的产品品类和高端的品牌体系，但是至今仍然还有很多川酒的稀缺性、高端性、差异性散落在川酒历史文化的古籍中，没有得到有力弘扬和创造性转化。同时，川酒要做好历史文化的科普，要给年轻消费者和外国消费者讲清中国白酒的香型，酿造原材料和工艺，色泽、香气和口感，更重要的是要有白酒科普知识读本，让消费者对照读本体验不同香型、口感，从而更深刻地了解并真正喜欢上白酒。

（二）川酒品牌宣传的全局性、系统性、统一性有待加强

在当前名酒产业发展日趋激烈的情况下，名酒产业市场竞争已经从单纯的产品竞争、企业竞争，向涵盖产区在内的综合性品牌竞争转变。各种名酒都有与之相匹配的世界级集中宣传活动。如全球最负盛名的葡萄酒产区法国波尔多，每年都在全球同步举办“波尔多葡萄酒节”；世界顶尖蒸馏酒产区英国苏格兰，确定每年 5 月第三个星期六为“世界威士忌日”，并举办威士忌全球狂欢节等系列活动。即便是国内同为白酒大省的贵州，每年也有由省级层面主导打造的贵州名酒节等固定宣传活动，贵州在推动白酒产业的区域

竞争力和品牌竞争力上，已表现出足够的整体区域竞争优势。相比之下，目前川酒宣传推广主要存在以下差距和不足。一是品牌集聚效应不强。除“六朵金花”和“十朵小金花”等知名品牌，川酒企业普遍规模较小、布局分散，尚未形成宣传合力和品牌矩阵。二是品牌宣传合力不够。五粮液、泸州老窖等各大实力雄厚的白酒名企，经常自行组织开展品牌宣传活动，没有更好地统筹宣传资源。同时，虽有全省层面的“川酒全国行”、中国国际酒业博览会等平台，但各酒企基本上各唱各的戏，没有形成抱团意识和合力，忽视了对川酒整体品牌的宣传打造。

（三）川酒产业发展的同质性、短视性、竞争性亟须改观

川酒“大而不强”表现仍然明显，川酒产量和规模居全国首位，但利润不及贵州茅台一家，“六朵金花”品牌辨识度和影响力还不十分突出。部分原酒企业盲目扩能，对省外白酒企业高度依赖，忽视对成品酒市场的开发，导致盈利能力弱、抗风险能力差。同时，存在大量小作坊，“小散乱”“散乱无序”现象依然较为突出。川酒企业间缺少互信，甚至部分企业间还存在恶性竞争和产品同质化竞争趋势，没有抱团做精川酒技术、做深川酒文化、做强川酒品牌、做大川酒市场的共识，难以推动川酒产业资源整合、信息共享、优势互补、集群发展。部分川酒产区存在急功近利、忽视规律的情况，川酒优质产能不足与总产能过剩的矛盾没有很好解决，只会做产能加法，而不会做价值加法。部分川酒产区经济单一性强，财政税收压力大，为了快速恢复经济，增加收入，政府助推产能提升在所难免，且产区在环境治理、市场秩序、产业准入、生态承载、科技进步、消费普及、人才队伍建设、品牌梯队建设等方面仍有欠缺。

（四）川酒价值拓展的“两个梯队”“两个市场”差异明显

以五粮液、泸州老窖、剑南春、郎酒为代表的川酒“第一梯队”发展势头迅猛，但以水井坊、舍得等为代表的川酒“第二梯队”已经掉队。2022 年，江苏今世缘和陕西西凤酒两家酒企宣告营收破百亿元，而曾经营

收在这两家企业之上的水井坊、舍得却距离百亿差距甚大，截至目前川酒已十余年来没有百亿新晋者，而在短时间内也很难看到极具潜力的冲刺者。这样的情况同样体现在资本市场，五粮液、泸州老窖是最早进军资本市场的川酒龙头企业，但川酒近 20 年来已没有新上市酒企，马太效应明显。

此外，川酒在国内国际两个市场间差别巨大。目前仍主要依赖国内存量市场，虽然白酒企业国际化探索较多，但当前白酒出口规模小，国际市场份额低，出口主要集中在文化认知相近的东南亚地区以及华人文化圈。在烈酒全球化发展势头迅猛，白兰地、伏特加、威士忌等烈酒大举占领包括中国在内的国际酒类市场的同时，作为世界酒生产大国、酒消费大国、酒文化大国，中国白酒的国际市场份额却极小，这与我国世界第二大经济体、全球货物贸易第一大国和四川作为中国白酒第一大省的地位极不匹配。

三　进一步升华川酒金字招牌的对策建议

（一）推进川酒品牌战略性重组

川酒“六朵金花”中有两家国企、三家民企、一家外企；行业发展较好的三大香型龙头企业茅台、五粮液、汾酒，以及泸州老窖、洋河等都是国有企业或国有控股企业。建议出台相关政策支持省内国有龙头企业强强联合，牵头适度整合品牌资源，原则上确保品牌资源不外流；既形成合力，又避免低水平的同质化竞争。同时，利用好川酒无与伦比的禀赋条件与酿酒资源，发挥川酒的质量优势、规模优势和产区品牌优势，加快推进战略性重组，提高行业集中度、减少行业内耗、增强优势互补，促进四川白酒行业产量稳步增长、效益大幅提升、转型升级加快。

（二）增强川酒产品等级性

打造川酒共享品牌和联盟，协调省内名酒企业在生产技术、勾调工艺、渠道资源等方面指导平台化生产基地建设，充分发挥数量最多、历史最悠久的老窖池优势，在总结前期高端产品打造经验的基础上，从不同年代的文化特点与产品口感特点入手，从市场定位、酒体风格、产品个性、包装形象等方面拉开产品档次，打造不同等级、不同价位、不同文化特色的大单品和瞄准细分市场、满足消费者个性化需求的小批量定制产品。加大对与核心产品近似产品的清理力度，在包装材质、形象设计、宣传口径等方面形成明显区隔。

（三）打造川酒整体品牌 IP

为进一步加大川酒宣传推广力度，扩大川酒海内外知名度和影响力，建议设立“川酒文化周”，将之作为川酒一年一度的粉丝节来进行打造，构建具有四川特色的川酒价值话语体系，推动川酒、川菜、川茶等“川字号”产品整合营销，打造沉浸式、体验式、互动式川酒日消费场景和节日氛围，构建川酒世界级品牌符号，助力川酒产业高质量发展和打造世界级产业集群。

（四）系统讲好川酒文化故事

深度挖掘川酒历史文化稀缺性、高端性、差异性特征，构建川酒外宣话语体系和传播体系，充分整合发挥主流媒体和新媒体在传播、社交、文化创意、终端消费群互动等方面的优势，做好川酒品牌文化的创新表达。以世界一流产区标准制作传播川酒新的形象宣传片、微电影、科普小视频等，借势国际国内重大事件、关键节点进行宣传，打造“高端、国际、年轻、时尚”的川酒新形象，并在宣传上统筹协调、差异化推进，不断提升川酒整体知名度、美誉度。

（五）完善标准加强国际拓展

进一步争取中国白酒在 RCEP 等范围内更加平等互惠的贸易条件和税收政策，在协定伙伴国或地区享受对等的税负减免；加强与国际标准化组织 ISO 的沟通和对话，推动中国白酒国际标准制定和对接落地，持续提升中国白酒国际国内标准的一致性；将中国白酒的官方英文名称“Chinese Baijiu”和独立的海关编码列入 HS 公约，推动实施符合中国白酒特性的进出口标准，全面提升中国白酒国际市场竞争力。

（六）坚定品类自信，弘扬大国浓香

以川酒为代表的浓香型白酒具有规模优势、产区优势、品牌优势和低度化优势，是市场占有率最高、消费人群最多的白酒品类，要坚定浓香品类自信，建立高端浓香型白酒标准。从标准、文化、工艺等方面建立高端和一般浓香型白酒标准，将浓香与高端浓香区隔开来，从老窖池有多少口、持续酿酒窖龄有多少年、酿造工艺有多复杂独特、优质酒率有多高、存储时间有多久等方面着手，构建高端浓香型白酒的核心评价规范，让高端浓香型白酒的优势点、差异点和稀缺性从体类庞大、水平参差不齐的浓香型白酒中清晰地呈现出来，体现高端浓香的核心价值，构建标准化的高端浓香话语体系。

区域报告

B.14 蜀道历史文化资源调研报告

曹鹏程　张　行　冯　昊*

摘　要： 古蜀道作为四川标志性的重要历史文化遗产，不仅是中华文明的历史大动脉，是南北丝绸之路的枢纽线，也是中外文化的交流线、自然人文浑融一体的生态线，承载着官私文书传递、商贸往来、文化传播交流、民族交往交融等功能，见证了波澜壮阔的历史兴衰。鉴于此，本文对蜀道历史文化资源进行重新梳理，明晰古蜀道的历史意义、文化资源，并进一步阐释其当代价值与历史文化资源开发方向，以促进蜀道历史文化资源的保护和合理利用。

关键词： 蜀道　历史文化　当代价值

* 曹鹏程，四川省社会科学院历史研究所副所长，副研究员，主要研究方向为巴蜀文化；张行，四川省社会科学院历史研究所助理研究员，主要研究方向为巴蜀文化；冯昊，四川省社会科学院历史研究所助理研究员，主要研究方向为巴蜀文化。

2023年7月25日下午，习近平总书记在四川省广元市考察了翠云廊古蜀道，了解当地推进历史文化传承、加强生态文明建设等情况。一条古蜀道，半部华夏史。作为四川标志性的历史文化遗产之一，蜀道在中国历史上有着特殊意义。

一 蜀道的历史与现状

作为关中平原进入成都平原的中转站，汉中盆地将秦蜀之间的通道分为南北两段。北段四条交通干道，自西向东依次为故道、褒斜道、傥骆道、子午道，是由西安、宝鸡等地穿越秦岭进入汉中的主要通道，明清以后被称为北栈、秦栈。南段有三条交通干道，由西向东依次是金牛道、米仓道、荔枝道，是从汉中穿越米仓山、大巴山进入四川盆地的主要线路，明清以后被称为南栈、蜀栈。除此之外还有由甘肃通往四川的阴平道，也是蜀道线路。

（一）金牛道

金牛道又名石牛道，初创时期并无专名，秦汉之际始称石牛道，由杨雄《蜀王本纪》所载石牛粪金故事而得名。至南北朝时期，一直被称为石牛道。至迟在唐代宝应元年（762年），又有了金牛道之名，其得名与唐代设置金牛县有关。元明清以来，汉中通往成都的道路即统称金牛道、石牛道。

在秦汉时期，金牛道是统一大业的战略交通线，故受到高度重视，屡获修筑，保持畅通；同时它也是战乱分裂的军事通道，因此又屡毁屡修，时阻时通。三国两晋南北朝时期，政权分裂割据，战乱频繁发生，金牛道的主要功能在于军事交通。此外，秦汉两代推行移民入蜀政策，金牛道也是使用最多的一条入蜀线路①。

唐初以来，由于经济快速发展，朝廷重视交通建设，促成了北段嘉陵江

① 蓝勇：《四川古代交通路线史》，西南师范大学出版社，1989，第13页。

线的形成，还修建了若干条支线、间道。唐宋朝廷十分重视对金牛道的利用，不仅加强整修和维护，还设置驿馆、递铺。另外，安史之乱后许多文人士大夫入蜀，促进了四川文化的发展，金牛道也成了文化传播的通道。因此唐宋时期，金牛道的交通功能以沟通政治、经济和文化交流为主。南宋时，川陕先是抗金前线，后为抗蒙基地，军机传递、军队调动、物资运输等军务交通成为金牛道的主要功能，这构成两宋时期金牛道在交通功能上的重大差异。

元明清三朝出于政治和军事需要，对沟通西南各省与京师的主要驿道金牛道依然重视。不过这一时期，新辟的五丁关线取代嘉陵江线成为汉中和广元之间的主要驿道。清代金牛道上文人如织，留下了众多纪行文学作品和地理学著作，使金牛道成为唐宋之后负有盛名的文化之路。

1935 年，民国政府修筑川陕公路，基本沿用故道线路。现在，金牛道广元段的剑门蜀道已成为川陕古道遗址，2006 年 5 月被国务院公布为第六批全国重点文物保护单位，2013 年被国家文物局列入《中国世界文化遗产预备名单》。2021 年 10 月 12 日，由金牛道广元段与子午道南段驿站、傥骆道周至段、褒斜道留坝段共同组成的蜀道大遗址，入选国家文物局《大遗址保护利用“十四五”专项规划》名单。

（二）米仓道

米仓道开辟和利用的时间很早，在唐以前未有定名。唐代始称其为巴岭路，五代后期又有大竹路、大巴路、小巴路之名。清代因其越米仓山开始统称米仓道。据王子今教授考证，米仓道得名或许也与“米贼”“米巫”于巴汉割据时代频繁利用这条道路有关①。

米仓道作为古代人建立巴国、联系巴汉两地的产物，至迟在新石器时代晚期即已逐渐萌芽。武王伐纣，巴、蜀之师与焉，就有可能通过穿越巴山的米仓道早期路段，这说明米仓道在商周时代获得进一步的开发。

---

① 王子今：《“米仓道”“米仓关”考》，《宝鸡文理学院学报》（社会科学版）2018 年第5 期。

春秋战国时期尤其是战国中晚期，米仓道得到了进一步发展。楚国夺得汉中后，即据米仓道而南向与巴交通。秦并巴蜀，在进兵途中至少要对道路进行整修；兼并巴蜀后更要对道路进行维修和改造，以便加强对新并地区的联系和统治。

刘邦为汉中王时，米仓道即为萧何追韩信之路。韩信还定三秦、东向攻楚时，米仓道也是重要的粮饷通道。汉武帝元鼎年间，司马迁经略西南夷，据张大可先生考证，司马迁即经米仓道南下。这表明米仓道与大汉帝国的崛起和发展密切相关。

东汉末年，张鲁从据有巴郡扩大到据有汉中、刘璋遣庞羲进军汉中，皆通过米仓道北上。宕渠之战中张郃南击巴中和北退汉中，都经由米仓道。魏晋南北朝时期，米仓道的军事地位大为降低，但被官民继续使用，其表现就是其沿线范围内的政区建置数量增多。此外，东汉末賨人北迁汉中、张鲁投降后曹操将巴人北徙至黄河流域，以及五斗米道道众北迁，皆是经由米仓道。概言之，东汉末至魏晋南北朝时期，米仓道除军事、政治通道功能外，其作为移民、文化通道的交通效能也颇为显著。

唐宋时期，米仓道作为官道，沿途设有驿站，其栈道也得到了进一步的维修。这也推动了道路交通的发达，巴中石窟的兴盛及其宗教文化的传播，即与米仓道的繁荣有关。五代和南宋时期，米仓道常常成为奇兵用险的场所，军事交通地位极其重要。汉中为南宋西北军事前线，川东各府路支援前线的物资多由米仓道输送，民间商人也取道米仓道私贩盐茶，这反映了当时的米仓道也宜于商运。

元朝对米仓道甚为重视，不仅在道上建立米仓关，还兴修维护沿线栈道。另外，由于具有官道性质的米仓道交通便利，便于行政管理，在较长一段时间内，元朝的陕西和四川行省屡分屡合，治地屡变。明朝以降，米仓道由官道逐渐向民间通道转化，政府并未完全放弃对其进行管理，但关注点已转移至地方治安和商贸经济利益上。至清代，米仓道由官道向民间通道的转化基本完成，官府管理的重点也趋向安全和经济。这一时期，米仓道的军事功能也大为减弱，不过商贸功能依然支持着米仓道的运转。

民国时期，米仓道依然被利用。川陕苏维埃时期，米仓道是当时重要的“红色交通线”。1985 年，政府大体沿着米仓道的走向，修筑了二南公路（南郑到南江）。至此，米仓道的使命业已完成，日渐荒废，不过某些路段仍使用至今。

（三）荔枝道

在沟通川陕的三条蜀道中，荔枝道是唯一以物种命名的。唐天宝年间，唐玄宗为满足杨贵妃嗜啖荔枝的喜好，特地开辟涪陵至长安的驿路，用快马传递荔枝，荔枝道即由此得名。其北段袭用子午道，南段则由西乡县子午镇通往重庆涪陵区，亦称“洋巴道”；又因穿越巴山，故有“小巴间道”之名。

荔枝道的发轫、拓展和巴文化的兴起、发展密切相关，是古代巴人流动迁徙的一条重要通道，并在春秋战国时期发挥过重要和经常的交通作用。随着战国以降长江水路交通的畅通和川陕之间其他蜀道线路的开发，荔枝道的重要性不断下降并渐为人们忽视，但这条通道依然长期存在。三国时司马懿曾循荔枝道进军伐蜀，南北朝至唐初也于其沿线不断置县。

在唐代，荔枝道的修复开凿和沿途驿站、栈道等交通设施的建设，有效提高了通行效率。天宝年间，荔枝道一度被定为国家驿路，进入历史上最繁盛的时期，它不仅有主线，还有多条与主线相连通的连接线和支线。

入宋以后，由于中国经济中心南移和政治中心东迁，整个蜀道系统的战略地位有所下降，加之道路艰险，荔枝道常年失修，已呈废坏之势，不过它仍是区域内商贸活动的重要通道。此时的荔枝道依然具有一定的军事价值，南宋绍兴三年（1133 年）的宋金饶凤关之战即与荔枝道有关。

明清以后，荔枝道再度重要起来，其区域商贸交通作用进一步加强，商贩利用它来私贩盐茶。明清之际，荔枝道也曾用于进兵。明崇祯十三年（1640 年），左良玉入蜀追歼张献忠，即于这条通道及其附近的任河谷道大败大西军。

抗日战争时期，国民政府修筑的汉渝公路（汉中至重庆），其走向即部分沿用了荔枝道线路。1970 年全线贯通的西万公路（西安至万源），北段取线于子午道，南段取线于荔枝道。

由于杨贵妃的关系，荔枝道被赋予了丰富的文化内涵，如今已成为荔枝道文化遗产的一部分，这也构成了荔枝道的特征——一条密切联系和促进川陕尤其是秦巴地区互相交流的政治、商贸及文化道路。

（四）阴平道

阴平道是汉晋时阴平郡境内的陇蜀通道，其线路经景谷和白水关进入昭化后与金牛道相接。因其经景谷和白水，故有景谷道和白水道之称。阴平道的一部分在历史上也曾被称为“左担道”，宋以后“阴平道”逐渐成为这一带交通道路的总称。

阴平道所经之地主要为古代氐族活动区域，是西北与中原进行文化、经济交流和西南民族迁徙的通道。阴平道在先秦时期已投入使用。西汉时期，阴平道有士兵把守。东汉时期的阴平道，与战事密切相关。白水关是阴平道上最重要的关隘，建武六年（30 年），光武帝诏命隗嚣从天水伐蜀，隗嚣便推脱说“白水险阻，栈阁绝败”①。建安十七至十八年（212～213 年），刘璋派遣杨怀、高沛领兵据守白水关，刘备从金牛道入葭萌回击白水关，斩杀二将，最终攻取成都。蜀汉后主炎兴元年（263 年）魏伐蜀，阳平关失守后，姜维沿着景谷道经阴平、桥头、白水关、葭萌退至剑阁防备钟会。后邓艾偷渡阴平伐蜀成功，此道始闻名于世。

魏晋南北朝时期，分裂割据，阴平道军事价值不断凸显。如东晋太宁三年（325 年），杨难敌利用前赵与后赵争霸、关中兵力空虚的有利时机叛离成汉，成汉国主李雄派遣部将李稚、李[illegible]从白水道进兵攻打杨难敌。南朝宋元嘉十九年（442 年），刘宋将领刘道真与裴方明联手攻打仇池国，刘道真即派遣司马夏侯穆季取白水道进占武都。

---

① （南朝宋）范晔：《后汉书》卷十三，中华书局，1965，第 513 页。

唐宋时期，阴平道依然具有重要的军事地理价值，如唐大历十四年（779年）吐蕃攻唐，其中一路便是从扶州、文州出兵，经碧口、白水进入蜀地。两宋时期，阴平道也是陇蜀进行政治、经济、文化交流和民族融合的通道。南宋至元朝，阴平道多用于军事交通。虽然明初傅友德曾取道阴平伐蜀，清嘉庆年间白莲教首领苟文明也曾取道阴平下广元，解放军也曾从阴平道行军解放大西南，但自明清以降，阴平道甚少用于军事交通。唐宋以来茶马贸易的兴盛，也使阴平道的经济价值日益凸显。直到明清时期，阴平道依然是重要的川甘商旅通道。

二　蜀道的历史意义与当代价值

（一）历史意义

1. 经贸往来的通道

历史上的蜀道，是沟通关中和巴蜀两大经济区的交通大动脉。来自四川的各类商品，经由蜀道运抵关中，再由此转运至中原和西北，甚至远达西亚北非。1993年，考古学家在一具古埃及女性木乃伊的头发上发现了一块产自蜀地的丝绸，年代可以上溯到中国的商周时期。秦汉时期，以蜀地铜矿为原料的邓通钱通行全国；卓王孙和程郑以冶铁致富；蜀锦作为贡品进贡朝廷，销往全国，新疆尼雅遗址发现的“五星出东方利中国”护膊，同样产自蜀地。南北朝时期，荔枝、柑橘等四川盆地南部特产深受关中地区欢迎，到唐代出现了“一骑红尘妃子笑”的盛况。唐宋以降，川茶、川盐等大宗商品在蜀道上络绎不绝。西部的蜀道和东部的大运河，共同起到了沟通中国南北的作用，但蜀道的路途远比后者艰辛，历史远比后者悠久。直到1937年川陕公路通车，作为连接中国西北和西南地区主要通道的蜀道才退出历史舞台。

2. 维护大一统的枢纽

清人顾祖禹在《读史方舆纪要》中指出，“四川非坐守之地也，以四川而争衡天下，上之足以王，次之足以霸”①。在中国历史上的分裂割据时期，四川居于重要的战略地位。有志于统一的王朝，如秦、西晋、前秦、北周、隋、北宋等，均穿过蜀道，先取四川，利用其丰富的资源，为统一天下做战略准备。公元前316年，秦将司马错灭开明氏蜀王国，为秦统一六国提供了充足的财赋来源。秦汉之际，刘邦依托巴蜀之资实与项羽周旋，终得天下。三国时诸葛亮凭巴蜀物力，由蜀道北出秦川，曹魏骚动。西晋邓艾沿阴平小道千里奔袭，逼降刘禅，其后大将王濬率楼船沿江而下，直取东吴。北宋的王全斌、明初的傅友德均由蜀道入川，完成两个王朝的统一大业。

总之，蜀道的开通，让历代中央王朝的权力越过重重山峦的阻隔，抵达四川盆地，并由此辐射西南。在历史上的多次王朝统一战争中，蜀道都发挥了至关重要的交通作用。蜀道，可谓维护祖国大一统的枢纽。

3. 铸牢中华民族共同体意识的基石

历史上，蜀道是巴蜀文化与关中文化、中原文化交流互动的主要通道。一方面，北方移民多次沿着蜀道大规模进入四川盆地，带来新的文化元素。秦并巴蜀之前，蜀人“椎髻左言，不晓文字，未有礼乐”②；秦并巴蜀后，蜀地风俗开始“染秦化”，也就是逐渐向关中文化趋同。唐五代时期，来自北方的移民再次入蜀，在益州沃土苦心经营，经济实力稳步增长，到两宋时期，终于在文化上绽放异彩。著名的华阳范氏、眉山苏氏、丹棱李氏等世家大族，就是其中的佼佼者。从长时段来看，蜀地“染秦化”的过程就是华夏化的过程。

另一方面，来自四川盆地的文化元素，也通过蜀道源源不断地输入中原。物质文化方面，蜀锦、药材、川茶、川菜等行销全国；精神文化方面，中华文明大观园中的汉赋、道教、科技、艺术，无一例外都打上了深深的巴蜀文化烙印。以道教为例，五斗米教滥觞于成都平原，由成都而汉中，由汉中而中原，最终流播全国，成为中国文化的根柢。巴蜀文化通过蜀道向外传

① （清）顾祖禹:《读史方舆纪要》，中华书局，2005，第3094页。

② （南朝梁）萧统编，（唐）李善注《文选》，上册，中华书局，1977，第75页。

播，为华夏文化注入了新鲜血液。

总之，巴蜀文化和华夏文化通过蜀道频繁互动，在此过程中，蜀地从政治体制、文化风俗到对血缘祖先的追认，华夏化由外及内，层层递进，逐步深入；同时，巴蜀文化也在一定程度上形塑了华夏文明，最终融入美美与共的中华文明大家庭中，成为其有机组成部分。正是因为蜀道的开通，蜀地从“戎狄之长”转而成为华夏文化辐射西南地区的桥头堡。从这个意义上来说，蜀道是中华民族共同体意识发展过程中的一块重要基石。

（二）当代价值

1. 旅游开发价值

一是自然生态资源。古蜀道沿线拥有丰富且多样的自然生态资源。秦巴山区有着众多的原始次生森林，现今古蜀道沿线仍有一定面积的森林分布。秦巴山区不仅动物种群组成丰富，植物种类也有着多样化的特点。蜀道沿线的紫柏山国家级自然保护区主要保护林麝、羚牛等国家重点保护珍稀濒危野生动物及其栖息地，拥有国家Ⅰ级、Ⅱ级保护植物红豆杉、秦岭冷杉、连香树、野大豆、水青树、水曲柳等；佛坪国家级自然保护区则保护大熊猫及其森林生态系统，拥有种子植物 1200 多种，其中国家Ⅰ级保护植物 2 种、Ⅱ级保护植物 8 种；唐家河国家级自然保护区内则有国家重点保护动物大熊猫、金丝猴、羚牛、云豹、绿尾虹雉等 20 多种，还有国家重点保护植物珙桐、连香树、水青树等。

二是历史文化资源。古蜀道沿线历史文化资源富集。从商周之际巴、蜀诸国沿故道与周武王会师伐纣，到二十世纪六七十年代的三线建设，在几千年的历史长河中，蜀道留下了数量十分可观的历史文化遗存和工业文化遗存。古蜀道沿线分布有城固商周青铜器群遗存、南郑龙岗寺遗址、广汉三星堆遗址、成都金沙遗址等古代文明遗迹；也有嶓冢山大禹治水、汉水女神、褒谷口褒姒入周、五丁开道等神话传说。这些历史遗迹和神话传说，能够让游客感受上古秦、蜀古老文明的神奇魅力和华夏文明的源远流长。古蜀道沿线是三国历史遗迹集大成之地，有古汉台、拜将坛等历史遗迹，山河堰、流珠堰等水利工程遗址，定军山、剑门关等古战场，武侯祠、张飞庙、费祎墓、昭烈庙等祠墓。唐宋以降，众多诗人名士往返秦蜀，留下数量可观的诗词，使蜀道成为诗歌长廊。

三是红色文化资源。蜀道沿线区域分布着一些重要的红色文化资源。如1932年红四方面军进入陕南山区后建立的以通江、南江、巴中为中心的川陕革命根据地，红四方面军利用米仓道与爱国将领杨虎城建立的川陕“红色秘密交通线”。三线建设时期，蜀道沿线成为我国中西部重要的工业科技走廊，如早在20世纪70年代已经成为国防工业012基地及系列企业所在地的汉中、我国继青海之后第二个核武器研制基地总部绵阳两弹城、为两弹做出重要贡献的广元秘密核军工厂国营821厂等。这些现当代革命历史遗迹和工业文明景观，都是中华民族现代文明建设过程中的重要篇章。

四是民俗文化资源。蜀道沿线区域有汉中孝歌、川北山歌、三堆唢呐、高观皮影、射箭提阳戏、李家锣鼓、旺苍端公戏、板凳戏、道琴、狮子灯等具有本地特色的曲艺，以及白龙花灯、略阳羌族羊皮鼓舞等地方传统舞蹈。还有汉中藤编、洋县架花烟火、宁强羌族刺绣、镇巴宣纸等传统技艺，锯山垭“大肉会”等传统民俗，以及张骞传说、龙亭蔡伦造纸传说故事。这些都是国家级非物质文化遗产。从这些形式多样、内容繁复的民俗文化资源，可以充分领略秦巴山区独具特色的民情风俗。

2. 文化传承价值

数千年漫长岁月中，千里蜀道线上，使臣赴任述职，商贾南北往还，文人墨客题咏，地方官吏修栈勒石，各种活动在蜀道沿线留下断断续续的文化遗迹。蜀道不仅是中国古代道路工程史的重要实物见证，也是中国文化史上有关金石书法、诗词文章、佛道宗教造像的珍贵资料。

一是金石书法。东汉至明清，蜀道石刻连绵不断，如《石门颂》《鄐君开通褒斜道摩崖》《杨淮杨弼表记》《郙阁颂》《西狭颂》等均是我国现存为数不多的汉代书法珍品。魏末晋初的《李苞通阁道》《潘宗伯韩仲元通阁道题记》、北魏左校领贾三德颂扬梁秦刺史羊祉重修褒斜道的《石门颂》、南宋晏袤《山河堰落成记》摩崖等，也是中国书法史上不可多得的瑰宝。

二是诗词文章。汉魏以来，有关蜀道的颂赋、诗歌、游记连绵不断，形成一种以蜀道之旅为题材的蜀道文学，其中不乏佳作美文。如西晋张载《剑阁铭》，唐代李白《蜀道难》、沈佺期《夜宿七盘岭》，北宋苏轼《洋州三十咏》、陆游《剑门道中遇微雨》等。除此之外，唐宋以后文人学士还写下了不少记述蜀道旅程的游记，如唐代柳宗元《兴州江运记》、刘禹锡《山南西道节度使厅壁记》、孙樵《兴元新路记》《书褒城驿壁》，北宋文同《梓州永泰县重建北桥记》、李复《潏水集·与王漕书》，南宋李耆寿《灵崖叙别记》，元代意大利旅行家马可·波罗游记中的川陕部分描述，清代王渔洋《蜀道驿程记》，日本学者竹添光鸿的《栈云峡雨日记》等。这些游记或描述栈道沿途奇险景观，或抒发对历史、现实、人生的感叹，饱含历史地理学价值和文化史意义。

三是宗教造像。蜀道是我国重要的宗教传播路线，沿途遗迹密布，以石刻造像最为集中。道教造像有梓潼鹤鸣山的唐代道教石刻造像、七曲山张亚子祠庙和“应梦仙台”石坊。南北朝以来，佛教造像后来居上。如陈仓道沿线的陕西略阳灵崖寺造像、金牛道沿线的四川广元千佛崖造像、米仓道沿线的四川巴中南龛石窟，造像生动、气势恢宏，都是驰名中外的艺术珍品①。

3. 思想教育价值

一是有助于树立生态文明观念。蜀道是中华文化生态文明观的活态样本。蜀道既是一条交通交流之路，也是一道生态屏障之路。翠云廊沿途古柏森森，自秦以来历代培植，历经两千余年，号称“三百里程十万树”，现存古柏上万株。走在翠云廊上，“苔花荫雨湿衣裳，回柯垂叶凉风度”，让人对前贤的植树护林“接力赛”感佩不已。开展蜀道研究，发掘蜀道文化中的传统生态思想资源，有助于传播生态保护知识，建立现代生态文明观念，从而为当前构建一个绿色、和谐、可持续发展的生态文明社会培厚文化土壤。

① 王代升：《剑门蜀道与剑门蜀道文物》，《四川文物》1988 年第 1 期。

二是有助于铸牢中华民族共同体意识。蜀道是中华民族共同体意识的物化载体。蜀道沿途千岩竞秀、万壑争流，自古以来引起无数文人墨客浅吟低唱，他们感叹大自然的神奇瑰丽，也抒发执着深沉的家国之思。如杜甫的《剑门》诗：“连山抱西南，石角皆北向”①，描写剑山石峰均向北倾伏，以此表达自己心向中原的文化心理。金牛道上的朝天岭、朝天峡、朝天关、朝天驿，均以“朝天”命名，充分体现了中华民族的向心力和凝聚力。汉代乐府诗有《蜀道难》，从南梁到唐代，冠名《蜀道难》的诗作不下十首，其中李白的《蜀道难》更是万口传诵。这些作品的一个共同特征，就是指向蜀地易乱的意象。唐宋以降，随着四川与中央王朝的关系更加密切，反其意而用之的“蜀道易”大量出现。南宋楼钥送友人入蜀任职，临别赋诗：“蜀道难，难于上青天。蜀道易，易于履平地。蜀山天险固自若，视难为易在人尔。”② 李曾伯也有“昔蜀道难，今蜀道易”③ 之语。明代的方孝孺则指出：“王道有通塞，蜀道无古今。至险不在山与水，只在国政并人心。”④ 蜀道意象从难到易的转变，正是中华民族共同体形成过程的一个缩影。

三是有助于厚植新时代文化自信的沃土。蜀道是中华文明突出特性的历史见证。为了开凿蜀道，无数先民在千回百转的蜀道上胼手胝足、千锤万击，谱写出一曲荡气回肠的山河壮歌。他们前仆后继、锲而不舍的努力和奋斗，早已融入中华民族坚韧不拔、开拓进取的精神洪流之中。蜀道在地理上连接了西南和中原，为先民创造了商品交换、文化交流的空间，见证了中华民族交流交往交融的历史，保障了西南边地与中原地区在政治上上行下达、经济上互通有无、文化上频繁互动，为中华文明的连续和统一做出了不可替代的贡献。蜀道连通了四川盆地的内与外，见证了中华民族交流交往交融的历史和中国各宗教信仰多元并存的和谐格局，承载着中华文化坚韧不拔、开

① （清）彭定求等编《全唐诗》卷二一八杜甫《剑门》，中华书局，1960，第 2301 页。

② （宋）楼钥：《楼钥集》卷一《送王仲矜倅兴元》，浙江古籍出版社，2010，第 22 页。

③ 曾枣庄编《全宋文》卷七八五九，李曾伯四九《代饯蜀阃赴召乐语口号》，上海辞书出版社，2006，第 356 页。

④ （明）方孝孺：《方孝孺集》卷二十四《蜀道易》，浙江古籍出版社，2013，第 926 页。

拓进取的精神特质。蜀道是我们探视中华文明突出特性的一扇窗口，开展蜀道研究，有助于促进对中华文明突出特性的深入了解，增强历史自豪感，厚植新时代文化自信的沃土，为中华民族现代文明的转型积蓄丰富的精神资源。

三　蜀道历史文化资源开发存在的不足

（一）跨区域协同联动不足

首先，由于缺乏省际、市际乃至县际的协同联动，蜀道无法构成连贯而完整的旅游线路，致使跨区域旅游合作整体水平不高。其次，由于行政区域的分割管理，无法构建蜀道沿线区域的整体信息共享网络，导致旅游信息的整合与共享相对滞后，难以实现信息的无障碍共享和资源的及时调配。最后，蜀道各路段所归属的行政、文管和有关部门缺乏协调联动，致使蜀道的旅游开发缺乏整体规划与保护意识，严重破坏了旧有的历史风貌和文化特色。这不仅无法带动蜀道沿线景区的跨区域协同发展，更无法实现蜀道旅游的整体发展。

（二）高品质集中展陈设施缺乏

首先，蜀道缺乏高质量的集中展陈设施。尽管有中国蜀道文化陈列馆等，但未能全面展示蜀道文化历史。其次，现有博物馆展陈体验不佳。例如，中国蜀道文化陈列馆在展陈设计、互动体验和技术应用等方面存在不足，难以满足公众日益增长的文化和体验需求。再次，蜀道精品旅游路线规划不完善。尽管蜀道是四川乃至全国重要的历史文化旅游资源，但旅游路线规划未形成系统方案，缺乏对蜀道历史文化的深度挖掘和合理展现。最后，蜀道旅游产品缺乏多元化，主要侧重于传统观光，缺乏深度文化体验和多元化产品，无法满足不同游客需求。

（三）品牌价值未得到充分发挥

首先，旅游产品相对单一，缺乏多元化和创新，如“古蜀道徒步游”活动较为单调，未能吸引多种类型的游客。其次，尽管沿线文化和民俗风情丰富，但资源整合和开发不足，缺少将文化和旅游深度融合的措施，未能打造成世界级的历史文化遗产廊道。再次，旅游基础设施和服务尚不完善，如住宿、餐饮及导游服务水平需进一步提高。最后，旅游市场推广和营销活动不足，尤其是线上线下的市场推广和与旅游平台及媒体的合作有待加强，以提升古蜀道的市场影响力。

四　关于加强蜀道历史文化资源开发的几点建议

（一）打造蜀道旅游环线

整合蜀道文旅资源，联动四川、陕西两省，共创旅游线路和市场，构筑精品路线。一是借助交通优势，串联川东北蜀道文化游览精品路线，打造沿途不同的特色文旅体验点。在游览方式与内容上，除了传统的旅游体验产品与旅游项目之外，更需将人文历史游、自然生态研学游等多种游览体验相融合，突出蜀道旅游自身特色，深挖文旅价值。二是推进文物与旅游融合，培育蜀道文物主题路线，发挥历史教育价值，充分发挥蜀道以史育人的作用；推广蜀道文旅品牌，深度融合蜀道特色文旅品牌与传统文化底蕴，打造蜀道超级 IP 概念，为天府旅游塑造新名片。三是推广全域蜀道概念，运用数字技术展现蜀道全貌，深化线上线下融合体验，展示蜀道核心区的历史文化积淀，为蜀道旅游提供科技支撑。

（二）建设大蜀道博物馆

继续推进大蜀道博物馆项目的建设。一是积极获取国家及地方政府的政策和资金支持，为博物馆的建设与运营奠定基础。二是深入挖掘蜀道的历史文化内涵，推动研究成果及时转化，保证展览内容客观性与艺术性的统一、学术性与实用性的统一。三是引进数字展示、VR/AR 技术等先进技术，丰富展览形式，提升游客体验。四是与国内外学术机构和博物馆建立长期合作关系，加强学术交流，提升博物馆的学术地位和国际影响力。

（三）申请世界文化遗产

2009 年蜀道文化线路的申遗工作启动，2015 年蜀道被联合国教科文组织世界遗产中心列入世界遗产预备名录，蜀道申遗工作初战告捷。下一步的工作重点，一是与陕西省有关部门积极联络，形成 1+1>2 的聚合效应，共同推动大蜀道申遗；二是对标丝绸之路、印加路网等其他线性世界文化遗产，精准把握蜀道的独特价值，找准蜀道在同类遗产中的优势所在，为蜀道申遗补上临门一脚。

（四）建设国家文化公园

蜀道具有不亚于长城、大运河、长征和黄河等国家文化公园的历史意义和当代价值，建设蜀道国家文化公园应尽快提上日程。一是制定全面系统的文化遗产保护规划，为沿线重要历史文化景点提供充分的制度保障。二是与周边省市合作，强化交通、住宿和服务等基础设施建设，推动公园建设，为区域经济发展做出贡献。三是依托蜀道自然生态资源设立生态教育中心，依托蜀道历史文化资源设计思政教育课程，在提供休闲观赏体验的同时促进公众提升生态文明意识，领略传承中华优秀传统文化，坚定文化自信。

B.15

四川三国文化助力城市发展报告

——以成都市武侯区为例

成都武侯三国文化研究课题组

摘　要： 三国文化在中国乃至世界历史上都具有特殊的地位和影响。四川（以成都、德阳、绵阳、广元等地为最）更是三国历史文化的富集区。本报告以四川省内相关地域的三国文化的活化利用为研究对象，分析了省内以三国文化助力城市发展的不足现状，解读了武侯区以三国文化助力城市发展的当前路径，并提出以五链融合、片区开发、科创空间、产业社区打造以三国文化为特色的创意设计产业发展高地。

关键词： 三国文化　创意设计　城市更新　产业社区

四川（以成都、德阳、绵阳、广元等地为代表）是三国历史文化的富集区，以广元的剑门关、南充的桓侯祠、德阳的落凤坡、成都的汉昭烈庙，以及广泛散布于川中各地的武侯祠、武侯庙、武侯点将台等武侯遗迹等为代表。为了进一步落实好习近平总书记关于“挖掘中华优秀传统文化的思想观念、人文精神、道德规范，把艺术创造力和中华文化价值融合起来，把中华美学精神和当代审美追求结合起来，激活中华文化生命力”的要求，近年来，四川省内三国文化相关县市区，不断突破“研究缺深度、保护缺力度、宣传缺品牌、文创缺产品、利用缺办法”的瓶颈，奋力打造具有全球美誉度的三国文化消费目的地。

一　四川省内三国文化提振城市发展的现状

（一）品牌彰显不足，三国文化挖掘利用不够

目前，四川省内三国文化的挖掘、传承、转化、利用不足，尚未形成引领全国的三国文化 IP，文化赋能城市发展的作用尚未充分发挥。三国文化资源尚处于浅度开发状态，与创意、科技融合的新兴业态仍处于起步阶段，缺乏可视可感的精品力作和名牌产品，亟须加快推动文化资源优势转化为文创产业优势；三国文化标识系统尚未健全，缺乏彰显三国文化特质的特色文化地标和经典元素符号，尚未有机融入城市建筑、城市景观、城市色彩及公共空间等城市风貌设计之中，区域三国文化特色魅力整体彰显不足，文化辨识度亟待提升。

（二）主导产业不主，创意设计实力亟须提升

一些以三国文化为主题的区域业态较为混乱，老旧业态夹杂，仍存在大量传统低端业态，新兴创意高端业态发展尚不充分，文创产业作为主导产业，规模和实力均有待提升。产值和税收贡献偏低，文创企业规模普遍较小，缺乏具有影响力和知名度的龙头企业。

（三）龙头效应不佳，空间载体资源支撑有限

一些以三国文化为主题的县域文创企业能级相对较小、影响力不够，缺少在全国具有知名度和影响力的行业龙头企业及全球性知名企业。同时，产业化龙头项目不足，缺乏有较强带动性、引领性的大型龙头项目。一些地方空间载体资源制约招引培育企业，项目承载能力相对有限，可供产业用地较少且分散。

（四）城市形态不优，宜居宜业功能仍需增强

现在，成都正加快建设践行新发展理念的公园城市示范区，但是一些地

方公园绿化、滨河绿道等建设仍显不足，市政基础设施仍需完善，公共服务功能有待提升，影响了区域整体规划和风貌形象。

二　武侯以三国文化助力城市发展的主要路径

为了实现以三国文化助力城市发展的目标，2019 年底，成都市武侯区专门成立三国创意设计产业功能区（以下简称功能区），包含三国创意设计产业片区和音乐坊产业片区，是音乐产业链主要承载地和文创产业链协同发展地（2021 年被评为国家文化出口基地和国家级夜间文化和旅游消费集聚区）。截至 2023 年底，功能区以音乐产业、数字创意为主导，以数字创意服务、视觉科技、文化出口、音乐演艺、音乐教培为重点细分领域，以抢抓元宇宙赛道为产业重点发力方向，区域内已建成西部最大的成都城市音乐厅、国际城市设计产业中心、锦绣映画中心、成都音乐产业中心等多个重大项目。这得益于功能区围绕市委、市政府建圈强链工作部署，加快构建链主企业、公共平台、中介机构、产业基金、领军人才等“5+N”产业生态体系。

（1）强化链主引领，聚力招大培强。以武侯区国际城市设计产业中心、锦绣映画中心、音产中心等重点载体为依托，推动 9 个重点产业化项目落地，其中六类 500 强企业投资项目 1 个、上市公司投资项目 5 个、专精特新项目 2 个、其他龙头企业投资项目 1 个；吸引链主企业 11 家，涵盖人工智能、创意设计、数字音乐、版权交易、演艺演出、乐器销售等诸多细分领域。通过平台链主招才引智，吸引产业链核心企业和上下游配套企业落户，3 年新增文创企业 356 家、音乐企业 44 家，吸引聚集行业高端人才 105 名，带动重大产业化项目落地 94 个，注册资本金逾百亿元。

（2）加快项目建设，做强载体保障。截至 2023 年，形成近 410 万平方米产业载体，在建载体 153 万平方米，储备载体 607 亩，构建以三国蜀汉特色内容研发为核心，融合文化和科技的文商旅体新消费场景，建成黑胶文化馆、《成都》沉浸式音乐剧场、蜀宫琴台、成都音乐产业中心等主题消费场景。国际城市设计产业中心、锦绣映画中心、德必公交易园等产业载体全面建成，三国蜀汉城、数字经济大厦、音乐原创总部基地等载体建设加速推进。

（3）打造综合平台，做优产业生态。强化专业化服务能力，以国家文化出口基地、国家级夜间文化和旅游消费集聚区为引领，联合区法院、检察院，形成“诸葛知力-基层法治指导员”法律服务平台、成都市武侯区版权e法保护服务中心；联合区行政审批局、市场监管局等部门，搭建政务服务平台；联合普华永道、清华启迪、川大技转、电子科大校友联盟、欧盟项目中心、成都市服贸协会等机构，搭建创新创业平台；联合音乐产业优质企业，打造集合产业服务、音乐制作、音乐版权管理等的音乐全产业链一站式综合服务平台；与四川大学出版社联合共建“超高清视频技术应用”国家级实验室。

（4）强化要素保障，赋能企业发展。推动创新链、产业链、资金链、人才链“四链”融合发展，出台《成都市武侯区关于促进数字创意产业发展若干扶持政策（试行）》，培育壮大数字创意产业新动能。聚合天府文投基金、武侯发展基金、百鲲资本、淡水泉投资、梅花创投五家投资机构的文创产业专属基金。依托国际城市设计产业中心、重点企业建成人才工作站2个，组织开展成都市产业建圈强链人才计划申报工作，3人入选全市“产业建圈强链人才计划”。

（5）持续做强数字文创、音乐品牌。在数字文创方面，以产学研合作推动三国IP产业化及数字化，开展创意设计创新创业企业孵化，推动三国文化的出口传播和商业价值转化，促进三国文化资源与企业平台流量共建共享，开展IP孵化和衍生品开发。近年来，蜀乐佳音及邦糖文化等重点文创企业开发了“三国·蜀”乐器、“三国·蜀”路书和“三国有礼”等一批三国文创IP赋能的产品，参展2022年中国国际服务贸易博览会及2023年深圳文博会。聚焦音乐产业，形成音乐领域话语体系“四个一”，即一个知名赛事、一款综艺节目、一个原创剧目、一张价值榜单，引进举办高品质户外音乐展演、成都国际音乐剧节、华纳音乐节等高规格音乐赛事和活动，擦亮成都音乐坊文化品牌。依托片区内丰富的演出空间和载体，围绕“古雅清时”四韵主题，精心筹划并举办各类文化活动600余场。助力“蓉城之秋”成都国际音乐季、中国音乐金钟奖成功举办。作为全市主会场，承办成都市“点亮锦江”“点亮一环路”新春系列活动，举办“音乐之都武侯之声”——成都音乐坊新年音乐季系列活动。在街头巷尾开展沉浸式儿童剧、青年乐队演出、高品质街头艺人表演等音乐活动，吸引了网红大V现场直播，网络平台直播累计观看量超过800万人次，呈现了片区独具特色的文化氛围。

三　武侯以三国文化助力城市发展的未来方向

（一）以“五链融合”为核心，全力打造区域经济增长极

秉持产业生态圈理念，武侯区以文创产业链为核心，围绕产业链关键环节部署价值链、供应链、要素链、创新链，构建协作共生、相互增值的链网结构，形成全周期、全链条、全方位的创新生态，在“五链”有效嫁接、精准对接、相互连接及无缝衔接基础上锻造功能区文创产业核心竞争力。

1. 促进产业链与价值链融合，提升文创实力

（1）构筑新极核，全力主攻创意设计。突出价值引领、创新驱动、科技支撑，集中力量主攻创意设计，加快打造城市环境设计、城市居家设计两大创意设计产业集群，构筑创意设计产业新领域、新优势、新效益，提升武侯设计品牌影响力。

（2）搭建新场景，筑牢创意文旅优势。聚焦三国文化资源，以三国蜀汉城为牵引，融入创意理念、科技手段，活化现有载体、拓展现有形式，促进文化与旅游、艺术、商业、节会等深度融合发展，打造凸显蜀风雅韵的多元文旅消费场景，推动创意文旅拓链扩链，擦亮武侯“天府旅游名县”金字招牌，助力创建国家全域旅游示范区、国家级夜间文旅消费集聚区。

（3）瞄准新赛道，前瞻布局创意视听产业。基于功能区三国文化核心资源，以面向未来、前瞻布局的态度，高位谋划创意视听产业发展，重点突

出创意视听内容生产和创意视听平台运营，配套打造系列创意视听消费场景，纵深延展创意视听产业链，在创意视听赛道上加速起势起跑。

（4）加快新融合，助力传统产业升级。把握产业边界日益模糊、业态裂变融合的趋势，以“创意+”理念融合发展无界商业、高端商务、服务贸易，相互渗透、相互包容、相互赋能，实现产业价值链延伸突破。

尤其是紧抓国家外贸转型升级以及国家文化出口基地（三国文化）建设契机，借力成都口岸资源，做强特色文化出口。突出文化创意设计出口，基于功能区文创主导产业优势，加快文化出口与科技深度融合，开发 AR 三国题材手游、三国主题动漫、三国主题广告工业设计等衍生产品，促进以三国文化 IP 为核心的创意产品、衍生品出口贸易，大力培育一批民族文化品牌；突出文化会展合作交流，积极参与或承接与文化贸易相关的国际会议、会展等，搭建国际对接桥梁，开展三国文化主题交流活动，大力推介三国文化，讲好中国故事，传播中国文化；突出文艺旅游出口，设计省内国内三国文化旅游线路，创作三国主题书画、影视、音乐等文创产品，开发三国文化表演秀、节事秀、科技秀、《梦回三国》系列大剧等深度体验产品，丰富文化艺术出口形式，做强旅游服务贸易，持续拓展境外旅游消费市场；突出文化融合产业出口，深度挖掘三国文化内涵，开发三国元素主题酒店、三国特色餐厅，结合三国人物特点开发“三国+食品”“三国+时尚”“三国+日用品”等融合产品，开展国际营销，实现三国 IP 产品系列出口。

2. 促进产业链与供应链融合，融通内外循环

（1）服务成渝地区双城经济圈，提升发展能级。大力实施三国文化互动工程，深度链接重庆白帝城的托孤文化、云阳张飞文化等三国文化资源，与重庆奉节县、云阳县等围绕传承巴蜀历史文脉、培育文旅消费市场等方面协同发力，重点在景区互联、游客互通、消费互动等方面拓展合作，以三国文化为纽带打通成渝地区文旅通道，积极融入巴蜀文化旅游走廊建设。积极参与成渝地区双城经济圈优势产业集群建设，联手成渝类似地区在创意经济领域开展产业发展政策以及产业链空间布局合作。聚焦打造成渝地区双城经济圈高品质生活宜居示范地，联手成渝类似地区加强绿色城市设计、景观设

计、公共艺术设计及绿道空间设计等方面的合作。探索建立飞地产业园，探索经济统计分离方式，建立互利共赢的地方留存部分税收的分享机制。

（2）共建新消费产业生态圈，提升发展位势。协同联动周边城区或产业园区，重点在创意产品开发、创意活动举办、影视制作、音乐制作以及电竞、动漫、游戏设计等领域加强合作，促进连点成线成面发展，加快形成发展合力。协同联动其他相关生态圈，以引进先进数字技术、共同研发数字产品为主，与电子信息产业生态圈、数字经济产业生态圈等产业生态关联功能区加强合作，借力成都信息技术产业发展优势，为数字创意赛道赋能。

3. 促进产业链与创新链融合，增强内生动力

（1）加强创新链技术高效供给。围绕文创产业重点领域，大力引进国内外知名应用研究机构，积极争取国家级及省部级实验室布局，加快集聚院士专家工作站、新型创新研发转化平台，以技术创新引导产业资源集聚。着力建设科技资源共享平台以及科技成果转化信息共享平台，提供科技创新基础支撑和交易共享服务。积极融入“千校百企”大对接平台，构建科技创新资源和企业技术需求线上对接机制，持续开展“企业家进校园”“科学家进园区”等系列线下对接活动，畅通科研院所与企业信息沟通、项目对接渠道。

（2）加快企业融入创新网络体系。鼓励支持文创产业重点头部企业设立新型产业技术研究院等研发机构，开发拥有自主知识产权或技术标准、市场潜力巨大的创新产品，加快提升产业创新能力。

（3）强化多元创新创业载体支撑。利用城市有机更新契机，积极盘活闲置载体、充分激发低效载体、策划包装特色载体，建设一批“孵化+创投”“互联网+”“文创园区”等新型孵化器，衔接创意阶层高端化、个性化、多样性的创造偏好以及知识技术密集型行业的工作偏好，利用街区、院落及城市“金角银边”等资源打造创业创新“梦工厂”。

（二）以“片区开发”为引领，城市更新促空间形态重塑

坚持片区综合开发核心理念，以城市有机更新盘活发展空间，聚焦聚力

“优产业、优形态、优品质”，统筹推进三国文化传承区、创意设计引领区、创意生活体验区三大片区建设，有效带动区域发展整体成形成势，重塑城市空间和经济地理。

1. 建设三国文化传承区

突出片区三国文化特质，以三国蜀汉城项目为牵引推动文创、文旅、文博（三文）深度融合发展，以低密度、开放式、精致型城市格局为导向推进空间高效开发利用，将三国文化嵌入片区进行全景化打造，提升整体形象。

（1）以重大项目为牵引聚产业。深挖武侯祠等三国文化核心资源，以三国蜀汉城项目为牵引，创新演绎蜀汉文化，以文为基、以博带旅、以旅兴商，植入文创做大做强文博产业，赋能升级文旅产业，放大文博展示品鉴、文化研究、文化演艺、节庆论坛、旅游体验、创意办公、主题商业等业态聚合效应，带动实现“三文”深度融合发展。

（2）聚力多元空间开发强支撑。聚焦片区作为三国文化核心承载区的区域特质，结合蜀汉城单元城市有机更新契机，以低密度、开放式、精致型城市格局为导向，大力推进片区空间高效开发利用。以公园城市理念为主导，以敞开式空间、小街区规制为引导，全面梳理街巷空间，串联绿廊水系，创造舒适宜人的街道尺度。加快推进染靛街、要都等街区改造提升，加强景观设计、场景打造和慢行系统优化，扩展文化探访、博览传承、休闲品味及艺术创作等多元功能，优化多元创意的展示载体。充分挖掘利用西南民大及周边民族文化资源，积极开展多元化创新创意合作，打造民族主题的文创空间。

（3）将三国文化嵌入全景打造。充分利用武侯祠文化遗迹核心资源，以三国蜀汉城等引领性、标志性项目为牵引，将三国文化嵌入片区进行全景化打造，积极构建三国文化沉浸式互动体验空间，着力打造三国文化爱好者“打卡地”和“朝圣地”。以载体建设承载三国文化传承创新，坚持用5A级标准塑造高能级三国文化地标，用VR、AR、MR等现代信息技术深度诠释三国英雄故事，让游客享受精彩震撼的视听盛宴。充分挖掘片区街巷资源，创新植入三国文化相关人物特展、街头展演、创意交流等城市活动，营造文化特征鲜明的体验消费场景，推动片区整体三国英雄主题氛围快速形成。

2. 建设创意设计引领区

（1）集中力量打造产业主阵地。发挥核心起步区牵引作用，集约高效利用片区可挖掘土地空间，重点依托国际城市设计产业中心及太平园等核心载体、重大项目，围绕创意设计、创意视听等核心产业领域招引集聚一批领军企业和知名项目，以大项目、大企业、大载体“挑大梁”，共筑文创产业主阵地。

（2）加快老旧市场调迁拓空间。以“转型腾空间、立体扩空间、增量做聚焦、创新土地政策”为策略，加快推动区域内可利用土地空间开发，着力为文创产业集群成链发展提供扎实的载体支撑。

（3）将三国文化植入重要节点。依托片区处于三国创意产业发展轴关键轴段的区位优势，聚焦“历史文化回溯+现代创意植入”，以深厚的文化底蕴赋予产业发展的厚度，以现代化产业发展赋予文化传承的精彩，生动延续武侯祠三国文化精髓，围绕三国创意产业发展轴延展区域联动打造视觉效果清晰、动线科学合理的三国创意生态走廊。在红牌楼、太平园以及国际城市设计产业中心等关键交通节点、重要产业节点引入 VR、AR、MR 等现代信息技术，打造可视化、可触摸、可感知的三国文化微景观，唤醒三国历史记忆。结合片区内大量商业商务载体新建及改造契机，充分考虑在建筑形态、建筑风貌设计及空间营造上创新融入三国文化元素，打造片区三国文化特色地标，赋能提升功能区辨识度和显示度。

3. 建设创意生活体验区

（1）以载体升级为路径优产业。充分挖掘区域交通流量人群和中高端居住人群消费潜力，重点聚焦商业领域，利用片区皮革加工厂、皮革城等地块腾退空间，策划和招引一批具有带动作用的高能级商业项目，植入新兴业态、创意场景、智慧体验推动现有商业载体优化提升，实现高端商业集聚、品质消费活跃。

（2）聚力老旧小区改造塑形态。重点关注区域内大量老旧小区集中的现实情况，结合晋阳北、皮革城两大单元城市有机更新，积极开展片区城市生态“双修”，提升城市品质、重塑城市形态，着力增强片区承载力、吸引力。聚焦城市修补，加快对片区内老旧院落进行整体更新改造，积极加入绿化打造、停车规划、垃圾分类等项目，同时策划打造一批彰显文创特色的生活院落，焕发城市新生活力；大力整合片区内开敞空间资源，针对居住人群及创意人群生活服务偏好，创新融入潮流文化、现代科技等元素，打造特色街巷空间、绿地开敞空间、创意生活空间等公共空间，推动城市品质提升。聚焦生态修复，充分发挥片区内清水河等生态资源优势，重点加强对河道、滨河绿地等地区进行生态打造，通过活动场所塑造及主题景观打造，营造休闲宜居滨水场景，不断提升城市生态环境。

（3）将三国文化融入市民生活。全面梳理社区公园、社区文化活动中心、小广场、小公园、绿道水系等公共开敞空间，结合三国文化相关主题进行景观化改造，以受众多、普及广的精致小微景观小品雕塑强化三国文化的浸润效果；深度挖掘商业街区等载体资源，有机嵌入三国文化消费业态、创新植入三国文化消费场景、全面升级三国文化消费空间，将三国文化全面融入市井生活，实现文化韵、生活气有机结合，精心镌刻特色城市符号、鲜活传承三国文化记忆、广泛渲染三国文化氛围。

（三）以“科创空间”为载体，激活高质量发展动力源

深入实施创新驱动战略，以高品质科创空间为主阵地培育创新生态，集聚发展文创核心领域，引进培育创新市场主体，搭建专业服务平台体系，推动创意与科技紧密结合，构建开放共享、高效协同的创新生态体系，为功能区高质量发展提供强劲动力。

1.围绕核心领域聚产业

围绕创意设计产业，聚焦城市环境设计核心领域，针对价值链高端，聚力招引、大力汇聚知名设计企业总部，引领创意设计产业蓄势扩能。发挥科创空间创新资源集聚优势，孵化开发基于创意设计的三国文化相关动漫、影

视、音乐、游戏等创意产品，配套版权服务、出口服务等新赛道服务，抢跑创意视听赛道。

2. 引育创新企业扩主体

聚力创新型企业招大引强与梯度培育，推动创新型中小企业、高成长企业、领军企业实现量质提升。深化企业全生命周期梯度培育链条，统筹推进“抓大、扩中、育新”，大力实施“头雁”“瞪羚”“雏鹰”培育计划，打造一批高成长型的“专精特新”企业，催生“小巨人”、隐形冠军和单项冠军企业。持续优化企业政策服务机制，针对各个创新重点环节的差异化需求给予精准政策支持，创新研发环节提供创业资助、研发投入、融资贷款等支持，成果转化环节提供固定资产投入、销售收入奖励、税收奖补等支持。鼓励有条件的创新型企业到创业板、新三板上市、挂牌融资，打造具有较强根植性的生态群落。

3. 聚焦平台搭建优服务

以需求为导向推进科创空间专业化运营，打造集专业技术与公共服务于一体的平台体系。聚焦文创运营推广、创新转化、展示交流三大功能，打造IP联合运营平台，提供从IP归集、授权到文化生产的全链条服务；打造创意产品展销平台，整合利用线上、线下以及城市生活消费场景等多元渠道，促进创意产品多层次多渠道展示交易；打造创意时尚秀场，围绕创意设计需求定期举办新品发布会、设计大赛、小型沙龙，实现创意零距离共享。搭建科技转化服务型平台，高效配置技术评估、技术交易、技术转移、知识产权、科技金融等专业化科技中介服务和市场化技术转化服务，搭建校企对接渠道推动开展“订制研发”、科技成果评价、交易标准建设等服务，构建“技术—产品—商品”深度黏合的科创孵化体系。搭建市场化专业服务平台，整合科创空间入驻企业金融信贷、人力资本、知识产权、供应链管理、云平台服务等共性需求，定期发布专业服务清单，吸引风险投资、银行证券、专利保护、知识产权交易、猎头中介、战略咨询、企业云运营商等第三方市场主体，专业化服务科创企业发展。

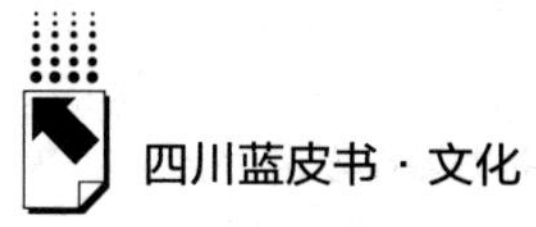

（四）以“产业社区”为抓手，着力建设“三生”融合新高地

遵循公园城市理念，坚持人城产高度融合，以“功能复合、职住平衡、服务完善、宜业宜居”为发展导向，积极推动生产、生活、生态（三生）深度融合发展，着力建设“三生”融合新高地。

1. 强化产业社区生产配套精准匹配

（1）快速匹配优质楼宇。针对功能区内楼宇载体资源不优不足的问题进行优质化、精准化匹配。坚持以“提”为纲，着力提升楼宇品质，利用老旧市场调迁腾退土地积极引导新建一批甲级、超甲级现代化智能化高品质楼宇，同时通过环境、设施、管理等升级推动红牌楼广场、军通大厦、洪都大厦及锦外中心等老旧楼宇改造升级，大力引导其向特色化、专业化方向发展。

（2）精心打造共享空间。充分挖掘功能区潜在可利用的街巷空间、住宅院落等城市空间，结合城市有机更新，进行特色风貌改造，融汇街道创意活动、特色三国文化、传统市井生活等元素，打造具有不同主题特色的创意街道、创意院落，建设城市创意共享空间，不断丰富文创产业及产业人群特色化需求载体和场景。

（3）完善信息基础设施。精准匹配创意数字化发展趋势，以智能便捷高效为落脚点，加快促进功能区 5G 等新一代信息基础设施建设，推进通信网络速率提升，尽快实现千兆光纤网络城市全覆盖和千兆 WiFi 网络城市全覆盖，合理布局人工智能平台、云计算平台及区块链网络等新型基础设施，为文创产业生产运营数字化改造升级提供硬件支撑。

2. 提升产业社区优质高效生活服务

以满足产业社区不同人群不同层次的生活需求为出发点和落脚点，构建绿色交通体系，精准配套高品质公服，优化布局多元消费场景，持续增加功能区优质高效生活服务供给，营造功能复合、宜居宜业的高品质生活空间。理顺功能区路网格局，完善交通微循环，在三国蜀汉城、高品质科创空间等重点片区打造慢行交通系统，促进 TOD 轨道交通站点与慢行系统无缝接驳，完善串联主要楼宇、综合体、社区及学校的公交线路网络，着力构建轨道、公交、慢行多网融合绿色交通体系。完善“15分钟公共服务圈”，增强教育、医疗、文体等公共服务供给，积极打造社区综合体，围绕社区人群个性化需求差异化制定综合体业态植入清单，加快5G、大数据等新技术应用，丰富智慧公服、智慧社区和智慧生活场景应用。聚焦创意人群、商务人群、旅游人群等，依托特色商业街区和商业综合体，规划布局主题酒店、精品民宿、特色餐厅、主题咖啡馆、创意书店、艺术商店等，着力营造商圈潮购、创意体验、休闲体验、夜游体验等消费场景。以市场化、智慧化手段创新社区治理，着力搭建多层次主体共治平台、多功能智慧治理平台，全面提升社区治理能力。

3. 营造产业社区绿色低碳生态环境

按照“景观化、景区化、可进入、可参与”要求，加快打造缤纷可赏绿道体系、多元公园绿地体系、渗透立体绿色空间，构建绿色生态脉络基底，倡导绿色生产生活方式，着力打造绿色低碳小尺度示范产业社区。加快提升锦江河滨绿廊，升级南郊公园、丽都公园等，打造五大花园体育运动公园、红牌楼健康公园、吉顺街运动公园等专类公园，利用小区、街区等区域闲置角落和微空间进行增绿补绿，布局小公园、微绿地，构建区域绿色生态开敞空间。充分发挥功能区轨道交通优势，充分链接锦江河岸、城市绿道、社区步道等，有机植入绿化带等生态景观，形成区域绿色生态脉络体系。

B.16
安宁河流域红色旅游助推乡村振兴报告

单孝虹*

摘　要： 安宁河流域红色文化资源得天独厚，境内各县乡村将红色资源与阳光康养、古道文化、民族风情等文旅资源相融合，打造出“长征丰碑·团结之旅”“民族风情·乡村振兴”“两弹一星·大国重器”等精品旅游线路，多个乡村成功入选四川省乡村文化振兴样板村镇，带动周围村庄发展乡村旅游，实实在在助力乡村振兴。“十四五”期间，在四川省委、省政府关于安宁河流域高质量发展以及关于全面推进乡村振兴的筹谋下，安宁河流域将进一步克服文旅资源融合度不够、基础设施薄弱、同质化突出等不足，大力促进红色旅游对乡村振兴的带动作用。

关键词： 安宁河流域　红色旅游　乡村振兴

一　安宁河流域红色旅游的资源优势

安宁河流域气候温和、物产丰富，山川秀美、风光旖旎，自古适合人类栖息繁衍，神秘的古代南方丝绸之路的驿道，大部分与20世纪30年代红军长征舞动的“红飘带”重合，也和三线建设时期部署的大国重器通道部分重叠。新时代脱贫攻坚的模范村、乡村振兴的示范村点缀其中，使得安宁河流域的红色资源丰富多彩，极具特色。

自从1931年西昌籍共产党员廖文彬返乡创建安宁河流域的第一个共产

* 单孝虹，中共四川省委党校（四川行政学院）期刊社副社长，研究员，《长征学刊》副主编，研究方向为中共党史、红色旅游等。

党组织——西昌特支开始，相对闭塞的安宁河流域就打上了中国共产党领导人民推翻“三座大山”、进行新民主主义革命的红色烙印。1935 年红军长征巧渡金沙江进入安宁河流域，留下了巧渡金沙江、彝海结盟等红军长征遗址遗迹。新中国成立后，中国共产党领导安宁河流域儿女在社会主义革命、建设、改革的伟大实践中铸就了三线建设精神、新时代北斗精神、脱贫攻坚精神等革命精神谱系。

（一）主要红色资源分布情况

1. 丰富的长征文化资源

毛泽东在《七律·长征》中以“金沙水拍云崖暖”揭开了中国工农红军第一方面军在安宁河流域波澜壮阔的历史画卷。1935 年 4 月 30 日，中央红军巧渡金沙江进入凉山境内，发起会理攻坚战，召开会理会议，北上德昌，经甸沙关战斗、半站营战斗，进入西昌，在礼州古镇活动6天。红九军团在军团长罗炳辉、政委何长工的率领下，佯装主力，从云南省巧家县渡金沙江，经宁南县、普格县至西昌礼州与红军主力会师。改道分兵后，红军主力在冕宁建立革命政权和革命武装，刘伯承在冕宁彝海与彝族首领小叶丹歃血为盟，红军主力顺利通过彝族聚居区后，抢占先机，渡过大渡河。左权和刘亚楼则率红二师五团一部和军团侦察连经喜德、越西、甘洛飞兵奔袭大树堡，以制造红军主力走富林大路的假象迷惑敌人。红军长征在凉山境内活动 26 天，给凉山人民留下了丰富的红军长征文化资源。

第一，独特的红军长征遗址遗迹、长征纪念馆等物质层面资源。1950 年 6 月 16 日，中央人民政府政务院发布征集革命文物令。西昌地区[①]文史工作者响应号召，从 20 世纪 50 年代开始就到各地调研走访红军长征过西

① 西昌专区是原西康省的专区，1955 年西昌专区由西康省划归四川省，西昌专区专署驻西昌县。原木里藏族自治区改设木里藏族自治县。1968 年 11 月，西昌专区改称西昌地区。1978 年西昌地区撤销，米易、盐边 2 县划属渡口市（今攀枝花市），其余县并入凉山彝族自治州，州人民政府由昭觉迁至西昌。1979 年 7 月设西昌市。1984 年马边、峨边 2 县划入乐山地区。1986 年 6 月撤销西昌县并入西昌市。2021 年会理撤县设市，此后凉山彝族自治州辖 2 市 15 县。

昌的见证者，征集红军长征文物，搜集史料，红军长征在凉山的主要遗址遗迹得以标记保护。冕宁县毛主席接见彝族代表处旧址1956年被公布为四川省文物保护单位后得以维修，旧址四合院前厅和厢房作为红军经过冕宁革命文物陈列厅，对外开放。1985年8月，冕宁县人民政府在刘伯承与小叶丹彝海结盟处竖立一块大理石标志碑。2005年5月，冕宁县在彝海附近建成彝海结盟纪念馆并对外开放。2009年4月，会理在县城建成红军长征过会理纪念馆并对公众开放。2018年，西昌市礼州镇建成红军广场供人们参观学习。作为全国爱国主义教育示范基地的彝海结盟纪念地和凉山州红军长征过会理纪念馆，2023年3月入围四川省人民政府公布的《四川省红色资源保护名录（第一批）》中的40个（处）重要旧址、遗址遗迹、纪念设施及场所。

表1　安宁河流域主要红军长征遗址遗迹

序号	红色资源名称	所属行政区域	所获荣誉
1	铁柳镇大坪地村红军渡碉楼遗址	会东县	县级文物保护单位
2	洪门渡红军渡江遗址	会东县	县级文物保护单位
3	鱼坝滩红军渡江遗址	会东县	县级文物保护单位
4	红军长征过会理纪念碑	会理市	县级文物保护单位
5	会理会议纪念地	会理市	省级文物保护单位
6	皎平渡渡口及山洞遗址	会理市	省级文物保护单位
7	景庄庙红军攻城指挥部旧址	会理市	省级文物保护单位
8	孔开先墓	会理市	县级文物保护单位
9	彭家龙塘标语群	会理市	县级文物保护单位
10	狮子山隘口战场遗址	会理市	县级文物保护单位
11	1935年红军长征过冕宁时毛泽东接见彝族代表处	冕宁县	省级文物保护单位
12	陈野苹宅(1935年红军长征过冕宁时,红军将领住过的地方)	冕宁县	县级文物保护单位
13	黄土坡红军庙	冕宁县	县级文物保护单位
14	廖志高宅(1935年红军长征在冕宁时歇息的地方)	冕宁县	县级文物保护单位

续表

序号	红色资源名称	所属行政区域	所获荣誉
15	泸沽后卫战遗址	冕宁县	县级文物保护单位
16	毛主席在冕宁住址	冕宁县	县级文物保护单位
17	彝海结盟遗址	冕宁县	《四川省红色资源保护名录(第一批)》重点遗址遗迹、全国爱国主义教育基地
18	红军树(红九军团活动遗址)	普格县	县级文物保护单位
19	边家祠红军驻地及红军井	西昌市	市级文物保护单位

第二，多彩的长征文艺作品。红军长征经过凉山的精彩篇章早在1959年上映的电影《万水千山》中就得以展示。其后多种形式的关于红军长征在凉山的文艺作品不断涌现，影响深远。例如，反映长征过彝区的歌曲《情深谊长》本是舞剧《红流》的插曲，1964年，这首歌曲入选音乐舞蹈史诗《东方红》后，传遍大江南北，深受人民群众喜爱，2019年6月《情深谊长》入选中宣部“庆祝中华人民共和国成立70周年优秀歌曲100首”。1996年《彝海结盟》电影将红军长征在冕宁的这段民族团结佳话进行艺术呈现，2016年更是以34集电视剧的方式倾情演绎。2018年4月3日，电视剧《彝海结盟》获得第31届电视剧“飞天奖”暨第25届电视文艺“星光奖”之重大革命历史题材优秀电视剧大奖。值得一提的是凉山本土人士创作的反映红军长征在凉山的文艺作品亮点纷呈。2015年5月27日，由四川凉山彝族自治州歌舞团和凉山文广传媒集团出品的原创民族歌剧《彝红》再现了红军长征在凉山的历史，分别获得四川省第三届文华奖、第八届巴蜀文艺奖、第二届中国歌剧节优秀剧目二等奖、第五届全国少数民族文艺会演节目银奖。歌剧《彝红》通过各种媒介平台，传遍凉山村村寨寨，人们在传唱中凝聚了干事创业的精气神。

2. 得天独厚的三线建设红色资源

20世纪60年代，基于国际局势的复杂多变及国内产业布局的不平衡，以毛泽东为核心的党中央做出了在西北、西南的三线地区进行国防及工业建设的大战略。安宁河流域是三线建设“两基一线”① 布局的重点地区，毛泽东多次表达了对开发建设攀枝花钢铁工业基地和修筑成昆铁路的高度关切。毛泽东曾说：“大三线建设搞不好，我睡不着觉；没有投资拿我的稿费；成昆铁路修不通，骑毛驴我也要去攀枝花看看”②。邓小平也曾说：“攀枝花是得天独厚的好地方。在弄弄坪建钢铁厂，是非常理想的。”③ 经过近20年的三线建设及其后的调整变迁，安宁河流域留下了丰富的三线建设文化遗产。

第一，物质层面的三线建设红色资源。20世纪60年代，在国家经济困难的情况下，来自东部沿海地区及东北各省的科研人员、工程技术与管理人员等建设大军，听从党中央和毛主席的号召，扎根人烟稀少的安宁河流域，住干打垒、布棚子，吃干咸菜，把建设用的设备、器材，靠汽车从狭窄坡陡弯急的公路上运进去，没路的地方就用人力肩挑背扛进去，1970年建起了攀枝花钢铁厂，同年在被苏联专家视为禁区的大凉山修筑了被视为20世纪人类征服自然的三大奇迹之一的成昆铁路。

党和政府在安宁河流域的三线建设战略部署，留下了诸多红色遗址遗迹、红色纪念场馆等物质层面的红色资源。在攀枝花市的主要有露天钒钛磁铁兰尖铁矿、503地下战备电厂、大田会议旧址、仁和会议旧址、大渡口十三幢、攀枝花建设总指挥部旧址及渡口吊桥、密地大桥、老邮电所、大渡口电影院、渡口火车站、攀钢一号高炉、兰尖平硐等。2015年3月，攀枝花中国三线建设博物馆建成并对外开放。

由于当时三线建设在安宁河流域的布局重点是攀枝花市，凉山主要出人出力支援攀枝花钢铁基地建设，以及为成昆铁路的建设出地出力，凉山的三线文化遗存较少，主要有老成昆铁路、410厂、卫星发射中心、青山机场、磨房沟电站、普雄镇烈士陵园、马道镇成都铁路分局旧址等。

---

① 三线建设西南地区的核心重点是“两基一线”，两基就是攀枝花钢铁基地、六盘水煤炭基地，一线就是成昆铁路线。

② 谷牧：《谷牧回忆录》，中央文献出版社，2009，第197~198页。

③ 《邓小平文集（1949—1974）》（下卷），人民出版社，2014，第249页。

表 2　安宁河流域主要三线建设遗址遗迹、纪念馆

序号	红色资源名称	所属行政区域	所获荣誉
1	成昆铁路仁和段	仁和区	省级文物保护单位
2	大田会议会址	仁和区	省级文物保护单位
3	湾丘"五七"干校旧址	米易县	省级文物保护单位
4	攀枝花中国三线建设博物馆	仁和区	四川省红色资源保护名录(第一批)
5	三堆子铁路大桥	仁和区	区级文物保护单位
6	同德烈士陵园	仁和区	区级文物保护单位
7	成昆精神教育基地	西昌市马道镇	暂无级别
8	成昆沙木拉达隧道	喜德县	暂无级别

第二，三线建设的伟大实践给安宁河流域人民带来了丰富的精神文化生活。一是铸就了"三线精神"。1993 年 4 月，江泽民同志为《中国大三线报告文学丛书》题词："让三线建设者的历史功绩和艰苦创业精神在新时期发扬光大。"① 2014 年 3 月，刚成立的中华人民共和国国史学会三线建设研究分会在《中华人民共和国国史学会三线建设研究分会规章》中明确提出了"艰苦创业、无私奉献、团结协作、勇于创新"的三线建设精神。二是形成了多彩的三线企业文化。为了使攀枝花钢铁厂尽快投产，攀钢人"守炉餐、伴炉眠"，倡导"艰苦奋斗，勇攀高峰"的攀钢精神。三是形成了反映安宁河流域三线建设的文艺作品。这些文艺作品，比较有代表性的主要有以下几种。1993 年 12 月，四川人民出版社王春才主编的《中国大三线报告文学丛书》引起了千万三线建设者的共鸣。2010 年由四川攀枝花市委宣传部、文物管理所等拍摄完成，在凤凰卫视播放的《三线往事 2010》十集纪录片，对三线亲历者和学者进行了访谈，主要反映三线建设者投身三线建设的历程，播出后引起了社会各界的强烈情感共鸣。2023 年，由攀枝花市委和市政府、四川广播电视台、峨眉电影集团、成都天音等联合出品的电视剧《火红年华》是一部三线建设主题大型工业史诗电视剧，该剧讲述了攀钢集团、十九冶集团、攀煤集团等三线企业年轻的建设者们

① 王春才：《巴山蜀水"三线"情》，人民出版社，2018，第 311 页。

当年扎根深山把不毛之地建成工业新城的感人故事，该剧倾情宣传弘扬可歌可泣的“三线精神”，获得四川省 2021 年度文艺精品奖励项目、第十届四川省巴蜀文艺奖、四川省第十六届精神文明建设“五个一工程”奖等多项殊荣。

3. 体现航天精神和新时代北斗精神的红色资源

源起于三线建设布局，发展至新时代，创造了我国航天事业无数辉煌的西昌卫星发射中心，充分展示了航天精神和新时代北斗精神。中华民族自古就有着嫦娥奔月的飞天梦想，探索浩瀚宇宙，发展航天事业，建设航天强国，是我们不懈追求的航天梦。经过几代航天人的接续奋斗，中国航天事业的发展铸就了“两弹一星”精神、探月精神、新时代北斗精神、载人航天精神、航天测控精神等体现我国航天事业成就的航天精神，西昌卫星发射中心是展示这些精神的最佳窗口。

1970 年 6 月，国务院、中央军委决定在西昌地区建设卫星发射中心。1982 年，坐落在冕宁县泽远镇封家湾的西昌卫星发射中心建成交付使用。从 1984 年成功发射我国第一颗地球同步轨道卫星东方红二号以后，西昌卫星发射中心至今已成功完成 200 多次发射任务，是我国发射长征运载火箭数量最多的发射中心，而且以 100%的成功率将所有北斗导航卫星送入预定轨道，充分展示了新时代北斗精神。

西昌卫星发射中心不仅承载着国家三线建设的辉煌历史而且充分体现了新时代北斗精神。它是我国唯一对外开放的卫星发射中心，1986 年，经国务院、中央军委批准，西昌卫星发射中心正式宣布对外开放，承揽国际卫星发射业务。1988 年 9 月，西昌卫星发射中心正式向国内外旅游者开放。2001 年 10 月，西昌卫星发射中心被评为国家首批 3A 级旅游景区。2012 年，西昌卫星发射中心被录入国家第二批红色文化经典旅游景区，是国家红色旅游文化重点建设景区之一。

4. 承载新时代脱贫攻坚精神的红色资源

安宁河流域内盐源县、普格县、喜德县、越西县、甘洛县曾在国家 832 个扶贫开发工作重点县和集中连片特困地区名单中。党的十八大以来，凉山各族群众在习近平总书记关于精准扶贫重要论述的指引下，按照《中共四川省委关于集中力量打赢扶贫开发攻坚战 确保同步全面建成小康社会的决定》的部署，上下齐心、尽锐出战，开启了同绝对贫困做坚决斗争的伟大征程。2015 年 7 月，凉山州委做出集中力量打赢扶贫开发攻坚战、确保同步全面建成小康社会的决定，明确提出了“到 2020 年，实现全州 50.58 万农村贫困人口脱贫，基本消除绝对贫困”的精准脱贫奋斗目标，并具体拟定了精准实施“七个一批”扶贫开发攻坚行动计划[①]。为此，凉山全州动员决胜脱贫攻坚，在全省的大力支持和兄弟省市的对口帮扶下，5700 多名州外干部和 5800 多名州内干部组成综合帮扶工作队分赴凉山州 11 个深度贫困县，和贫困群众心连心，打赢了脱贫攻坚战，贫困县全部在 2020 年 11 月清零。一座座彝家新寨、易地搬迁新村、学校、卫生院、特色产业园见证了新时代凉山儿女在党的领导下决胜脱贫攻坚的伟大征程。无数扶贫驻村干部和贫困群众合力战胜贫困而创造的幸福小康生活承载着脱贫攻坚精神，在决胜脱贫攻坚战中涌现了无数扶贫干部无私奉献带领群众攻坚克难的感人事迹，他们舍小家为大家，倾情扎根乡村、不计个人得失，付出超常的心血和智慧，有的甚至献出了宝贵的生命。在脱贫攻坚的伟大斗争中，凉山扶贫干部先后有 38 人以身殉职、168 人因公负伤，夏纪毅、刘骥、王小兵等一大批先进典型先后受到中央、四川省委表彰表扬。为更好记录凉山儿女决胜脱贫攻坚的征程，弘扬和传承脱贫攻坚精神，凉山以“1+3+17N”的形式打造了覆盖全州的“凉山州脱贫攻坚全域实景博物馆”，生动呈现凉山打赢脱贫攻坚战的伟大斗争史，激励凉山人民巩固脱贫攻坚成果，写好中国式现代化的凉山篇章。“1+3+17N”的脱贫攻坚红色资源指的是 1 个凉山州脱贫攻坚展览馆、3 个村史馆（三河村、火普村和阿土列尔村）、17 个县（市）的 158 个代表性点位。

① “七个一批”是指特色产业发展一批，创新创业致富一批，低保政策兜底一批，医疗保障扶持一批，移民搬迁安置一批，治毒戒毒救助一批，移风易俗巩固一批。详见《中共凉山州委关于集中力量打赢扶贫开发攻坚战 确保同步全面建成小康社会的决定》，《凉山日报》2015 年 8 月 6 日，第 1~2 版。

（二）安宁河流域红色资源主要特点

安宁河流域的红色资源特色鲜明、丰富多彩。

首先，安宁河流域红色资源本身贯穿党领导人民革命、建设、改革、新时代等各个历史时期，连贯性突出。从凉山进步青年走出大山入党后回乡创建党组织开始，安宁河流域就闪耀着以伟大建党精神为源头的中国共产党人精神谱系的光辉，其中伟大的长征精神、三线精神、航天精神、新时代北斗精神、脱贫攻坚精神更加炫目，承载着这些精神的红色资源也因此更加耀眼，相关遗迹也较早被纳入当地政府的保护范围，为安宁河流域人民所珍视。

其次，安宁河流域的红色资源与其他文化资源的组合性强，极具开发价值。其一，安宁河流域自然生态风光旖旎，境内山川湖泊交错，青山绿水相间。安宁河两岸青山壮美，螺髻山、小相岭南麓的窝尔则俄山等群峰叠嶂，山势雄奇，集古冰川遗迹、高原草场、原始森林和丰富的动植物资源于一体，更有高原湖泊彝海、邛海点缀其中，美丽的自然风光让人流连忘返。其二，流域内人文景观层次丰富，既有隽丽的跨越数个世纪的古文化，又有独特的民族风情。安宁河流域是半月形文化传播地带、藏彝走廊、南方丝绸之路的重要环节，境内分布着大洋堆遗址、横栏山遗址、南山遗址、大麻柳遗址、巴河堡子大石墓等古文化遗址，还有诸多南方丝绸之路和茶马古道的遗址遗迹，如甘洛县坪坝乡清溪峡古道、喜德县冕山镇小相岭南麓的登相营古驿站、西昌市大石板古村驿站、德昌县半站营古驿道、攀枝花市盐边县永兴镇虎鼻村驿站等遗址。安宁河流域是全国最大的彝族聚居区凉山州所在地，彝族是有悠久深厚传统文化的民族，他们能歌善舞，传承着以火把节、彝族服饰为代表的民族风情文化。

二　新时代十年安宁河流域红色旅游助力乡村振兴取得的主要成就

安宁河流域在 20 世纪 50 年代就开始对长征红色文化资源进行初步调查

和保护，随着 2004 年 12 月国家出台第一部关于红色旅游的规划纲要①，安宁河流域的红色旅游就有了一定的基础。党的十八大以来，以习近平同志为核心的党中央把发展红色旅游放在了更加突出的位置，对革命老区和边远地区发展红色旅游的支持力度加大。安宁河流域凭借红色资源富集于乡村的优势，推动红色资源与乡村旅游、生态康养、研学旅游等文旅形式相结合，打造了多条全国知名的特色红色旅游线路，助推了乡村振兴。

（一）红色文游产业不断发展

得益于安宁河流域红色资源富集和红色旅游发展基础好，新时代以来凉山和攀枝花着力红色旅游融合发展示范区建设，打造精品线路，塑造安宁河流域红色品牌，推动农文旅融合发展，推动红色文游产业不断发展。

1. 立足流域特色，塑造安宁河流域红色品牌

四川红色旅游发展早，为新时代安宁河流域红色资源的发展奠定了较好的基础。四川省委、省政府早在 1998 年编制的《四川旅游发展总体规划》就把“革命历史文化旅游线”作为四川精品旅游环线加以重点打造。在 2002 年完成《四川省开发红军长征旅游产品可行性研究报告》的基础上，2004 年 12 月，四川省与国家发改委国土开发与地区经济研究所联合编制《四川省红色旅游发展纲要》，把红军长征在四川的线路作为红色旅游的主要精品线路进行打造，凉山也积极将红军长征在凉山的线路作为红色旅游线路进行规划。2005 年冕宁红军长征纪念馆成功入选中宣部、国家旅游局等六部门评选的全国百个经典红色旅游景区。2018 年四川编制的《四川省红色旅游发展规划（2018—2028 年）》拟重点打造的五个红色旅游融合发展示范区就有两个布局在安宁河流域：一是以弘扬长征精神、大力发展民族地区全域旅游为目标，建设凉山红色旅游融合发展示范区；二是以弘扬三线建设精神、推动资源型城市转型升级为目标，建设攀

① 2004 年 12 月，中共中央办公厅、国务院办公厅印发《2004—2010 年全国红色旅游发展规划纲要》，这是我们国家第一部关于红色旅游发展的纲要。

枝花红色旅游融合发展示范区[①]。凉山和攀枝花两地根据各自红色资源状况，编制红色旅游发展规划，打造特色红色旅游品牌。凉山突出红军长征红色资源的开发利用，《四川省凉山彝族自治州红色旅游发展规划（2012－2025）》提出塑造“长征丰碑”与民族风情、乡村振兴、古道文化等文旅资源融合发展的红色旅游品牌。《攀枝花“十三五”旅游发展规划》则以三线建设文化品牌为名片，与阳光康养旅游产业相结合，打造“火红”这一攀枝花红色旅游形象。

2. 打造全国知名红色旅游精品线路

“十三五”期间，凉山和攀枝花两地根据红色资源优势打造的三线文化线路和长征主题线路在全国都有了一定的知名度。2015 年四川发布的十条红色精品旅游线路之九即红军长征过安宁河流域的红色旅游线路，将红军长征在安宁河流域所发生的巧渡金沙江、彝海结盟等系列著名历史事件红色资源与攀西的阳光生态、民族风情、现代工业文明相融合，命名为“金沙水拍云崖暖，情深意长大凉山”。2021 年四川隆重策划“重走长征路·奋进新征程”红色旅游年，并公布了 11 条红色精品旅游线路，其中有 3 条线路布局在安宁河流域：第一条是“长征四川段”10 日游线路，把皎平渡和彝海纳入其中；第三条是“巧渡金沙江”3 日游线路，融合邛海美景、礼州古镇、会理古城等生态、古文化文旅资源；第九条是三线建设 4 日游线路，这条线路将绵阳的两弹城作为起点，在安宁河流域内将大田会议会址、三堆子铁路大桥等三线建设遗址和西昌卫星发射中心、攀枝花中国三线建设博物馆串联起来。安宁河流域着力打造的三条精品线路都入选“建党百年红色旅游百条精品线路”。会理会议纪念馆、皎平渡渡口、彝海结盟纪念馆入选第 39 条线路（“红军不怕远征难”精品线路）；攀枝花中国三线建设博物馆、攀枝花市开发建设纪念馆、攀枝花市大田会议纪念馆入选第 70 条线路（“两弹一星·大国重器”精品线路）；米易县新山傈僳族乡新山村入选“体验脱贫成就、助力乡村振兴”主题线路中

① 白骅：《创新发展红色旅游四川蓝图初绘就》，《中国旅游报》2017 年 11 月 10 日。

的“天府新貌·蜀道不难”精品线路①。安宁河流域通过各种宣介活动，使得会理会议纪念馆、彝海结盟纪念馆、攀枝花中国三线建设纪念馆成为全国著名的红色旅游网红打卡点。

3. 农文旅融合发展，擦亮红色名片

安宁河流域的红色资源遍布自然风光旖旎的山川湖泊之中，凉山和攀枝花两地把红色旅游和生态美景、阳光康养、古道文化、民族风情、乡村振兴、体育竞技等文旅资源相结合，凉山推出的夏日火把节、夏日乡村避暑等文旅产品吸引了全国各地游客纷至沓来。攀枝花和凉山两地推出的“冬季暖阳游”更是美名远播。冬季，攀西地区的旅游产品内容丰富、活动线路精彩，到安宁河流域享受冬日暖阳的“追光者”们络绎不绝。安宁河流域气候温和、日照时间长，年日照时数1600~2600小时，比四川盆地多0.5~1倍，年均气温17~20℃，无霜期可达300天以上，是长江流域热量资源最富集的地方之一，四季如春，宜居宜业。随着成昆铁路复线动车全线开通、乡村公路村村通、4G网络覆盖99%的县市级行政单位和80%的乡镇、长征国家文化公园（凉山段）建设的推进，安宁河流域红色旅游因冬日暖阳游而不断提升知名度。“十三五”期间，攀枝花市推出的三线文化游、阳光康养游、山水田园游、特色文化游、大香格里拉游及养身、养心、养智康养文

① 这三条建党百年红色旅游百条精品线路的具体走向如下。第39条（“红军不怕远征难”精品线路）：四川省雅安市宝兴县夹金山红军纪念碑—阿坝州小金县达维会师遗址—阿坝州小金县两河口会议旧址—阿坝州松潘县川主寺红军长征纪念碑园—阿坝州松潘县毛尔盖会议遗址—阿坝州若尔盖县巴西会议旧址—阿坝州若尔盖县包座战役遗址—阿坝州红原县瓦切红军长征纪念遗址—马尔康市卓克基会议旧址—阿坝州黑水县芦花会议会址—甘孜州泸定县红军飞夺泸定桥纪念馆—甘孜州泸定县磨西镇毛泽东住地旧址—阿坝州石棉县安顺场红军强渡大渡河纪念地凉山州会理县会理会议遗址—凉山州会理县皎平渡红军渡江遗址—凉山州冕宁县彝海结盟遗址、红军长征纪念馆。第70条（“两弹一星·大国重器”精品线路）：四川省绵阳市梓潼县中国两弹城景区—雅安市石棉县双螺旋隧道（国际首创的双螺旋小半径曲线型隧道）—凉山自治州西昌卫星发射中心—攀枝花中国三线建设博物馆—攀枝花市开发建设纪念馆—攀枝花市大田会议纪念馆。第93条（“天府新貌·蜀道不难”精品线路）：四川省成都市郫都区战旗村—成都市蒲江县明月村—成都市彭州市宝山村—眉山市丹棱县顺龙乡幸福村—乐山市峨边县黑竹沟镇底底古村—攀枝花市米易县新山傈僳族乡新山村—凉山州昭觉县谷莫村—凉山州昭觉县阿土列尔村（悬崖村）—凉山州美姑县依果觉乡古拖村。

旅线路产品，使得攀枝花国际阳光康养旅游目的地的影响力不断提升。凉山则把红军长征在礼州、“北斗母港”——西昌卫星发射中心、全国最大的城市湿地——邛海、大石板古村落等资源融合进冬旅产品中，并和邛海湿地国际马拉松、西昌邛海湿地阳光音乐节、宁南凯地里拉阳光音乐节、普格彝历年等文化活动融合在一起，擦亮凉山冬旅名片。

（二）红色文旅助力乡村振兴的主要表现

依托安宁河流域丰富的红色资源、美丽的自然风光、温暖的气候条件、多姿的民族风情、悠远的古道文化等文旅资源，流域内“十三五”期间红色文旅极大地促进了乡村环境改善、经济发展、乡风文明、社会和谐，鼓舞了乡亲们的精气神，推动了安宁河流域乡村振兴。

1. 促进流域内乡村经济发展

安宁河流域红色资源与其他文旅资源融合形成的特色旅游，近年来越来越给安宁河流域人民尤其是乡村人民带来富足的生活，红色旅游推动乡村经济发展的作用是很明显的。比如，“十三五”期间，攀枝花市仁和区文旅融合发展，旅游总收入从 2015 年的 41.5 亿元增加到 2019 年的 70.16 亿元，年均增速达 14.1%。2023 年春节期间，仁和区综合接待游客 65.52 万人次，同比增长 834%；实现旅游收入 33020 万元，同比增长 526%。攀枝花三线精神博物馆春节期间共接待游客 6.21 万人次，单日接待人数高达 1.36 万人次；俚颇彝族迤沙拉村在此期间共计接待游客 5.78 万人次，实现旅游收入达 2913 万元。凉山州会理市 2023 年中秋节、国庆节、州庆的 9 天假期里，推出了历史文化之旅、红色经典之旅、山水民俗之旅三条精品旅游路线，为游客们提供了丰富多样的旅游体验，各景区接待游客约 48.05 万人次，实现旅游综合收入 38591.81 万元。会理会议纪念地铁厂村旅游专业合作社通过发展农业观光和乡村旅游等项目，吸引了大量游客前来游玩打卡，为铁厂村集体经济带来了收益，同时也推动了乡村旅游的发展。西昌礼州镇是南方丝绸之路上的著名古镇，1935 年红军长征在礼州活动了 6 天，留下了诸多红色印记。2018 年，礼州镇田坝村在保护原有红色遗址的基础上，建成红军长征广场，打造红军食堂，乡村红色旅游带动了田坝村农家乐、果园、民宿发展，带动村集体经济增收和村民致富。2016 年以前，冕宁县彝海镇彝海村全村 36 户人家中就有 9 户是建档立卡贫困户，在脱贫攻坚战中，彝海村运用好援建项目和企业支持资金，运用“彝海结盟”红色资源融合彝家民族风情发展旅游业，2017 年 11 月建成彝家旅游新寨，不仅全村脱贫而且过上了小康生活。2023 年夏季彝族火把节期间，冕宁依托“彝海结盟”红色资源和彝海、小相岭风景区等安宁河流域山水美景推出的夏日清凉凉山游系列活动，吸引了众多省内外游客，仅在 8 月 9 日至 16 日，就接待游客 26.17 万人次，实现旅游综合收入 18789.89 万元。

2. 乡村环境不断改善，红绿融合促进生态宜居

乡村旅游的发展与村容村貌的改善相辅相成。一方面，改善乡村基础设施和乡村环境卫生是发展乡村文旅、吸引游客驻足停留的前提。另一方面，乡村旅游的发展又使改善乡村环境有了物质基础。例如，攀枝花仁和区为了提升旅游形象，仅在 2023 年就投入资金 2.3 亿元用于基础设施改造。会理市铁厂村为了发展红色乡村旅游，于 2017 年 6 月开始筹建村集体经济项目，多方筹措资金 1200 万元，用了四年的时间对景区道路、绿化、基础设施、景观风貌和服务设施进行建设。铁厂红景区于 2022 年 5 月 1 日试营业，到 2022 年 12 月底，就实现经营性收入 230 余万元。

3. 提高村民精气神，助力乡风文明

古人说，仓廪实而知礼节，衣食足而知荣辱。有了经济发展积淀下的物质基础，特别是在习近平总书记关于乡风文明建设重要论述的指引下，在党和政府关于推进乡村精神文明建设众多有效举措的推动下，安宁河流域红色文旅推动了乡风文明建设。首先，红色文旅推进了村民文化素质的提升。为了发展旅游，村民们主动学习红色历史及其他知识，以便和游客交流，做好接待工作，在和不同游客的接触中又长了见识。红色旅游的发展又进一步提升了红色村落村民们的自豪感和荣誉感，提高了精气神。其次，乡村红色文旅促进了农村社区和谐。礼州镇田坝村集体经济曾经非常薄弱，自从发展红色乡村生态旅游以来，礼州古镇一日游（礼州古镇—红色文化—生态农业

观光）精品旅游线路壮大了村级集体经济，提高了农民收入。工作的充实还减少了村民因为无所事事而打牌赌博、吵架生是非等不文明行为。2018年，田坝村成功创建了西昌市生态文明示范村，2019年，又成功创建省级乡村振兴示范村。普格县红军树村，在国家能源集团和普格县的支持下，于2021年启动农旅融合产业示范园帮扶项目（该项目集红色教育、农业、旅游于一体），2021年也获得了凉山州乡村振兴示范村的荣誉。2023年11月中旬，攀枝花市仁和区仁和镇、攀枝花市仁和区仁和镇红旗村、甘洛县团结乡瓦姑录村、冕宁县宏模镇优胜社区、盐源县泸沽湖镇多舍村5个村镇入围乡村文化振兴省级样板村镇。同时，攀枝花市仁和区大田镇榴园村、米易县攀莲镇贤家村、米易县湾丘彝族乡热水村入选第三批全国乡村治理示范村。

4.培养了人才，推动乡村组织振兴

乡村红色文旅的发展，在促进乡村经济发展的同时，也促进了乡村人才的培养。乡村文旅的发展不仅培养了一些乡土导游和红色讲解员，也吸引了外出务工人员回流。乡村经济发展了，许多外出打工的青年返乡就业或者创业，使得农村真正成为令人向往的诗和远方。人才的回流，使乡村的组织振兴有了基础。西昌市田坝村乡村红色文旅发展起来后，外出务工的回乡人员、退伍军人、大中专青年越来越多。村两委加大了党建引领的力度，把他们逐步发展成党员，并组织他们参加各种培训，为乡村产业振兴培养越来越多的带头人。

三　党的二十大以来安宁河流域红色旅游助力乡村振兴新机遇和未来展望

经过多年的发展，安宁河流域的红色旅游对乡村振兴的促进作用逐渐显现。党的二十大以来，以习近平同志为核心的党中央更加重视红色文化的传承以及乡村振兴工作，对弘扬革命文化、发展红色旅游及乡村振兴做出了新的部署，为安宁河流域红色文旅的发展提供了新的机遇，但也要正视当前尚存在的一些不足，使红色旅游进一步助力安宁河流域的乡村振兴。

（一）机遇

“十四五”开局之年，安宁河流域关于文旅发展的规划因为四川省委、省政府的新部署以及受到党的二十大精神的鼓舞有了新的动力，未来发展可期。

1. 党的二十大以来党中央对弘扬革命文化、发展红色旅游及乡村振兴的新部署

党的二十大以来，以习近平同志为核心的党中央对文化强国、乡村振兴等方面的工作都提出了新的理论阐释，对红色资源的进一步保护和开发利用以及就以伟大建党精神为源头的中国共产党人精神谱系对文化强国的作用都进行了强调，并出台了一些发展乡村红色文旅推动乡村振兴的新举措。党的二十大报告明确提出要“用好红色资源”，“弘扬革命文化”，“弘扬以伟大建党精神为源头的中国共产党人精神谱系”，“坚持以文塑旅、以旅彰文，推进文化和旅游深度融合发展”①。2023 年 1 月出台的《中共中央 国务院关于做好二〇二三年全面推进乡村振兴重点工作的意见》明确提出发展乡村文旅、加强农村精神文明建设的要求。2023 年 4 月，国家发展改革委印发的《革命老区振兴发展 2023 年工作要点》在衔接推进乡村振兴、加快基础设施建设、传承弘扬红色文化、促进绿色转型发展、加快重点区域发展、加大政策支持力度等 6 个方面提出了细化的任务，这对于冕宁县这样红色资源富集的革命老区无疑是一个很大的利好。2023 年 7 月，习近平总书记在四川考察时强调：“要巩固脱贫攻坚成果，把乡村振兴摆在治蜀兴川的突出位置。”2024 年《中共中央　国务院关于学习运用“千村示范、万村整治”工程经验有力有效推进乡村全面振兴的意见》明确提出了乡村治理的目标和举措，对繁荣发展乡村文化、持续推进农村移风易俗、建设平安乡村都提出了明确的要求。党的二十大以来，党中央对乡村全面振兴高度重视，对乡村精神文明建设的部署无疑将促进乡村红色旅游的发展。

① 习近平：《高举中国特色社会主义伟大旗帜 为全面建设社会主义现代化国家而团结奋斗——在中国共产党第二十次全国代表大会上的报告》，《人民日报》2022 年 10 月 26 日。

2. 四川省委、省政府关于安宁河流域发展的新部署对流域红色文旅融合发展的利好

2022 年 7 月，四川省委常委会会议审议通过了《安宁河流域高质量发展规划（2022—2030 年）》，对安宁河流域建设现代优质高效农业示范区、国家战略资源创新开发试验区、全国重要的清洁能源基地、国际阳光康养旅游目的地四大战略目标进行了部署。该规划将给安宁河流域红色旅游和乡村发展插上翅膀。2022 年 11 月，四川省委十二届二次全会提出以“四化同步、城乡融合、五区共兴”为总抓手，“用好用活红色资源，常态化长效化抓好党史学习教育”，“坚持以文塑旅、以旅彰文，推动文化和旅游深度融合发展，深化天府旅游名县名牌建设，推动巴蜀文旅走廊建设，加快建设文化强省、旅游强省，打造名扬天下、享誉全球的世界重要旅游目的地”①。其后，四川省委、省政府发布《关于支持攀枝花高质量发展建设共同富裕试验区的意见》，在促进高水平区域协调发展、促进农民农村共同富裕、促进精神生活共同富裕等方面提出发展举措，明确提出“支持攀枝花与凉山共建阳光康养旅游目的地”，深入挖掘和利用乡村人文历史、自然生态资源，打造一批少数民族特色村寨和民族团结进步示范村②。四川省委、省政府的这些决策部署，有助于安宁河流域进一步发挥红色旅游对乡村振兴的带动作用。

3. 攀枝花市和凉山州具体部署和制度保障

为贯彻落实四川省委、省政府关于推动安宁河流域高质量发展的决策部署，攀枝花市和凉山州两地随即紧锣密鼓出台《攀枝花市安宁河流域保护条例（草案）》《凉山彝族自治州安宁河流域保护条例（草案）》，为安宁河流域高质量发展保驾护航，并签署了关于加强安宁河流域共同保护协同立法合作协议。在“十四五”发展规划和 2035 年远景目标纲要中，攀枝花和

① 《中共四川省委关于深入学习贯彻党的二十大精神 在全面建设社会主义现代化国家新征程上奋力谱写四川发展新篇章的决定》，《四川日报》2022 年 12 月 9 日。

② 《中共四川省委 四川省人民政府关于支持攀枝花高质量发展建设共同富裕试验区的意见》，《四川日报》2022 年 12 月 30 日。

凉山对促进红色文旅发展带动乡村振兴都做出了具体部署。《攀枝花市“十四五”文化和旅游发展规划》提出把攀枝花市建成文化旅游强市，明确提出要“突出三线建设文化和阳光康养两大特色文化旅游资源优势”，做好“一核一带三谷”康养产业布局。《凉山州“十四五”文化和旅游发展规划》明确提出要“积极发挥红色线路价值”，把凉山州红色旅游建设成为讲好凉山故事的核心载体，将“长征丰碑·团结之旅”红色旅游品牌打造为全国文旅品牌中最醒目的红色名片。

（二）挑战

“十三五”期间安宁河流域红色旅游发展在带动乡村振兴发展中取得了较好的成绩，但要实现党中央关于全面推动乡村振兴的发展目标，我们要看到问题，正视和省内其他地方乃至全国先进典型之间的差距，树立底线思维，认清目前发展的挑战。

1. 乡村层面的重视度不够

安宁河流域红色资源丰富，并且古道文化、民族风情等其他文旅资源也很丰富，就目前的发展来看，会理会议、彝海结盟及红军长征过礼州、大田会议等重大红色资源得到各级党委和政府的高度重视，这些红色资源所在村镇两委比较重视，也依托这些著名的红色资源发展了红色旅游，打造了在省内外较为知名的红色旅游名片，但其他红色资源知名度不高的县市区尤其是乡村，对发展红色旅游的热情不高，红色旅游带动乡村振兴的作用没有发挥出来。像普格县红军树村这样发展红色旅游的村寨还较少，有些本来拥有的红色资源没有得到足够的重视，比如西昌市大石板村是古代南方丝绸之路和茶马古道上的交通重镇，拥有丰富的古村文化遗址，村子坐落在美丽的邛海东南岸，近年来依托古村落文化以及省巩固拓展脱贫攻坚成果同乡村振兴有效衔接现场会参观点位之一发展乡村文旅，游客打卡热情高涨，但调研时发现红九军团长征过村子的红色历史没有被挖掘并加以利用，红色资源赋能乡村文旅的作用没有发挥出来。

2. 乡村红色文旅融合发展的同质化倾向较明显，乡村基础设施还不够完善，乡村文旅发展水平有待提升

目前安宁河流域红色旅游以参观遗迹、塑像、展览等为主，红色场馆的展陈形式单一，同质化倾向明显。有些场馆的展陈内容甚至引起各界质疑，比如西昌市礼州镇修建的礼州会议纪念馆，展陈内容没有经过严谨的史学考证。乡村红色旅游独特的体验性项目没有得到有效开发，很多乡村的基础设施还不够完善，民宿条件还较差，“吃、住、行、游、学”综合体验感不足，严重影响了凉山州乡村红色旅游的发展。

3. 乡村红色旅游专业人才不足

发展乡村红色旅游需要各方面的专业人才。红色村史的整理、乡村红色旅游的规划、本土红色资源的讲解等都需要一支专业的人才队伍，目前农村就业机会少、发展前景小等问题没有得到根本解决，很多年轻的大专以上毕业生愿意主动回乡发展的还较少，安宁河流域 50 岁以上的劳动力占全部劳动力的 40%以上，熟悉本村红色历史的乡土讲解员较少。

（三）未来展望

“十四五”开局之年，我们迎来中国共产党的百年华诞。其后党的二十大关于全面推进乡村振兴、保护红色资源的阐述，2023 年、2024 年的中央一号文件对乡村精神文明建设做出的部署，四川省委、省政府关于高质量推动安宁河流域发展的一系列部署，将对安宁河流域乡村红色旅游的发展起到推动作用，建议攀枝花和凉山两地从以下几个方面着手，进一步促进乡村红色文旅融合发展。

1. 统筹谋划，协同发展，做好对乡村文旅发展的引导和管理

“十三五”末期攀枝花和凉山就从市州层面做好了“十四五”文旅发展的规划，但关于两地共建共享的文旅发展举措还不足。两地关于安宁河流域共同保护协同立法方面已经签署了合作协议，但在文旅方面协调合作的具体举措还不多。行政区划不同的制约还是有一定影响的，今后可加强合作，联合策划冬旅文体活动，带动乡村旅游。同时两地所辖各县（市、区）委、县（市、区）政府要做好对各村寨文旅发展的领导和管理工作。

2. 打造红色资源与乡村其他文旅资源融合发展的天府名村，充分发挥其示范辐射效应

目前安宁河流域发展乡村红色旅游的知名村庄还较少，除了冕宁彝海镇彝海村、会理市城北街道铁厂村、西昌市礼州镇田坝村等因红军长征著名历史事件而打造了较为知名的红色乡村旅游线路外，像普格县红军树村这样创造性发展红色乡村旅游的村庄还较少，很多有红色资源的村庄需要借助长征国家文化公园（凉山段）发展，可借力四川长征干部学院彝海结盟分院的智力支持乃至人才支持，将红色历史写进村史，修建红色村史馆，为乡村旅游添彩。

3. 数字赋能流域内乡村红色文旅策划、宣传与营销

目前安宁河流域乡村文旅融合发展受制于人才的缺乏，在红色场馆的展陈、红色旅游活动的打造等方面数字化程度不高、传播力有限。今后可充分运用数字信息技术，借力新媒体平台将乡村红色文化进一步传播。对于风景优美的西昌大石板村，建议打造红九军团过境的红色纪念园地，修建村史馆加以多媒体呈现。对于西昌阿七乡的红军广场，建议请专业人士设计提升方案，并想方设法进行广泛宣传提升知名度，2024 年可设计相关的红色文旅活动。

B.17
四川天府名县名村建设发展报告（宜宾篇）

何煜雪*

摘　要： 十三五期间，宜宾市坚持创新、融合、高质、开放、绿色发展，在全省创建天府名县名村的活动中，翠屏区、长宁县、兴文县、高县充分利用其长江生态资源、地质奇观资源、酒竹文化资源、红色文化资源，成功创建为天府旅游名县。本报告总结宜宾翠屏区建设"中国李庄·最美翠屏"，长宁县建设"竹+"·生态长宁；高县建设"乌蒙茶乡·红色高县"，兴文县建设"僰苗文化·地质兴文"的经验，分析宜宾在天府旅游名县建设中存在的问题，针对性提出了创新乡村夜游经济、加强国际旅游传播、加强生态保护和乡村集群效应、构建安全有序的旅游环境等意见。

关键词： 天府名县　乡村文化　乡村旅游

一　天府旅游名县名村建设概况

2019年2月16日，中共四川省委办公厅、四川省人民政府办公厅联合印发《关于开展天府旅游名县建设的实施意见》，提出四川将通过5年努力，建成50个旅游特色鲜明、产业实力雄厚、发展环境优良、服务设施完善、综合效应突出，在国内外具有较高知名度和美誉度的"天府旅游名县"。2019年4月29日，四川省文化和旅游发展大会在成都举行，经过一

* 何煜雪，四川省社会科学院新闻传播研究所助理研究员，研究方向为新媒体传播、文化产业。

轮轮激烈的角逐，会上，首批天府旅游名县命名县正式公布并被授牌。2022年11月10日，四川省文化和旅游发展大会在南充阆中市召开。成都市锦江区、绵竹市、泸州市纳溪区、通江县、青川县、宜宾市翠屏区、隆昌市、眉山市东坡区获得授牌，正式成为第四批天府旅游名县。2023四川省文化和旅游发展大会在宜宾举行，全省最新一批天府旅游名县、天府旅游名牌在会上集体“出圈”，包括第五批8个天府旅游名县、第三批10个天府旅游名镇、第三批30个天府旅游名村、第三批10家天府旅游名宿、第三批10名天府旅游名导、第三批9种天府旅游名品。天府旅游名县开创了文旅经济发展的“四川模式”。

截至2023年，全省天府旅游名县已增至39个，在享受蜕变成果的同时，作为当前四川县域旅游经济发展的标杆，天府旅游名县正通过资源互补、业务共生、生态共建等方式，逐渐走出了一条清晰可见的持续发展路径。

二　宜宾建设天府旅游名县名村的基础

从国际看，当今世界正经历百年未有之大变局，旅游业面临振兴和格局重构挑战。从国内看，我国发展仍处于重要战略机遇期，进入全面建设社会主义现代化国家的新发展阶段，文化旅游对扩大内需战略，助推以国内大循环为主体、国内国际双循环相互促进的新发展格局意义重大。从四川省看，省第十二次党代会明确，今后五年，社会文明进步达到新高度，现代公共文化服务体系和文化产业体系更加健全、人民群众精神文化生活更加丰富，文化强省、旅游强省基本建成。从宜宾市看，宜宾市建设成渝地区双城经济圈副中心为文化旅游发展提供了重要机遇，为“十四五”文化旅游高质量发展夯实了基础。

1. 宜宾天府名县名村文化和旅游发展优势

（1）社会经济强劲稳健。“十三五”期间全市GDP由全省第4位升至第3位，2020年全市GDP达到2802.12亿元，跻身2020年中国城市GDP百强，为文化旅游发展夯实了坚实基础。

（2）文旅资源丰富。全市查明文化类资源 86646 项，长江文化、红色文化、哪吒文化、酒文化、竹文化、茶文化、僰人文化等资源具有较大开发价值；全市查明旅游资源 11144 个，其中优良级旅游类资源 3036 个。

（3）区位交通优越。宜宾位于成都、重庆、昆明、贵阳地理交叉区域，成贵高铁和渝昆高铁在这里交会，是“一带一路”、长江经济带重要节点，具有辐射吸纳川渝滇黔桂以及南亚、东南亚地区的独特优势，是成渝地区双城经济圈打造“一极两中心两地”的重要支撑。《国家综合交通网中长期发展规划》将宜宾作为 50 个全国铁路枢纽、63 个全国性综合交通枢纽、66 个全国区域级流通节点城市之一。

（4）“双城”人才和智力创新支撑渐强。“十四五”期间是宜宾市文化旅游人才智力和科技创新驱动的新阶段，大学城和科创城形成的文旅产业智力和消费支撑作用显著。

（5）发展环境日趋成熟。四川省委、省政府高度重视、高位推进文化旅游发展，出台了一系列政策。宜宾市委、市政府提出加快建成文化旅游强市、高质量建设区域文化旅游体育中心等目标，并制定了相关支持政策。

2. 宜宾天府名县名村文化旅游发展机遇

（1）强化“一带一路”建设。国家发展改革委等部门发布《推动共建丝绸之路经济带和 21 世纪海上丝绸之路的愿景与行动》。宜宾作为“南方丝绸之路”重要节点，可借助优势积极融入国家“一带一路”建设，加快构建对外开放新格局。

（2）西部大开发形成新格局。党中央、国务院做出新时代推进西部大开发形成新格局的重大决策部署。宜宾作为川渝滇黔接合部区域中心城市，应为推进西部大开发形成新格局贡献更多力量。

（3）长江经济带发展和长江国家文化公园建设。国家实施创新驱动产业转型升级战略，努力构建全方位开放新格局，推进长江经济带发展，推进长江流域生态文明建设，推动长江国家文化公园建设，为万里长江第一城宜宾的文旅发展提供了良好机遇。

（4）成渝地区双城经济圈建设。川渝两省市打造带动全国高质量发展的重要增长极和新动力原，使成渝地区双城经济圈成为具有全国影响力的重要经济中心、科技创新中心、改革开放新高地、高品质生活宜居地。

（5）巴蜀文化旅游走廊建设。川渝两地以巴蜀文化为纽带，以文化旅游融合发展为突破，将巴蜀文旅走廊建成世界知名旅游目的地。作为成渝地区双城经济圈和巴蜀文旅走廊的重要节点城市，宜宾可主动对接和全面接轨成渝，全方位融入成渝地区双城经济圈，早日建成成渝地区双城经济圈副中心。

三　宜宾天府旅游名县名村重点文化旅游品牌

宜宾市县域经济发展快速，休闲农业和旅游业日趋成熟，尤以翠屏区、长宁县、兴文县以及高县发展较为突出。产业兴旺是乡村振兴的重要基础，乡村产业根植于县域，以农业农村资源为依托，以农民为主体。近几年来，得益于国家三农政策和省内的积极政策，翠屏区、长宁县、兴文县和高县逐步成为宜宾市乡村农业与文化旅游融合发展迅速的龙头大县，在巩固拓展脱贫攻坚成果、接续推进乡村振兴方面取得了重大成绩，新产业新业态大量涌现。这四个区县的乡村产业发展取得了积极成效，农村创新创业环境得到不断改善，依托种养业、绿水青山、田园风光、红色文化和乡土文化等，发展优势明显。

（一）“中国李庄·最美翠屏”

作为宜宾市县域经济发达区域之一的翠屏区，地处金沙江、岷江、长江三江交汇之处，以较强的综合实力，荣获全国百强区、全国百强主城区、全国幸福百强区，为翠屏区上榜天府旅游名县提供了坚实保障。

在文化历史资源方面，翠屏区具有明显的优势，拥有2000多年建城历史、3000多年种茶史，4000多年酿酒史；同时也是抗日民族英雄赵一曼生长之地、中国知名白酒五粮液的产地、中国抗战时期“四大文化中心”之

—李庄的所在地；拥有世界文化遗产预备名录1项，国家级非物质文化遗产1项、国家工（农）业旅游示范点2个，省级生态旅游示范区2个，全国重点文物保护单位7处，国家4A级旅游景区4个、3A级旅游景区8个。

近年来，翠屏区通过项目引领，将红色抗战文化、抗战建筑文化、酒茶文化等传承有形化、活态化，把旅游资源变成新特色，以文塑旅、以旅彰文，通过高质量项目推动乡村农业文化旅游高质量发展。

1.提升项目规格，打造新标杆

五粮液厂区作为翠屏区的文化会客厅，规划面积18平方公里，由老城区501车间明清古窖池群、南岸503车间明代古窖泥活态保护群落和江北园区总部基地构成。五粮液景区构建“产业+旅游”模式，推出“五粮液旅游园区”研学体验游，打造中国酒街、五粮液湿地公园、酒文化小镇等项目，发展酒研学、酒工业旅游业态，建设“世界白酒活化博物馆”。

翠屏区集中力量擦亮“中国李庄·最美翠屏”核心文旅品牌，以“项目+文化”赋能红色旅游，引领红色美丽村庄建设，升级打造李庄古镇月亮田景区、白花镇赵一曼故居。李庄古镇位于宜宾长江南岸区域，是川南重要商贸地区以及文化经济重镇，一直以来被誉为长江第一古镇、大陆学者的第二故乡、中国文明的折射点、民族精神的温床。古镇核心区占地1平方公里，拥有众多文化遗产。2021年，翠屏区以文化脊梁为中心，向区域内辐射，深挖红色资源，全力推进李庄古镇景区整体提升改造和月亮田景区建设项目。作为推进翠屏区文旅项目提质的缩影，李庄组团文化创意产业项目主体竣工，形成“文化+商业+旅游+生活”发展模式，整个镇区分为生态观光区和古镇展示区。翠屏区对赵一曼纪念馆和白花镇赵一曼故居进行修缮，以赵一曼故居为核心，以红色旅游为基调，按国家4A级旅游景区标准，建设一曼干部培训基地、特色民宿、红色文化体验馆等设施。翠屏区白花镇一曼村“全国红色美丽村庄”规划项目按照“两轴六区多基地”的产业空间结构进行布局，打造红色文化传承地、干部培训集聚地、乡村振兴示范地，建成白安水产、光荣茶樟、三星花卉等特色品牌。

翠屏区高桥、安石、双桥三村联合，以农业为依托，林地、山地为载体，共同打造乡村旅游文化项目——“如意原乡”。安石村将红色抗战文化、李庄古建文化等元素融入乡村建设，运用艺术设计改造闲置农房，发展了文化中心、半丘塘民宿、安谷房、酒工坊、青年旅舍、山水柴院、安石书院、造艺创生、遵生小院多种业态；实施“名家、名师、名人”驻留计划，打造“长江国际学人村”；以“人才品牌进驻+本地村民创业”的形式，引入展览、音乐、文创、书院、民宿、衍生农创等新型业态，成为热门“网红”打卡地。双桥村围绕稻、虾、竹产业，发展乡村田野风光、非遗体验、诗意民宿、文化美食、主题团建、研学品牌等业态。2022 年，双桥村举办了 20 余次主题乡村文旅活动，全年共接待游客 80 万余人次，实现旅游收入 2200 余万元。

2. 提升项目文旅服务标准，完善配套

引入融合李庄传统四合院风格和中式庭院写意风格的高端酒店李庄四悦酒店、龙头山酒店，同时特色乡村民宿发展齐头并进。古镇景区现共有天枢院、李庄·黉舍、期来庄园、山石等民宿 30 余家。以怀月楼为标志的桂轮坊民宿，整合 9 幢川南仿古建筑，打造具有典型川南民居特色的品质民宿。李庄·黉舍民宿，以食川菜、品川茶为特色，打造民宿内“竹趣”创意工坊，极大丰富游客体验。超五星级酒店和高端民宿集群成为李庄古镇创建 5A 级旅游景区的强力支撑。

完善智慧旅游服务。截至 2022 年，翠屏区建成翠屏区旅游大数据中心，实现“一部手机游翠屏”；新（改）建旅游厕所 251 座、智能充电桩 267 座；完善全覆盖咨询体系，建成旅游集散中心 1 个、旅游咨询服务中心 5 个、旅游咨询点 113 个，设置全域旅游标识标牌 1100 余块①。

3. 提升景城融合品质，构建全域旅游

位于翠屏区合江门附近的冠英古街，作为文旅新地标，发展特色美食、非遗传承、主题特色文化业态，被列入宜宾市重点发展布局区域和夜间经济示范区域，新建文旅产品体验中心、古文化体验中心等产业设施，嵌入

① 叶昌荣：《翠屏区高质量推进文旅产业发展》，宜宾市人民政府门户网站，2022 年 4 月 11 日。

“东楼文化”“酒+文化”等文创产业。冠英古街通过打造集历史文化、旅游休闲、美食美景于一体的文脉大道、中坝滨江绿道、僰道旅游休闲街区、五粮液501窖池文旅体验区等人文生活场景体验区①，使宜宾历史文化与业态相互渗透，促进文旅消费提档升级，辐射全区。

（二）“竹+”·生态长宁

作为首批天府旅游名县，长宁县以“再造一个大竹海”生态优先政策为导向，于2015年启动国家生态文明建设示范区创建工作，制定《长宁县国家生态 文明示范区建设规划（2019—2025年）》《长宁县创建国家生态文明建设示范区工作方案》。长宁县以生态文明为旗，倡导绿色生产生活方式，通过建立长江上游珍稀特有鱼类保护基地、统筹山水林田湖草沙一体化保护和系统治理、全面落实河（湖）林田长制、严格执行长江十年禁渔、全域实施农业废弃物资源化利用等一系列积极措施，朝着“世界竹生态文化旅游目的地”的目标，以竹海为核心自然资源支撑，配合丘陵、丹霞等地质资源，打造“大竹海”旅游环线。

长宁县农业体验、医养康养、体育旅游、精品民宿、房车自驾等新业态日益发展壮大，旅游业成为长宁县域经济的主导产业，长宁县也成为四川农文旅融合的“改革样板”。长宁县将科技、红色文化、乡村风貌、工业产品等融入旅游，对景区进行升级创新：以世界竹种基因库为重要元素展开的科普游，以侯光炯纪念馆、余泽鸿烈士故居为代表的红色文化游，以万亩枇杷、蜀南花海、佛来山、蜀南花海、七洞沟为代表的乡村旅游，以竹海酒庄为代表的工业旅游。长宁县现建成竹主题公园、竹特色镇、红军战场等20多处景观，挖掘设计出“重走红军路”、玻璃桥、吼泉等12个“打卡点”②。

长宁县举办节庆体育赛事，擦亮健康生态的特色旅游招牌。长宁县举办

① 叶昌荣、侯云春、严易程：《宜宾翠屏区：“项目+文化”赋能提质文旅产业》，《四川经济日报》2022年4月8日。

② 刘蔼玲、贾翔：《长宁县：下“竹”功夫 富民强县》，《四川省情》2020年第5期。

的节庆赛事活动达36项，如全国龙舟邀请赛、城市森林马拉松、全国热气球锦标赛等大型赛事，打造“竹+旅游+体育”品牌旅游，全面提升知名度，极大推动长宁全域旅游示范区建设。2021年举办“奔跑长宁·畅游竹海”马拉松系列赛，参赛的马拉松爱好者来自8个国家、21个省、65个城市①。长宁县以“乡乡镇镇有特色节庆活动、有旅游业态”有效加大旅游文化的挖掘力度，增强游客体验性。

全竹利用，深挖竹食、竹工艺世界级旅游资源。长宁依托竹资源，将全竹利用特色化，细致打造竹景区、竹建筑，开发竹食品、竹工艺品。将竹酒酿造、竹编竹雕等技艺进行文创转化，集中打造出温州商城、竹海镇滨江路文创产品一条街和双河镇凉糕一条街。竹海镇滨江路聚集近百家竹工艺品店，向游客提供特色竹雕、竹簧、竹椅等竹工艺品，并且现做现卖，极大地赋予了竹文旅产品情感价值和手工文化内涵。2021年宜宾召开第十一届中国竹文化节暨第二届中国（宜宾）国际竹产业发展峰会（竹产品交易会），中国烹饪协会向宜宾市授予了“竹美食地标城市”荣誉，其中长宁凭借非遗技艺项目全竹宴，被授予“四川竹美食城”荣誉。以竹为中心创新出来的全竹宴，极具地方风味，提升了竹海旅游的美食文化影响力，全竹宴也是一张让长宁叫响四川、走向世界的特色美食名片。

（三）“乌蒙茶乡·红色高县”

“乌蒙西下三千里，僰道南来第一城”。高县位于国家新一轮扶贫开发攻坚战主战场之一的乌蒙山片区，经济发展相对滞后，但其乡村旅游资源丰富，拥有鲜明的自然生态风光与特色历史文化。

1. 农业+旅游

高县坚定贯彻习总书记“川菜、川酒闻名天下，农业大省这块金字招牌不能丢”指示，坚持以茶兴业、以茶富民、以茶传文，将本县茶产业纳

① 陈贤凤、彭著宣：《一竿翠竹挑起“生态文旅大梁”》，《四川党的建设》2019年第10期。

入现代农业"5+2"产业体系进行创新发展[①]。高县茶叶资源尤其丰富，是茶马古道重要驿站、著名红茶品牌"川红"的故乡，主要生产早春绿茶和优质红茶。高县年产干茶 3.1 万吨，拥有西南地区最大的茶叶集散中心"长江源国际茶贸城"，年综合产值达 75 亿元[②]。

在茶叶基地建设方面，为了进一步提升本县优质茶产业知名度和带动乡村文旅发展，高县突出优势特色，培育壮大了一批乡村产业，实施"公共品牌+企业品牌"战略，充分发挥本县龙溪茶业、峰顶寺茶业龙头作用，确定"山上茶叶产业带、坝下蚕桑产业带、河谷林竹产业带"发展布局，做强现代种养业[③]。创新产业组织方式，实施茶园更新发展，推进 3 个茶叶连片开发项目建设。目前已建成 6 个茶叶产业带、8 个茶叶万亩亿元示范区、1 个市级现代农业园区。建成早白尖"中国红茶第一庄园"、川红"柏杨湖生态茶园"、峰顶寺"茶山公园"、云州"云岭彩茶园"、龙溪茶叶科技示范园 5 个茶旅融合园区，通过深挖秦五尺道、茶马古道、南方丝绸之路、南广河生态文化内涵，把文化元素植入茶叶产业，提升茶文化品位。举办高县早茶节、中国·宜宾早茶节·高县开园采摘仪式活动、宜宾市第二届国际茶业年会高县茶乡之旅、"精制川茶产业发展·茶与健康"第五届四川参事研讨会。高县在重视茶叶产业的同时，在茶花上创新，提出"赏万亩茶花，品乌蒙早茶"。高县林湖村各家各户种植茶花，扇形辐射周边村落发展，拥有茶花 200 余万株，将马道子、望山田、茶花王、太阳峰 4 个茶花区打造成旅游景点，其茶花产品销往国内浙、闽等地，2011 年茶花总产值 3500 万元，农民人均纯收入达 1.2 万元，成为远近闻名的千万元生态村，由一个高寒山村发展成为上万亩的茶花生产基地，当属"四川茶花第一村"。高县以茶花为创新点，从 2022 年 3 月第一届茶花节开始，固定每年举办茶花节，设置

---

① 陈敏、何语、何沙洲：《第十五届中国·宜宾早茶节在高县开园》，《企业家日报》2022 年 2 月 17 日。

② 伍雪梅：《一片茶，能为推动县域经济高质量发展注入怎样的动力?》，https://new.qq.com/rain/a/20240219A084XI00。

③ 任珏奕：《农旅融合视角下高县林湖村乡村旅游发展研究》，硕士学位论文，成都理工大学，2018。

歌舞、茶艺、魔术、川剧坐唱等节目，现场整合本县风景摄影作品展览和县农特产品展销，促进茶文旅融合发展。

2. 观演+红色主题研学+旅游

高县针对广大青少年群体，着力挖掘本县红色文化和诗歌、文博、非遗等传统文化资源，建成红色文化主题研学旅游基地。结合“五四”青年节、“六一”儿童节、“七一”建党节等节庆，以主题团日、主题队日、校外实践课等形式，开展以李硕勋故居、李硕勋烈士纪念馆、阳翰笙故居为中心的研学游，编排红色川剧《铁骨铮铮李硕勋》，打造出“红孩子”“青说高县”“银发宣讲”三支党史宣讲队伍和高品质、多样化的优秀课程。以青少年群体带动学校、家庭和社会组织，集合老、中、青三代力量，进行以“传承革命精神、赓续红色基因”为主题的研学旅游活动，强化乡村文化感染力，持续提升文旅融合水平和产业发展水平。

3. 美食+非遗+旅游

高县沙河镇素有“豆腐之乡”的名誉，每年举办沙河豆腐美食文化节和美食文化展、高县名优特产暨商品交易会、十大“沙河豆腐名店”评选等系列活动。2023 年中秋国庆双节期间，高县借力央视中秋晚会，突出“观演+旅游”“农业+旅游”“非遗+旅游”等新业态，进一步挖掘和打造全县文化旅游美食品牌，举办旅游美食节、千人土火锅宴、文旅特产展销、狂欢啤酒节等活动 16 场次[①]。每逢节假日，高县推出“百里茶桑之旅”“美丽乡村之旅”等 4 条精品旅游线路，拉动全县文化旅游消费。

（四）僰苗文化·地质兴文

兴文县地处川滇黔渝四省市相交之地，历史源远流长，为古僰民族发展、传承、兴盛的主要地区，现有苗族人口 5.2 万，生态环境优越，全年空气优良天数占比达 90%以上，被评为中国天然氧吧、首批省级生态县。兴文县拥有四川第一家世界地质公园，被联合国教科文组织评为“喀斯特地

① 陈小芳：《高县旅游收入超 13300 万元》，《宜宾日报》2023 年 10 月 9 日，第 2 版。

貌博物馆”。近年来，兴文县以创建国家全域旅游示范区、天府旅游名县为抓手，加快推进由文旅资源大县向文旅产业强县跨越，已建成国家4A级旅游景区4个、3A级旅游景区4个，入选国家级非物质文化遗产1项、省级非物质文化遗产6项，先后获评全国康养百强县、省级全域旅游示范区、省级乡村旅游强县等。2023年世界旅游日暨四川省文化和旅游发展大会上，兴文县博望村因以世界级地质科普文化为主题，强化文化和自然遗产系统性保护利用，上榜第三批天府旅游名村[①]。

1. 地质+科技

兴文石海景区已有40多年的历史，景区内天泉洞的配置从最初的打火把到安霓虹灯，再到科技光影，一改枯燥的乘船过程。景区以科技为基础，以航天为主题，利用5G和AR技术，打造了浪漫星河、火山熔岩、月球基地、宇航洞等沉浸式新场景，极大增强了旅客全方位的沉浸感。

2. 地质+研学+村寨+非遗

兴文县以“地质+科普研学”为着力点，制定了地质科普、僰苗文化、红色教育三大主题研学线路，开发出了竹、石、僰、苗4类精品研学课程，融游玩教学于一体。在溶洞之上的地表区域，以“地质+运动”为主题，加入溜索、丛林穿越、滑草、僰人射箭、飞拉达等项目。在天坑范围内，打造帐篷露营基地，因地制宜建立户外运动基地。

3. 地质+民俗+文创+演艺+游乐+节庆

兴文县是四川省内最大的苗族聚居县。石海天然的自然景观文化与僰苗文化相交融，悬棺之谜、僰人赛神节和极具魅力的苗歌、芦笙舞、银饰、刺绣、苗医药、花山节等民族文化有助于兴文成为世界级旅游目的地。当前，旅游演艺已深度融入旅游发展，成为传统景区实现文旅融合、提质升级的重要手段[②]。兴文石海不断挖掘僰苗文化元素，打造花山苗情、僰人出征等大型实景演艺项目，推出了苗家长桌宴、溶洞音乐节等文化旅游项目，在传播

① 旅宣：《第三批天府旅游名牌“出圈”为文化强省旅游强省建设添新彩》，《四川日报》2023年9月28日，第11版。

② 郭晓娟：《兴文石海景区 打造“地质+”场景化旅游》，《宜宾日报》2023年9月30日，第1版。

民族民俗文化的同时，构建了集旅游观光、康养度假、红色教育、科普研学于一体的特色旅游业态。

四 宜宾建设天府旅游名县存在的问题和完善措施

（一）宜宾建设天府旅游名县存在的问题

宜宾在高质量打造天府名县的同时也面临诸多问题。一是城乡公共文化发展不平衡不充分。二是文化旅游产品供给与市场需求有差距，旅游经济业态同质化严重。三是作为长江首城，有筑牢长江上游生态屏障的使命担当。四是文旅市场面临相邻重点旅游城市的“虹吸现象”。五是游客对旅游目的地安全和健康管理等要求提高，宜宾与高质量建成区域文化旅游中心还有很大差距。

（二）宜宾建设天府旅游名县的完善措施

1. 创新乡村旅游夜经济

2024年春节期间宜宾共开展文化活动302场，李庄古镇开展“烟火不停·国风不止”围炉煮茶、汉服展示、游园等传统文化活动，江安、长宁等举办牛灯、花船、婚俗等传统民俗、非遗展演活动，南溪古街开展“梦回宋朝”沉浸式汉服秀剧本杀和新春无人机主题秀活动。然而这些活动的卖点都是国风，同质化现象严重。要留住旅客，在发展夜经济中需要因地制宜，走“小而精”的路线。由于乡村固有的小经济体量和小投入量，“品牌性、差异性、唯一性”是乡村夜经济持续发展的关键，应以“夜食、夜演、夜景、夜购、夜探、夜宿、夜养”为着力点，提高游客的沉浸式体验感。

2. 加强乡村的国际传播

2022年世界动力电池大会期间，宜宾在脸书（Facebook）、推特（Twitter）两大海外社交媒体平台开设的账号正式上线，向全球网友实时传递大会声音，在Google传播力维度排名提升11位。宜宾2022年的Google

News 传播力指数排名第 83 位，与上年相比排名上升 72 位[①]。宜宾通过举办大型国际活动制造媒介议程，提升城市知名度。在乡村旅游传播方面，应该借力宜宾动力之都这一国际产业地标影响力，优化乡村国际宣传推广平台，打造融信息分享、城市展示、资讯发布、互动交流等于一体的文旅宣传推广综合平台，提升宜宾国际平台社交媒体账号传播力度，推动宜宾乡村文旅走向世界。

3. 强化乡村生态环境保护

宜宾是长江第一城，筑牢长江上游生态屏障既关系到我国长江流域的生态保护责任，也是宜宾各区县乡村生产发展、生活富裕、生态良好的根本保障。全面提升森林资源保护水平，稳固宜宾“七分山”的生态优势，促进特色优势农林生态产品价值转化。加强水生生物多样性保护，定期补充珍稀、特有鱼类，提高放流的经济、生态和社会效益。加强区域生物多样性保护，加大对屏山珍稀野生动植物及常绿阔叶林生态系统、筠连-兴文特有两栖动物及农田动物群落、常绿阔叶林生态系统、竹林生态系统的保护力度，建立植物园、珍稀濒危植物馆等场馆，在保护生态系统的同时，推动乡村科普、自然研学旅游经济发展。

4. 加强乡村旅游集群效应

宜宾紧邻我国旅游网红省云南和贵州，云南有着气候舒适、自然风光独特以及多民族文化优势，贵州有着与宜宾相似的地质资源、气候、饮食特点，两地都是宜宾发展旅游产业的竞争对手。宜宾应大力深挖文化历史、非遗、美食资源，将沿江沿路沿湖的景点、特色村寨、传统村落等串联起来。与云贵两省进行联合发展，打造更符合地理条件和人文历史特色的精品线路和乡村风景旅游道，加强旅游的集群效应，有效促进共同发展。

5. 构建安全有序的乡村旅游环境

宜宾地处乌蒙山区北麓、全国地质构造南北地震带中段东缘，地形地貌特殊，地震、洪涝、地质灾害等自然灾害时有发生，山区道路崎岖，安全风

---

① 张洪忠、方增泉、周敏：《2022 中国海外网络传播力建设报告》，经济管理出版社，2023。

险防范压力大。虽然已建成自然灾害、事故灾难应对处置的综合应急指挥中心以及短临预警“叫应”“喊醒”机制，但在乡村等地区仍需提升旅游安全预警系统智慧化水平，优化山地旅游预警提示发布机制，提升旅游安全风险综合防范能力，构筑起全社会、全民参与的大数据旅游安全预警保障体系。应提升游客满意度，全面建立通畅的游客投诉渠道，实施游客满意度调查机制、旅游消费评价机制，健全信息反馈机制和整改机制。

附　录
2023年四川文化产业大事记

闫现磊*

1月1日　“群芳竞秀·‘戏’迎新春”——四川省2023年元旦春节期间优秀文艺作品云端展演活动在“四川文旅厅”视频号、智游天府等平台上线。

1月2日　四川省文化和旅游厅发布《关于2023年“元旦节”假期全省文化和旅游市场情况的报告》。元旦假期，全省纳入统计的685家A级旅游景区，三天累计接待游客505.92万人次、实现门票收入4374.56万元，与上年元旦假期相比，分别下降21.8%、21.7%，与上年国庆假期前三天同比，分别增长7.93%、9%；按可比口径，分别恢复到2019年元旦假期同期的48.93%、62.84%。全省5A级旅游景区三天累计接待游客30.93万人次、实现门票收入1205.89万元，与上年元旦假期相比，分别下降5.44%、增长3.64%；与上年国庆假期前三天相比，分别增长6.19%、24.23%。由此可见，全省文旅市场正呈现逐步复苏态势。全省图书馆、文化馆、博物馆三天累计共接待群众51.62万人次。

1月5日　2023年全国文化和旅游厅局长会议召开。2023年，四川将深入学习贯彻党的二十大精神，全面落实党中央、国务院关于文化建设和旅游发展的重大决策部署，深刻把握中国式现代化赋予文旅事业的使命任务，把文化自信自强作为持久精神力量，按照优化完善疫情防控政策要求，坚持

* 闫现磊，西南交通大学人文学院博士研究生，四川文化产业职业学院、四川省社会科学重点研究基地文化产业发展研究中心助理研究员，主要研究方向为文艺美学、文化产业。

以文塑旅、以旅彰文，聚焦“提品质、补短板、渡难关”，大力培育四川文旅发展新优势、构建四川文旅发展新格局、擦亮四川文旅发展新名片、写好四川文旅发展新篇章，着力推动巴蜀文化大发展大繁荣，奋力打造名扬天下、享誉全球的世界重要旅游目的地。

1月6日 “安逸四川”宣传推广平台上线仪式在成都举行，标志着全国范围内第一个集多渠道、“智慧+”、全矩阵于一体的省级文化旅游宣传推广平台诞生。

1月17日 “梦想之光 · 千灯之城”第29届自贡国际恐龙灯会开幕。本届灯会用彩灯连接现实与虚拟世界，打造中国首个“故事化+游戏化”的沉浸式灯会。5月，四川文投集团与自贡文旅投合资组建四川文投祝融彩灯文化艺术有限公司，重点打造集文博、艺术、展览等于一体的“自贡彩灯全球巡展”，先后走进法国里昂、阿联酋迪拜等地。拥有800年历史的自贡彩灯，已成为中华文化、巴蜀文化“走出去”的亮丽名片。

1月18日 全省文化和旅游局长会议以视频会议形式召开。会上深入学习贯彻党的二十大精神，传达落实全国、全省宣传部长会议和全国文化和旅游厅局长会议精神，总结2022年工作，部署2023年任务。

1月18日至22日 2023年西班牙国际旅游交易会（FITUR 2023）在马德里国际展览中心（IFEMA MADRID）举行。中国驻马德里旅游办事处、驻马德里中国文化中心联合四川省文化和旅游厅，在中国馆展台推出的“熊猫家园 · 中国四川”主题展示成为展会焦点。

1月27日 四川省文化和旅游厅发布《2023年春节假期文化和旅游市场情况》。第三方大数据监测显示，春节期间四川共接待游客5387.59万人次，旅游收入242.16亿元，同比分别增长24.73%、10.43%，分别恢复到2019年春节的89.73%、84.75%，两项指标增幅均超过全国平均水平。全省15家开放的5A级旅游景区共接待游客281.64万人次，实现门票收入7778.58万元，同比分别增长46.7%、54.48%，分别恢复到2019年春节的95.01%、82.9%。纳入统计的743家A级旅游景区，共接待游客2960.34万人次，实现门票收入30367.6万元，同比分别增长34.29%、55.1%，分别恢复到 2019 年春节的 77.42%、75.57%。全省图书馆、文化馆、博物馆共接待群众 397.34 万人次。

1 月 28 日 四川省文化和旅游厅宣传推广处发布文旅要闻《超 5300 万人次，兔年春节四川游客接待人数全国第一》。据中国旅游研究院专项监测数据，2023 年春节假期旅游接待人数四川荣登全国第一。春节期间，夜游成为新亮点。四川国家级夜间文化和旅游消费集聚区数据全国第一，夜游锦江、成都灯会、夜游西岭、篝火狂欢节、光影节、火花节……成都位居春节“夜间游玩”搜索热度全国城市第二位。

1 月 29 日 四川省委宣传部副部长，文化和旅游厅党组书记、厅长戴允康主持召开文化和旅游厅 2023 年第二次厅党组（扩大）会议、第一次厅务（扩大）会议。会议通报了 2023 年春节文旅假日工作情况，复盘剖析了春节假日期间全省文化和旅游行业存在的问题，研究部署了进一步加强全省文旅市场管理、公共服务等工作的措施。

2 月 1 日 为深入贯彻落实 2023 年 1 月 18 日习近平总书记视频连线石椅村时做出的重要指示精神，全面落实省领导关于推动石椅村文化旅游高质量发展部署要求，将石椅村打造成乡村旅游高质量发展助力新时代乡村振兴的样板和示范，文化和旅游厅二级巡视员吕志军带队赴北川县石椅村开展文化旅游工作调研指导。

2 月 10 日 四川省委宣传部副部长，文化和旅游厅党组书记、厅长戴允康主持召开文化和旅游厅 2023 年第五次厅党组（扩大）会议、第二次厅务（扩大）会议，研究部署全域旅游示范区建设、文旅产业融合发展等工作。

2 月 18 日 首届中国非物质文化遗产保护年会在陕西省榆林市盛大开幕。四川省作为本次年会主宾省之一，共有 31 个非遗项目，56 名传承人参加本届年会。

2 月 22 日 由中国澳门澳之旅旅行社组织的 15 名澳门游客搭乘澳门航空公司的航班抵达成都双流机场，开启为期 5 天的安逸四川之旅，深度体验世界遗产峨眉山-乐山大佛和烟火成都。这是内地与港澳全面恢复通关后，四川迎来的第一个入境旅游团队。

3 月 2 日　四川省文化和旅游厅、上海市文化和旅游局在上海博物馆签署战略合作协议，就文旅、文物等领域开展全方位、深层次合作，共同构建长江经济带文旅深度融合高质量发展新格局。

3 月 3 日　“非遗工坊典型案例”发布活动在中国非物质文化遗产馆举办。四川 4 个案例入选，四川省第十四届全国人大代表、马边花间刺绣非遗工坊负责人乔进双梅做视频交流发言，分享了非遗工坊建设经验。

3 月 7 日　四川省文化和旅游厅与云南省文化和旅游厅在成都签署合作备忘录，并就两省文化交流、信息共享、客源互送、市场共建等进行座谈交流。

3 月 8 日至 9 日　巴蜀文化旅游走廊建设专项工作组第六次联席会议在重庆市奉节县召开，贯彻落实《巴蜀文化旅游走廊建设规划》，总结巴蜀文旅走廊建设年度工作、谋划部署 2023 年度重点任务。16 个单位签订了合作协议。

3 月 16 日　由四川省文化和旅游厅、四川省农业农村厅、乐山市人民政府共同主办的四川省第十四届（春季）乡村文化旅游节在乐山市马边县正式拉开帷幕。马边春季旅游产品同时上线。本届乡村文化旅游节融合旅游、音乐、文创等，全要素展示马边“吃、住、行、游、购、娱”旅游业态，推出 10 大类主题活动。

3 月 16 日　四川省委宣传部副部长，文化和旅游厅党组书记、厅长戴允康主持召开文化和旅游厅 2023 年第九次厅党组（扩大）会议、第四次厅务（扩大）会议，传达学习党的二十届二中全会和全国两会精神，研究部署公共文化服务、文旅融合发展、艺术创作生产等工作。

3 月 20 日　2023 年四川省艺术创作工作会议在成都召开。会议宣布了四川省第二批戏曲名家工作室设立名单并授牌，发布了《2023—2025 年艺术创作重要时间节点参考》和《四川省 2023—2025 年舞台艺术创作行动计划》。

3 月 20 日　四川天府演艺集团有限公司在成都举行揭牌仪式。组建天府演艺集团，是四川省委、省政府着眼深化文化体制改革，加快打造文化产业骨干龙头企业的重大现实举措，是加快建设文化强省旅游强省、推动文化事业文化产业高质量发展的重要战略部署，是四川文化改革发展的一件大事。

3月21日 四川省文化和旅游厅制定印发《四川文华奖章程》，对四川文华奖的奖项设置、评奖机构、参评对象、评选程序、工作纪律以及结果运用等内容做出具体规定。该章程进一步规范了奖项设置，明确按照艺术类别分别设奖。其中，舞台艺术设文华剧目大奖5个，文华剧目奖10个，文华表演奖、导演奖、编剧奖、音乐奖、舞美奖各5个；文艺评论研究与戏剧文学分别设文华评论奖、戏剧文学奖各5个；美术、书法分别设文华美术奖和文华书法奖一、二、三等奖若干个。同时，设四川文华终身成就奖，奖励为四川艺术事业做出重大贡献的成就卓越、德高望重的老艺术家。

3月22日 四川省文化和旅游厅党组成员、副厅长游勇主持召开专题会，研究部署2023年文化旅游促进乡村振兴重点工作任务。。

3月25~28日 为贯彻落实《“十四五”旅游业发展规划》关于持续推进跨区域特色旅游功能区建设的部署安排，文化和旅游部资源开发司张锐瑞副司长带队与国家发展改革委社会发展司、中山大学专家团队组成联合调研组，赴甘孜州巴塘县、理塘县、稻城县实地考察，并于3月28日下午在省文化和旅游厅召开《大香格里拉区域旅游业发展规划》编制工作调研座谈交流会。

3月27日 由四川省文化和旅游厅、四川省农业农村厅、四川省供销合作社联合社、雅安市人民政府共同主办，以“中国蒙顶山·世界茶之源”为主题的第十九届蒙顶山茶文化旅游节开幕式在雅安市名山区隆重举办。

3月28~29日 由四川省文化和旅游厅、四川省教育厅、内江市人民政府主办的全省研学旅行推进大会在内江市威远县召开。

3月31日 第十七届中国义乌文化和旅游产品交易博览会在义乌开幕，以“传统工艺现代生活”为主题的2023中国旅游商品大赛颁奖典礼同步举行。作为主宾省，四川省精心组织的18套旅游商品参加了本次大赛，取得一金两银一铜的佳绩，获奖总数名列前茅。

3 月 31 日　以“共圆天府艺术梦，共铸中华民族魂”为主题的四川省第九届少数民族艺术节在凉山州西昌市开幕。本届艺术节采取“演、评、奖”结合、“线下展演、线上直播”等方式，集中展示四川省民族文化艺术成果，打造一场民族文化艺术盛宴。

4 月 4 日　四川省人民政府印发《关于公布第六批省级非物质文化遗产代表性项目名录的通知》，公布了第六批省级非物质文化遗产代表性项目名录 207 项、扩展项目名录 127 项。334 个体现巴蜀优秀传统文化的非物质文化遗产项目被列入省级非物质文化遗产代表性项目名录加以系统保护传承。

4 月 5 日　四川省文化和旅游厅发布《2023 年“清明节”假期全省文化和旅游市场情况》。全省纳入统计的 804 家 A 级旅游景区，累计接待游客 256.90 万人次、实现门票收入 1768.02 万元，与上年清明节假期首日相比，分别上升 23.67%、53.69%；与 2019 年清明节假期首日相比，分别上升 3.98%、下降 11%；与 2023 年春节假期首日相比，分别提升 25.37%、27.50%。全省文旅市场呈现逐步复苏态势。全省图书馆、文化馆、博物馆一天累计接待群众 13.82 万人次。

4 月 6 日　由文化和旅游部产业发展司主办，四川省文化和旅游厅承办的中国文化艺术政府奖第四届动漫奖颁奖活动在四川成都举行。成都市为此次活动精心策划了青少年漫画美术作品选拔赛、高校数字文创设计公开赛、动漫企业和艺术家交流座谈等八项配套活动，持续扩大动漫奖的社会影响力。

4 月 6 日　为落实省委书记王晓晖 3 月 22 日在南充调研时的重要指示精神，加快推进嘉陵江旅游风景道建设，助力成渝地区双城经济圈和巴蜀文化旅游走廊建设，四川省文化和旅游厅党组成员、副厅长游勇带队赴南充市调研嘉陵江旅游风景道建设情况，并在高坪区召开调研座谈会。

4 月 12 日　四川省委宣传部副部长，文化和旅游厅党组书记、厅长戴允康主持召开厅党组会议，学习贯彻习近平总书记在学习贯彻习近平新时代中国特色社会主义思想主题教育工作会议上的重要讲话精神和四川省学习贯彻习近平新时代中国特色社会主义思想主题教育工作会议精神，研究贯彻落

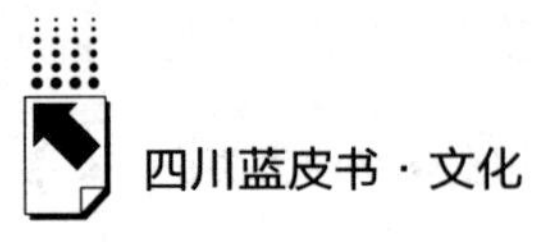

实意见。

4月14日 四川省文化和旅游厅召开学习贯彻习近平新时代中国特色社会主义思想主题教育工作会议，深入学习领会习近平总书记重要讲话精神，贯彻落实党中央、省委决策部署，对文化和旅游厅系统开展主题教育进行动员安排。

4月17~20日 文化和旅游部政策法规司宋薇副司长一行赴川渝两省市，就探索设立成渝地区双城经济圈国家文化和旅游改革创新试验区事宜开展调研考察，并召开专题座谈会。

4月18日 由中国社会科学院、山东省人民政府等共同主办的黄河文化论坛在山东省东营市举行。开幕式上，四川省文化和旅游厅与沿黄九省（区）文旅部门共同签署《沿黄九省（区）文化和旅游发展战略合作协议》《沿黄九省（区）文物保护利用战略合作协议》，协作推动黄河国家文化公园建设等16个方面的合作。

4月18~20日 2023四川省金融服务与文化和旅游企业恳谈对接会暨“安逸四川新体验”——一起玩转网红打卡地（踏青赏春）启动仪式在巴中市举行。

4月19日 2023香港国际授权展在香港会议展览中心盛大开幕，四川展馆甫一亮相便获得国际授权买家团的高度关注，前往展馆参观及洽谈人数达3000余人。

4月19日 四川人民艺术剧院儿童剧《没有角的小犀牛》、四川艺术职业学院儿童剧《小军号》、南充市大木偶剧院木偶剧《龙门传说》三部剧目成功入选第九届全国优秀儿童戏剧展演作品名单，入选数量居全国首位。

4月20日 由文化和旅游部主办的全国“四季村晚”春季示范展示活动、“大地欢歌”2023年四川省乡村文化活动年、省级非遗“兴文苗族花山节”展示传承活动在宜宾市兴文县同步启动，带观众沉浸式感受乡村文化新风景。

4月22日 由中央宣传部、文化和旅游部、湖北省人民政府主办的第二届中国（武汉）文化旅游博览会正式开幕，四川馆以极具“川味”的独特设计和丰富的文旅产品亮相“出圈”。

4月27日 为深入贯彻落实《四川省人民政府办公厅关于印发蜀道翠云廊古柏保护利用工作方案的通知》要求和省领导相关批示精神，四川省文化和旅游厅党组成员、副厅长游勇组织召开蜀道翠云廊古柏保护利用工作会。

4月27~28日 天府旅游名镇名村文旅发展联盟年会在乐山市市中区召开。

4月28日 国家4A级旅游景区、全省度假旅游和冰雪旅游的热点景区王岗坪景区顺利开园营业，标志着“9·5”泸定地震灾后恢复重建取得阶段性成果。

5月1日 由四川省文化和旅游厅主办的“‘艺’秀巴蜀·‘戏’迎大运”——四川省2023年度优秀文艺作品云端展演活动相继在四川文化和旅游厅、智游天府微博端等平台上线，活动持续至8月8日。

5月4日 四川省文化和旅游厅发布《2023年“五一”假期四川省文化和旅游市场情况》。据第三方大数据综合测算，“五一”假期全省接待游客4018.34万人次，实现旅游收入201.23亿元，同比分别增长104.6%、46.6%。按可比口径，较2019年同期分别增长27.3%、22.2%，分别超过全国平均增幅8.21个百分点、22个百分点。据中国旅游研究院（文化和旅游部数据中心）监测显示，四川接待游客人次位居全国第四位，成都接待游客人次位居副省级及以下城市第一位。纳入统计的829家A级景区接待游客2438.84万人次，实现门票收入2.86亿元，按可比口径，较2022年分别增长69.9%、125.4%，较2019年分别增长28.9%、23.1%。全省公共图书馆、文化馆、博物馆共接待群众207.79万人次。

5月8日 由中共四川省委宣传部、紫荆文化集团有限公司指导，四川省文化和旅游厅、中国对外文化集团有限公司出品，三星堆博物馆支持的大型原创音乐剧《三星堆》新闻发布会在中国国家博物馆举行。

5月16日 2023年四川省非遗工作推进会在雅安举行。系统总结近十年四川非遗保护工作，谋划今后一段时期工作思路，部署2023年全省非遗保护工作重点任务。

5月18日 由文化和旅游部科技教育司指导，四川省文化和旅游厅主办，主题为“科技创新 数字赋能”的2023四川数字文旅发展大会在成都天府新区成功举办。文化和旅游部科技教育司领导为川渝智慧文旅发展联盟进行了授牌。

5月19日 2023年“5·19中国旅游日”四川省分会场活动、四川省第十四届（夏季）乡村文化旅游节开幕式在雅安市荥经县举行。作为第13个“中国旅游日”，全省各地围绕“美好中国·幸福旅程”主题，以“主题日、主题周、主题月”的形式，线上线下开展“千号联动的5·19”“万人直播的5·19”等350项丰富多彩的文化旅游活动。

5月24~27日 文化和旅游部非物质文化遗产司王晨阳司长一行前往四川省成都市、乐山市、眉山市开展修订《中华人民共和国非物质文化遗产法》专题调研。

5月29日 由文化和旅游部艺术司、四川省文化和旅游厅、南充市人民政府主办，以“点亮童心·塑造未来”为主题的第九届全国优秀儿童戏剧展演在四川南充开幕。

5月30日 “大地情深”全国优秀群众文艺作品示范性巡演暨全省群星奖优秀作品示范展演在成都启幕。

6月2日 四川省委宣传部副部长，文化和旅游厅党组书记、厅长戴允康主持召开文化和旅游厅2023年第十七次厅党组（扩大）会议、第八次厅务（扩大）会议，研究部署促进文旅消费、非遗保护传承等工作。

6月7日 由四川省文化和旅游厅指导，四川省文化旅游企业联盟、四川省旅游培训中心、成都文化旅游发展集团有限责任公司主办的四川省文化旅游企业联盟高管培训班暨“创新·赋能 提升文旅产业高质量发展新动能”研讨会在陕西汉中开班。

6月7~18日 为进一步提高全社会非遗保护意识，传承弘扬中华优秀传统文化，让非遗产品走进千家万户，由四川省文化和旅游厅主办，四川省非物质文化遗产保护中心、理塘丁真工作室、四川省老伙计科技有限公司协办，中新社（北京）国际传播集团四川分公司承办的第四届四川非遗购物节“四川非遗好物”网络推广活动举行。活动通过网络话题“带流量”和直播带货“促销量”的方式，让全网共享“四川非遗购物节”。

6 月 10 日 作为 2023 年文化和自然遗产日重要配套活动，“汉字中国——方正之间的中华文明”特展在成都博物馆一层特展厅盛大启幕。本次特展由国家文物局和四川省人民政府主办，四川省文化和旅游厅、四川省文物局、成都市人民政府、成都市文物局、中国文物交流中心承办，成都博物馆策划实施，全国 20 个省区市、40 个文博机构鼎力相助，汇集珍品共 220 件，其中一级文物 70 件，珍贵文物 90%以上，是成都博物馆建馆以来水平最高、珍贵文物占比最大的展览，成为全国现象级文博特展。

6 月 10~12 日 由四川省文化和旅游厅、人力资源和社会保障厅、四川省总工会、共青团四川省委、四川省妇女联合会联合举办的 2023 年四川省导游大赛在乐山市隆重举行。

6 月 13 日 四川省委宣传部副部长，文化和旅游厅党组书记、厅长戴允康主持召开文化和旅游厅 2023 年第十八次厅党组（扩大）会议、第九次厅务（扩大）会议，研究部署旅游安全、对外文化交流和旅游营销、文旅品牌等工作。

6 月 13~14 日 四川省 2023 年旅游景区发展大会在阿坝州小金县四姑娘山景区召开。大会着力推动全省绿色旅游景区建设和旅游资源产品高质量发展。

6 月 14~16 日 由文化和旅游部产业发展司指导，四川省文化和旅游厅、宜宾市人民政府主办的 2023 西南民族特色文化产业带系列活动在宜宾兴文石海举行。

6 月 15 日 四川文旅吉祥物“安逸”熊猫 5 岁生日会在成都大熊猫繁育研究基地举行，文旅达人、非遗传承人、学生代表以及“安逸”粉丝等，共同为“安逸”熊猫庆祝它的“成年礼”。

6 月 17 日 由四川省文化和旅游厅主办，四川博物院承办的 2023 年暑

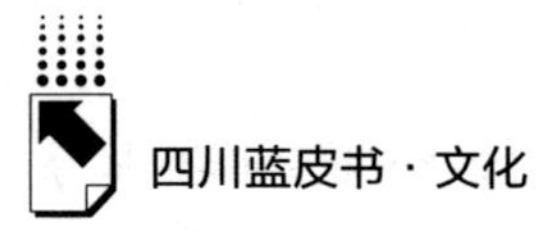

期全省研学旅行产品集市在四川博物院成功举行。

6月21日 以“安逸在四川·瓷都过端午”为主题的2023年四川省“百舟竞渡迎端午”集中展演活动在乐山市夹江县青衣江畔举行。

6月23日 由中国驻东京旅游办事处、东京中国文化中心、四川省文化和旅游厅共同主办，央视网熊猫频道担任支持单位的大熊猫“晓晓”“蕾蕾”两岁生日会在日本东京成功举办。

6月24日 四川省文化和旅游厅发布《2023年端午节假期全省文化和旅游市场情况》。全省纳入统计的833家A级旅游景区共接待游客1079.26万人次，实现门票收入9897.48万元，与2022年同期同口径比较，接待人次增长54.83%、门票收入增长120.15%。与2019年同期同口径比较，接待人次增长30.69%、门票收入增长41.69%。其中，全省旅游景区发展大会承办地四姑娘山景区和碧峰峡景区、安仁古镇等新晋5A级旅游景区知名度、影响力大幅提升，景区接待人次和门票收入分别增长2~4倍，峨眉山、乐山大佛、九寨沟、青城山-都江堰、稻城亚丁等景区分别增长1~3倍。全省图书馆、文化馆、博物馆共接待群众108.78万人次。

6月25日 四川省委宣传部副部长，文化和旅游厅党组书记、厅长戴允康主持召开文化和旅游厅2023年第二十次厅党组（扩大）会议、第十次厅务（扩大）会议，研究部署文旅赋能乡村振兴、艺术创作、品牌建设等工作。

6月30日 第八届中国西部旅游产业博览会在重庆国际博览中心正式开幕，助力巴蜀文旅走廊建设。作为主宾省，四川馆以新颖的造型、多样的陈设吸引了众多参展人员观看交流，展馆内综合形象展示区、文创非遗展示区、“迎大运 游四川”主题展示区、主题形象小景、彩绘熊猫体验区、市州文旅咨询区、“安逸”熊猫直播间等特色互动区域充分展现出四川文旅的品牌形象。

6月30日 由四川省政府主办的全省最高水平的综合性文化艺术活动第三届四川艺术节在成都四川大剧院正式开幕。艺术节以“艺术的盛会 人民的节日”为主题，举办30多项活动。其中，活动将展演优秀剧目40台左右，包括四川文华奖参评剧目 30 台、特邀和参演剧目 10 台，展演群星奖参评作品 200 个左右，展出美术、书法篆刻、摄影作品 1300 件左右。

7 月 3 日　四川由省委组织部、省委宣传部、省文化和旅游厅共同举办的“全省文化强省旅游强省研讨班”在乐山市犍为县正式开班。

7 月 7 日　四川省文物局和意大利中央文物修复院在成都签署文物保护利用合作备忘录，就乐山大佛保护和三星堆遗址出土文物保护修复达成相关合作意向。

7 月 17 日　由文化和旅游厅推荐，省川剧院、省青年艺术团、成都市京剧研究院、绵阳艺术剧院、攀枝花市文化艺术中心、广元市戏曲发展中心 6 个文艺院团联合组台演出的 2 场 8 部经典川剧折子戏亮相聊城市山东梆子剧院，参加 2023 第二届黄河流域戏曲演出季优秀中青年戏曲演员展演，集中展现了四川省戏曲表演艺术精粹和古朴传统特色。

7 月 25 日　四川省第十四届人大常委会第五次会议审议通过了《四川省旅游条例（修订）》，于 11 月 1 日起正式实施。条例围绕文旅融合、新业态、促发展等方面做出了针对性调整，旨在更好满足人民群众多样化多层次的旅游需求，增强四川旅游吸引力和巴蜀文化影响力，打造国际范、中国味、巴蜀韵的世界重要旅游目的地。

7 月 25~27 日　中共中央总书记、国家主席、中央军委主席习近平在四川省委书记王晓晖和省长黄强陪同下，先后来到广元、德阳等地进行调研。强调四川要进一步从全国大局把握自身的战略地位和战略使命，立足本地实际，明确发展思路和主攻方向，锻长板、补短板，努力在提高科技创新能力、建设现代化产业体系、推进乡村振兴、加强生态环境治理等方面实现新突破，推动新时代治蜀兴川再上新台阶，奋力谱写中国式现代化四川新篇章。中共中央政治局常委、中央办公厅主任蔡奇陪同考察。

7 月 28 日　第三十一届世界大学生夏季运动会在四川省成都市隆重开幕。国家主席习近平出席开幕式并宣布本届大运会开幕。

7 月 28 日　三星堆博物馆新馆正式开馆。

8 月 1 日　四川省文化和旅游厅召开理论学习中心组学习（扩大）会

议，传达学习习近平总书记来川视察重要指示精神、省委常委会（扩大）会议精神和省委工作会议精神，研究部署宣传贯彻落实工作，要求全省文化和旅游系统深刻把握习近平总书记来川视察重要指示精神内涵，以坚定的文化自觉和高度的文化自信，勇担新的文化使命，为建设中华民族现代文明贡献文旅力量。

8月8日 由海峡两岸旅游交流协会与安徽省人民政府、台湾旅行商业同业公会总会、台湾旅行业品质保障协会、台湾中华两岸旅行协会共同主办的2023海峡两岸（安徽）旅行商大会活动在安徽合肥隆重开幕。四川省文化和旅游厅组织省内旅行商参加了此次旅行商大会，在大会“对台文化和旅游优惠政策发布”环节发布了四川的优惠措施和政策。

8月21日 文化和旅游部公布第二届全国优秀音乐剧展演参演剧目名单，由四川省歌舞剧院有限责任公司、通江县文化广播电视和旅游局联合出品的音乐剧《我的两万个兄弟》成功入选。

8月21日 四川省委副书记、省长黄强主持召开省文化和旅游产业领导小组2023年全体会议，强调要深入学习贯彻习近平总书记在文化传承发展座谈会上的重要讲话精神，以总书记来川视察重要指示为根本遵循，认真落实省委部署，坚决担当起赓续中华文脉的时代使命，以更大力度更实举措推动文旅高质量发展实现新突破，加快建设文化强省，加快让四川文旅名扬天下、享誉全球。会议听取2023年以来文化旅游工作情况暨2023四川省文化和旅游发展大会筹备情况汇报，审议了前四批天府旅游名县命名县提升建设年度考评情况、第五批天府旅游名县命名县名单、第三批天府旅游名牌系列名单及2024四川省文化和旅游发展大会承办地建议。

8月23日 四川省第八届群众广场舞集中展演在内江市威远县落幕。展演以“引领新风尚·欢跃新时代”为主题，吸引了省总工会及全省20个市（州）23支队伍参加。

8月27日 四川省曲艺研究院庆祝建院60周年开幕式暨“曲韵薪传——四川传统曲艺名家名段”精品汇演活动在成都市宽窄巷子东广场举行。

8月28日　文化和旅游部公示首批文化和旅游部技术创新中心建设名单，四川省推荐的视觉融合场景体验文化和旅游部技术创新中心入选。

8月29日　由四川省文化和旅游厅、遂宁市人民政府、四川省地方金融监督管理局、中国人民银行四川省分行主办的2023四川省金融服务与文旅企业恳谈对接会在遂宁举行。

9月8日　第十一届四川国际自驾游交易博览会在自贡盛大开幕。

9月10日　国家艺术基金设立10周年优秀资助剧目汇演四川会场开幕式在成都四川大剧院举行。

9月12日　“川越未来——浙川地方戏曲传承发展交流活动”在宁波举行。

9月13日　首届中国群众文化品牌发展大会在成都隆重举行，大会重磅发布了69个全国优秀群众文化品牌案例，集中展示了新时代群众文化工作的丰硕成果。

9月17日　由四川省文化和旅游厅、中国驻东京旅游办事处、四川航空共同主办的“你好！中国——天府四川·熊猫家园”文旅推介会在日本东京成功举办。

9月18日　由四川省文化和旅游厅、四川航空共同主办，阿联酋中国文化中心、中东国际展览集团支持的“你好！中国——天府四川·熊猫家园”四川文化旅游推介会在迪拜世界贸易中心成功举办。

9月19~20日　首届金熊猫奖在成都盛大举办，评选活动包括“金熊猫之夜”“首届金熊猫国际文化论坛”“金熊猫盛典”颁奖典礼三大主题活动和“我与熊猫面对面”“大家一起看电影”“熊猫带你看世界”三项配套活动。颁发电影、电视剧、纪录片、动画片四大单元共25个奖项。

9月25日　“三星伴月·安逸四川”2023年四川省“万人赏月诵中秋”集中展演在德阳广汉三星堆博物馆新馆广场举行。

9月25日　第十一届中国曲艺节开幕式在乐山举行，曲艺节系列活动持续至9月28日。

9月26日　由文化和旅游部、四川省人民政府联合主办的全国演艺博

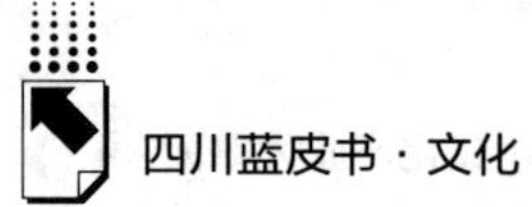

览会在“万里长江第一城”宜宾市长江地标广场开幕。演博会展览持续至10月1日。

9月27日 2023四川省文化和旅游发展大会在宜宾举行，省委书记王晓晖出席会议并讲话。他强调，要深入学习贯彻习近平总书记关于文化和旅游工作的重要论述，坚定信心、抢抓机遇、奋发有为，着力推动文旅融合高质量发展，不断开创文化强省、旅游强省建设新局面，更好助力新时代新征程四川现代化建设。

9月27日 第九届中国（四川）国际旅游投资大会在宜宾举行。本届大会发布了《2023年四川省文化和旅游重点招商项目指南》，共推出100个文化和旅游重点招商项目、247个项目清单，采取“现场+网络直播”形式，共签约文化和旅游重大投资项目126个，总金额达850亿元。

9月27日 由四川省文化和旅游厅、宜宾市人民政府共同主办的2023四川国际文化旅游节“安逸四川之夜”——世界重要旅游目的地推广主题活动在宜宾长江公园惊艳开启。

9月29日 四川博物院上新常设展“古代四川（秦汉三国时期）”，受到游客青睐。该展览分“沃野天府”和“蜀汉风云”两大单元，时间跨度长达500多年，通过210余件馆藏文物，并结合最新考古成果，展示出秦汉三国时期巴蜀风貌。

10月6日 四川省文化和旅游厅发布《2023年中秋国庆假期全省文化和旅游市场情况综述》。全省文旅经济增长势头强劲，全面超越2019年疫情前水平。根据第三方大数据综合测算，全省共接待游客5691.02万人次，旅游消费总额361.53亿元，在大数据同一口径下，同比分别增长79.45%和116.06%，较2019年分别增长11.18%和14.24%，超过全国平均增幅7.08个和12.74个百分点。全省纳入统计的857家A级旅游景区累计共接待游客3759.58万人次，实现门票收入4.43亿元，按可比口径同比分别增长201.03%和334.2%，按可比口径较2019年分别增长18.6%和17.59%。全省图书馆、文化馆、博物馆共接待群众632.55万人次。

10月9日 第六届“印·道”非遗双年展在成都名雅职工美术馆开幕。

2023 年首次通过数字赋能非遗文化，运用 5G+8K 等先进信息技术，完美呈现篆刻艺术的魅力。同时，通过网络直播，让普通百姓也能欣赏到大雅艺术。

10 月 10 日 由四川省文化和旅游厅主办，四川天府演艺集团承办的四川省第六届曲艺杂技木偶皮影比赛在四川大剧院拉开帷幕。

10 月 12 日 第八届中国成都国际非物质文化遗产节开幕。本届国际非遗节以“共享履约实践深化文明互鉴”为主题，设置五洲非遗、神州非遗、巴蜀非遗、云上非遗四大板块，包含 30 多项特色鲜明的展览展示活动。来自国内和全球 47 个国家（地区）的 900 多个非遗项目、1800 余名传统工艺传承人、3000 余名传统表演人员和 1800 余名中外嘉宾共同参加，展示国际非遗保护成果，共享中国履约实践经验。节会期间还举办了非遗成都论坛和亚太地区非遗保护能力建设师资培训班。

10 月 12 日 四川国际非遗品牌 IP 授权会议在国际非遗博览园世纪舞广场西展厅举办。四川省非物质文化遗产保护中心、四川省知识产权发展研究中心、中传创展（北京）文化发展有限公司代表及羌绣省级代表性传承人陈云珍共同发起非遗保护传承联合倡议，积极促进非遗品牌 IP 的跨界授权合作，推动非遗的创造性转化和创新性发展。会议期间同步举办四川国际非遗品牌 IP 授权分享会暨专题推介会、四川国际非遗品牌 IP 授权项目路演、四川国际非遗品牌 IP 授权线上展和四川非遗 IP 开放日等系列活动。

10 月 12 日 以蜀道文化保护传承为主题的新川剧《蜀道行歌》迎来首次公演，600 余人到场观看。

10 月 13 日 2023 天府书展在成都世纪城新会展中心开幕。线上线下近 40 家出版传媒集团、600 余家出版发行单位、100 余家馆配机构和众多文创机构参展。线上线下、主分展场有 80 万种图书参展，其中主展场图书近 9 万种、2500 万元码洋。书展期间，举办 700 余场阅读活动。主展场还首次设立国际馆，向读者集中呈现 1000 余种、约 6500 册英文、日文等原版文学及少儿、绘本类图书。

10 月 14 日至 15 日 音乐剧《三星堆》在万众期待中揭开了它神秘的

面纱。这部集结了国内外顶尖创制团队的心血之作，正在以它独特的方式向观众们展示着古蜀文明曾经灿烂的模样。

10 月 15 日 国际诗酒文化大会第七届中国酒城·泸州老窖文化艺术周在酒城泸州盛大开幕。

10 月 15~25 日 第十四届中国音乐金钟奖在成都举办，包括开幕式音乐会、2 场专场音乐会、2 场金钟之星音乐会、颁奖典礼暨闭幕式音乐会共 6 场重要演出活动。

10 月 16 日 “四川川剧艺术教育培训基地”揭牌仪式在成都举行，这是四川艺术职业学院与四川省川剧院联合打造的又一川剧教育培训新平台。

10 月 16 日 “你好！中国——天府四川·熊猫家园”文化和旅游推介会在西班牙马德里中国文化中心举行。

10 月 18 日 四川省第十九届戏剧小品（小戏）比赛开幕式在巴中市巴州剧院隆重举行。

10 月 18~22 日 第 81 届世界科幻大会在成都举办，成都成为亚洲第二个举办世界科幻大会的城市。为期 5 天的世界科幻大会围绕“共生纪元”主题，开展包括开闭幕式、雨果奖评选、主题展、主题沙龙、事务会议等大会主体活动和全民共享“科幻季”“城市游”等文化活动。

10 月 20 日 由四川省文化和旅游厅、四川省农业农村厅、遂宁市人民政府主办的四川省第十四届（秋季）乡村文化旅游节在“中国沼气能源革命第一村”安居区海龙凯歌农文旅园区开幕。旅游节以“安逸四川·乡约安居”为主题，采用“2+1+1+7”模式（2 场参观活动、1 场音乐剧演出、1 场开幕式、7 大配套活动）开展。活动持续到 10 月 30 日。

10 月 20 日 “你好！中国——天府四川·熊猫家园”文化旅游推介会亮相英国伦敦威斯敏斯特中央大厅。

10 月 25 日 第二十一届四川光雾山国际红叶节在巴中文旅新区光雾山镇铁炉坝广场开幕。本届红叶节以“安逸走四川 相约光雾山”为主题，活动持续至 11 月中旬。

10 月 26 日 第十九届中国吴桥国际杂技艺术节组委会发布获奖名单，

由南充市杂技团联合河北省杂技团、青海省演艺集团有限责任公司创演的杂技节目《太极·坛韵》斩获国际大奖——“金狮奖”，该奖项系国际杂技界最高奖项之一，为我国在国际赛场赢得了殊荣。

10月26日　2023全国“四季村晚”秋季示范展示活动在四川省绵阳市北川羌族自治县永昌镇禹王广场热闹开演。

10月27日　2023年四川红叶生态旅游暨黑水县第十一届冰川彩林生态文化旅游季开幕式在黑水县羊茸哈德举行。活动持续至2024年5月。

10月30~31日　2023四川红叶生态旅游节暨雅安·夹金山第十二届红叶节在雅安市宝兴县举行。

10月31日　由文化和旅游部资源开发司指导，湖北省文化和旅游厅、四川省文化和旅游厅联合主办，长江日报传媒集团承办的“沿着长江读懂中国——万里长江行”四川段探访活动在成都启动。四川段探访于10月31日至11月3日举行。由文史专家、媒体记者和群众代表组成的长江文化探访团，将走进四川博物院、都江堰、乐山大佛、李庄古镇等长江文化代表性点位，开展探访活动，深入挖掘长江文化，推广长江主题旅游线路，共同讲好长江故事。

11月1日　由四川省文化和旅游厅、四川省文联出品，四川省川剧院、四川艺术职业学院青年艺术团联合演出的大型新编历史川剧《梦回东坡》亮相第三届四川艺术节。

11月3日　2023年眉山市“东坡文化月”启动仪式在眉山举行。

11月4日　第十三届大蜀道国际文化旅游节在广元市朝天区曾家山旅游度假区举行。

11月6~10日　以“影动熊猫故乡·光耀大美雅安”为主题的第九届雅安大熊猫与自然电影周在雅安举办。

11月7~8日　以“寻哪吒祖庭根脉 结两岸人文情谊”为主题的第七届海峡两岸哪吒民俗文化交流活动在四川江油举行。

11月7~11日　由中国驻东京旅游办事处、东京中国文化中心、四川航空共同主办，四川省文化和旅游厅担任支持单位的“‘你好！中国·安逸四川’——大熊猫‘香香’日本亲友团探亲之旅”活动在满载感动和收获中画上了圆满的句号。

11月8日 2023马尔康第十届嘉绒锅庄文化旅游节开幕式暨文艺晚会在阿坝州体育馆举行。

11月8日 以“安逸走四川·广安‘柚’相见”为主题的第八届广安龙安柚旅游文化节在广安市民广场隆重开幕。

11月8日至14日 由乐山市人民政府主办，乐山大佛风景名胜区管理委员会承办的第六届乐山大佛旅游文化节和乐山大佛开凿1310年活动隆重举办。

11月9日 “促进文旅新消费 乐享美好新生活”第十届四川国际旅游交易博览会在乐山峨眉山市开幕，同步启动四川冬季旅游消费活动。

11月10日 “四川省研学旅游产业促进会成立大会”在成都锦江宾馆成功举办。为构建研学旅游产业发展生态圈，四川省研学旅游产业促进会正式成立。

11月10日 四川省文化和旅游厅主办的第六届四川省国家级羌族文化生态保护区成果展暨2023羌年庆祝活动在北川羌族自治县禹王广场开幕。

11月10日 由中共四川省委宣传部、四川省文化和旅游厅指导，四川文化产业投资集团主办的四川文化产业发展联盟成立大会暨天府2023文化产业高质量发展研讨会在成都举行。

11月10日 英国朗利特庄园城堡举行亮灯仪式，当地童话故事以自贡彩灯形式展出。开幕当天，近万人观灯。活动持续到2024年1月7日。2023年10月底至2024年3月，灯彩集团将在英国、法国、美国、爱尔兰、荷兰、智利、葡萄牙、加拿大、日本等10余个国家举办20多场“中国彩灯节”。

11月11日 中共四川省委宣传部联合四川省教育厅、四川省社会科学界联合会印发《巴蜀文化传承创新研究项目库管理办法（试行）》，并公布了2023年度“巴蜀文化传承创新研究项目库”，推动以项目形式深入挖掘研究巴蜀文化资源的历史价值和时代价值，加快夯实巴蜀文化传承创新学理支撑，助力巴蜀文化创造性转化、创新性发展，为建设新时代文化强省、谱写中国式现代化四川篇章贡献力量。

11 月 15 日 以“旅行的力量——向更美好的未来出发”为主题的世界旅游联盟·湘湖对话活动在浙江杭州成功举行。在同期举办的世界旅游联盟 2023 年年会上，四川省文化和旅游厅正式成为联盟会员。

11 月 15 日 广元市昭化区蜀道三国文化研究会正式成立。

11 月 16 日 第六届世界川菜大会在四川广安开幕。

11 月 17 日 由中共四川省委宣传部、眉山市委、四川师范大学主办的首届东坡论坛在眉山举行。

11 月 17 日 大熊猫国家保护研究中心揭牌启动仪式在成都举行。

11 月 17 日 2023 四川省农文旅融合发展工作现场会在雅安市名山区召开。会议全面总结了四川省农文旅融合发展取得的工作成效，安排部署了下一步重点工作。

11 月 19 日 由文化和旅游部、中国民用航空局、云南省人民政府主办的 2023 中国国际旅游交易会圆满闭幕。四川展团荣获 2023 中国国际旅游交易会“最佳展台奖”“最佳组织奖”两项大奖。

11 月 24 日 由四川省文化和旅游厅主办，四川省文化馆、成都市文化广电旅游局、成都市双流区人民政府承办的“安逸四川 劲舞暖冬”四川省首届街舞大赛在成都双流四川川投国际网球中心完美收官。

11 月 26 日 2023 港澳青少年内地游学联盟大会暨港澳青少年内地游学推广活动在陕西西安举办。由四川省文化和旅游厅推荐的“研三国文化，品蜀道神韵——蜀道三国研学课程”入选港澳青少年内地游学精品游学线路。

11 月 28 日 由四川省文化和旅游厅、四川省农业农村厅、绵阳市人民政府主办的 2023 四川省冬季旅游启动仪式、四川省第十四届（冬季）乡村文化旅游节开幕式在绵阳市安州区罗浮山温泉旅游度假区举行，全面拉开 2023 年“冬游四川消费季”大幕。

11 月 28 日 由四川文化产业职业学院、四川省社会科学重点研究基地文化产业发展研究中心主办的 2023 年“AI 助力数字文创产业高质量发展”

学术研讨会在成都召开。

11月29日 2023第五届大凉山戏剧节在四川凉山州西昌市开幕，戏剧节包括十大主题活动，115部国内外的精品剧作上演。

11月29日 “川流不息”四川省首届川剧会演汇报演出暨颁奖活动在成都举行。

11月30日 由四川省文化和旅游厅主办、四川天府演艺集团有限公司承办、四川雕塑艺术院有限责任公司协办的首届天府雕塑展在成都举办。

12月7日 2023年四川省乡村艺术节在攀枝花米易开幕。

12月12日 蜀道研究院在成都揭牌。

12月12日 巴蜀文化旅游走廊建设专项工作组第七次联席会议在四川省西昌市召开。会议总结了巴蜀文旅走廊建设2023年重点工作推进情况，通报了2024年巴蜀文旅走廊建设重点工作安排，同时召开成渝古道中段沿线文化旅游区域协作座谈交流会和重庆成都双核联动联建工作会议。

12月12日 天府旅游名县文旅发展联盟大会在第五批天府旅游名县射洪市召开，联盟成员单位达到90个。

12月13日 由四川省文化和旅游厅、重庆市文化和旅游发展委员会主办的2023中国（川渝）“大家论艺”文艺评论大会在成都召开。

12月15日 2023四川冰雪和温泉旅游节在阿坝州理县毕棚沟景区正式开幕，持续擦亮四川冬季旅游“冰雪”“温泉”“阳光”三张名片。

12月15日 三苏研究院在成都揭牌。

12月15日 2023年全国艺术创作工作会议在四川成都召开。

12月15日 由文化和旅游部、四川省人民政府共同主办的第十届中国京剧艺术节在四川成都开幕。艺术节持续到2024年1月21日。

12月15~17日 2023蜀道文化年会在广元市举行。

12月22日 由四川省文化和旅游厅、德阳市人民政府共同举办，主题为“文创四川，美好生活”的第三届四川省文创大会在德阳文德国际会展中心拉开帷幕。活动期间同步举办了2023年四川文创交易博览会、文创发展分享会等活动。

12 月 22 日　由四川省文化和旅游厅、绵阳市人民政府共同主办的 2023 王朗白马风情节在平武县开幕，涪江流域文化旅游发展联盟成立。

12 月 23 日　第十届全国大众冰雪季启动仪式（四川分会场）活动在阿坝州汶川县羌人谷滑雪场拉开帷幕，这是全国大众冰雪季分会场首次落户四川。

12 月 24 日　2023 嘉陵江文化旅游发展大会、大型纪录片《嘉陵江》创作座谈会暨嘉陵江国际文化旅游产业联盟第四次理事会在南充市蓬安县举行。

12 月 25 日　由四川省委宣传部、四川省文化和旅游厅、凉山州人民政府、中华民族团结进步协会文化艺术委员会共同主办的“听见绿水青山”2023 中国（四川）首届民族音乐周开幕式暨音乐盛典在凉山州西昌市举行。

12 月 26 日　四川海螺沟景区恢复接待散客。

12 月 28 日　由四川省政府主办，以“艺术的盛会、人民的节日”为主题的第三届四川艺术节闭幕。四川省文化艺术的最高政府奖项——四川文华奖、四川群星奖及相关艺术赛事奖项逐一揭晓。《梦回东坡》等 5 部获四川文华剧目大奖的作品一一亮相舞台，成为演出的一大亮点。此次艺术节受到广泛关注，各类新媒体报道总数量超 1900 条，相关信息浏览量超 2 亿人次。“百县百戏”“万众看戏”“大众评戏”系列惠民文化艺术活动受到群众喜爱，充分传递了艺术精神、展现了时代风貌。

12 月 29 日　中国地方志工作办公室、中国地方志学会公布第九届全国地方志优秀成果评审结果，《四川文化和旅游年鉴（2021）》获评全国地方志优秀成果（年鉴类）一等奖。

12 月 31 日　由中共四川省委宣传部、四川省文化和旅游厅、凉山州人民政府、中华民族团结进步协会文化艺术委员会共同主办的“听见绿水青山”2023 中国（四川）首届民族音乐周闭幕式暨跨年音乐会在四川西昌火把广场举行。

皮书

智库成果出版与传播平台

❖ 皮书定义 ❖

皮书是对中国与世界发展状况和热点问题进行年度监测，以专业的角度、专家的视野和实证研究方法，针对某一领域或区域现状与发展态势展开分析和预测，具备前沿性、原创性、实证性、连续性、时效性等特点的公开出版物，由一系列权威研究报告组成。

❖ 皮书作者 ❖

皮书系列报告作者以国内外一流研究机构、知名高校等重点智库的研究人员为主，多为相关领域一流专家学者，他们的观点代表了当下学界对中国与世界的现实和未来最高水平的解读与分析。

❖ 皮书荣誉 ❖

皮书作为中国社会科学院基础理论研究与应用对策研究融合发展的代表性成果，不仅是哲学社会科学工作者服务中国特色社会主义现代化建设的重要成果，更是助力中国特色新型智库建设、构建中国特色哲学社会科学“三大体系”的重要平台。皮书系列先后被列入“十二五”“十三五”“ 十四五”时期国家重点出版物出版专项规划项目；自 2013 年起，重点皮书被列入中国社会科学院国家哲学社会科学创新工程项目。

皮书网

（网址：www.pishu.cn）

发布皮书研创资讯，传播皮书精彩内容
引领皮书出版潮流，打造皮书服务平台

栏目设置

◆关于皮书

何谓皮书、皮书分类、皮书大事记、
皮书荣誉、皮书出版第一人、皮书编辑部

◆最新资讯

通知公告、新闻动态、媒体聚焦、
网站专题、视频直播、下载专区

◆皮书研创

皮书规范、皮书出版、
皮书研究、研创团队

◆皮书评奖评价

指标体系、皮书评价、皮书评奖

所获荣誉

◆2008 年、2011 年、2014 年，皮书网均在全国新闻出版业网站荣誉评选中获得“最具商业价值网站”称号；

◆2012 年，获得“出版业网站百强”称号。

网库合一

2014年，皮书网与皮书数据库端口合一，实现资源共享，搭建智库成果融合创新平台。

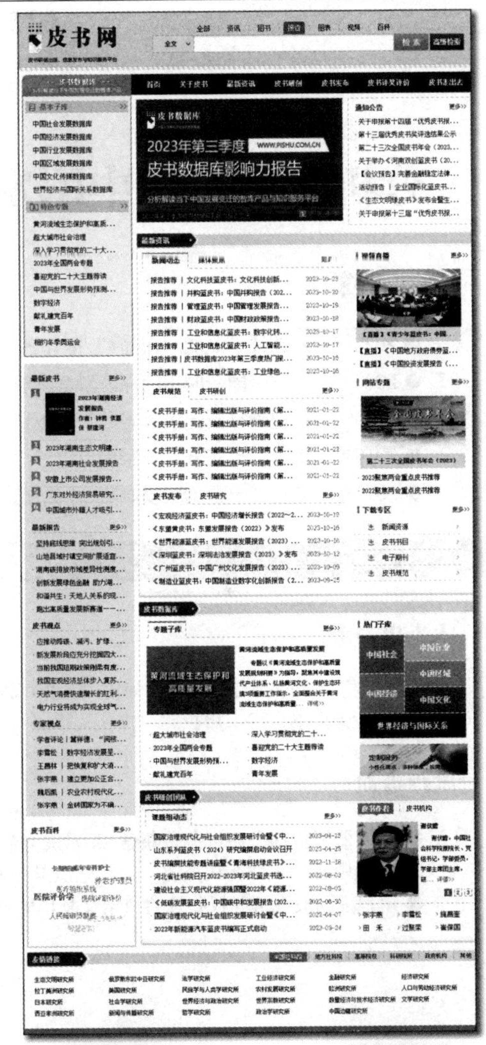

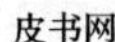

皮书网

“皮书说”
微信公众号

权威报告·连续出版·独家资源

皮书数据库

ANNUAL REPORT(YEARBOOK) DATABASE

分析解读当下中国发展变迁的高端智库平台

所获荣誉

- 2022年，入选技术赋能“新闻+”推荐案例
- 2020年，入选全国新闻出版深度融合发展创新案例
- 2019年，入选国家新闻出版署数字出版精品遴选推荐计划
- 2016年，入选“十三五”国家重点电子出版物出版规划骨干工程
- 2013年，荣获“中国出版政府奖·网络出版物奖”提名奖

皮书数据库

“社科数托邦”
微信公众号

成为用户

登录网址www.pishu.com.cn访问皮书数据库网站或下载皮书数据库APP，通过手机号码验证或邮箱验证即可成为皮书数据库用户。

用户福利

- 已注册用户购书后可免费获赠100元皮书数据库充值卡。刮开充值卡涂层获取充值密码，登录并进入“会员中心”—“在线充值”—“充值卡充值”，充值成功即可购买和查看数据库内容。
- 用户福利最终解释权归社会科学文献出版社所有。

社会科学文献出版社 SOCIAL SCIENCES ACADEMIC PRESS (CHINA) 皮书系列

卡号：489239327247

密码：

数据库服务热线：010-59367265

数据库服务QQ：2475522410

数据库服务邮箱：database@ssap.cn

图书销售热线：010-59367070/7028

图书服务QQ：1265056568

图书服务邮箱：duzhe@ssap.cn

S 基本子库
UB DATABASE

中国社会发展数据库（下设 12 个专题子库）

紧扣人口、政治、外交、法律、教育、医疗卫生、资源环境等 12 个社会发展领域的前沿和热点，全面整合专业著作、智库报告、学术资讯、调研数据等类型资源，帮助用户追踪中国社会发展动态、研究社会发展战略与政策、了解社会热点问题、分析社会发展趋势。

中国经济发展数据库（下设 12 专题子库）

内容涵盖宏观经济、产业经济、工业经济、农业经济、财政金融、房地产经济、城市经济、商业贸易等12个重点经济领域，为把握经济运行态势、洞察经济发展规律、研判经济发展趋势、进行经济调控决策提供参考和依据。

中国行业发展数据库（下设 17 个专题子库）

以中国国民经济行业分类为依据，覆盖金融业、旅游业、交通运输业、能源矿产业、制造业等 100 多个行业，跟踪分析国民经济相关行业市场运行状况和政策导向，汇集行业发展前沿资讯，为投资、从业及各种经济决策提供理论支撑和实践指导。

中国区域发展数据库（下设 4 个专题子库）

对中国特定区域内的经济、社会、文化等领域现状与发展情况进行深度分析和预测，涉及省级行政区、城市群、城市、农村等不同维度，研究层级至县及县以下行政区，为学者研究地方经济社会宏观态势、经验模式、发展案例提供支撑，为地方政府决策提供参考。

中国文化传媒数据库（下设 18 个专题子库）

内容覆盖文化产业、新闻传播、电影娱乐、文学艺术、群众文化、图书情报等 18 个重点研究领域，聚焦文化传媒领域发展前沿、热点话题、行业实践，服务用户的教学科研、文化投资、企业规划等需要。

世界经济与国际关系数据库（下设 6 个专题子库）

整合世界经济、国际政治、世界文化与科技、全球性问题、国际组织与国际法、区域研究 6 大领域研究成果，对世界经济形势、国际形势进行连续性深度分析，对年度热点问题进行专题解读，为研判全球发展趋势提供事实和数据支持。

法律声明

“皮书系列”（含蓝皮书、绿皮书、黄皮书）之品牌由社会科学文献出版社最早使用并持续至今，现已被中国图书行业所熟知。“皮书系列”的相关商标已在国家商标管理部门商标局注册，包括但不限于LOGO（）、皮书、Pishu、经济蓝皮书、社会蓝皮书等。“皮书系列”图书的注册商标专用权及封面设计、版式设计的著作权均为社会科学文献出版社所有。未经社会科学文献出版社书面授权许可，任何使用与“皮书系列”图书注册商标、封面设计、版式设计相同或者近似的文字、图形或其组合的行为均系侵权行为。

经作者授权，本书的专有出版权及信息网络传播权等为社会科学文献出版社享有。未经社会科学文献出版社书面授权许可，任何就本书内容的复制、发行或以数字形式进行网络传播的行为均系侵权行为。

社会科学文献出版社将通过法律途径追究上述侵权行为的法律责任，维护自身合法权益。

欢迎社会各界人士对侵犯社会科学文献出版社上述权利的侵权行为进行举报。电话：010-59367121，电子邮箱：fawubu@ssap.cn。

社会科学文献出版社